大学生就业调查研究

冯彩玲　樊立三　著

南开大学出版社

天　津

图书在版编目(CIP)数据

大学生就业调查研究 / 冯彩玲，樊立三著. —天津：
南开大学出版社，2024.11. —ISBN 978-7-310-06621
-6

Ⅰ.G647.38
中国国家版本馆 CIP 数据核字第 20243FQ306 号

大学生就业调查研究
DAXUESHENG JIUYE DIAOCHA YANJIU

南开大学出版社出版发行
出版人:刘文华
地址:天津市南开区卫津路 94 号 邮政编码:300071
营销部电话:(022)23508339 营销部传真:(022)23508542
https://nkup.nankai.edu.cn

河北文曲印刷有限公司印刷 全国各地新华书店经销
2024 年 11 月第 1 版 2024 年 11 月第 1 次印刷
240×170 毫米 16 开本 17.25 印张 2 插页 228 千字
定价:86.00 元

如遇图书印装质量问题,请与本社营销部联系调换,电话:(022)23508339

国家社会科学基金项目"乡村振兴视域下驻村第一书记创新作为的激励机制研究"（22BGL140）

中国资源环境与发展研究院智库项目"江苏加快形成农业新质生产力的人才政策保障研究（040-803303）

教育部学位与研究生教育发展中心 2023 年度主题案例项目（ZT-231030719）

2024 中国国家留学基金资助（留金选〔2024〕42 号）

教育部人文社会科学研究青年项目（11YJC710006）

南京农业大学第三批研究生优质教学资源建设项目（NJAU_JXAL2023028）

序　言

就业是最大最基本的民生，是一项长期系统性的工程。随着高等教育大众化和普及化，我国高校毕业生规模逐年增长，就业形势日益复杂。特别是新一轮科技革命和产业变革迅猛发展，新技术、新产业、新业态、新模式层出不穷，对大学生就业提出了更高的要求。大学生是党和国家宝贵的人才资源，是劳动力市场上的重点就业群体，大学生就业问题也一直备受社会关注。如何践行就业优先政策，完善就业支持体系，促进高质量充分就业，是新时代新征程大学生就业工作的新定位、新使命，这不仅关系到家庭和谐与民生福祉，还关系到高等教育现代化建设，更关系到国家发展与社会稳定。

本书是冯彩玲教授团队对2008—2018年关于大学生就业相关研究成果的梳理汇总，其间开展广泛调研，多次酝酿修改，饱含心血、付出与智慧。我们欣喜地看到，经过十年耕耘，我们所倡导的问题导向、实践导向、创新导向，已经成为引领团队共同前进的力量。我们希望与时俱进，把大学生就业研究方面新的前沿理论、新的研究方法、新的拓展领域等囊括进来，丰富大学生就业研究的理论与实践。

本书共分三篇：大学生就业现状、大学生就业调查、大学生就业模式与对策。第一篇大学生就业现状，包括大学生就业现实与困境、劳动关系与大学生就业、大学生就业市场、大学生就业能力。第二篇大学生就业调查，主要为2008—2018年为期十年的调研成果，包括大学生择业调查，大学生求职行为影响因素调查，大学生求职自我效能、求职期望、求职意向与求职行为，社会支持对求职行为和求职满意度的影响，大学生就业干预辅导实验研究，大学生求职行为与职业发展追踪研究。第三篇结合大学生就业现状和过去十年调研结果，提出了大学生就业模式与对策。本书对于后疫情时代强化大学生就业优先政策，完善创业带动就业的保障制度，支持和规范发展新就业形态，健全劳动法律法规，促进新就业形态权益保障，推动高质量充分就业具有重要的理论和现实意义。

本书关注我国本土大学生就业实践，融合了管理学、教育学、社会学、经济学、心理学等，注重理论与实践结合，具有科学性、交叉性、适用性等特点。本书不仅可以作为高校大学生就业指导用书，还可以作为政府、企事业单位等各级各类管理者学习大学生就业知识、帮助提升大学生就业能力的参考书。

最后，感谢南京农业大学和南开大学出版社的关心、指导和帮助，感谢研究生徐梦瀛、杨锡雨、梁萧阳、刘佳惺、涂颖等同学的积极参与。我们也清楚地认识到，由于水平有限，书中难免有不妥与疏漏之处，真诚地希望读者提出宝贵意见和建议，以便我们不断修改和完善。

冯彩玲

南京农业大学（卫岗校区）逸夫楼

2024 年 6 月

目　　录

第一篇　大学生就业现状

第三篇　大学生就业模式与对策

第一篇　大学生就业现状

第一章　大学生就业现实与困境

第一节　大学生就业背景

习近平总书记在主持中共中央政治局第十四次集体学习时强调，促进高质量充分就业，是新时代新征程就业工作的新定位、新使命。[①]当前，我国就业形势总体稳定，但受国内外经济环境变化、产业转型升级加速、技术变革等多种因素影响，带动就业增长的新旧动能转化加快，岗位更替迭代加速，如何在高质量发展中积极创造就业新机会，提高发展的就业带动力，持续促进就业质的有效提升和量的合理增长[②]，不断增强当代大学生的获得感、幸福感和安全感，成为理论界和实务界共同关注的热点话题。

党和国家历来高度重视就业问题，各时期各级政府都将解决大学生"就业难"作为中心工作之一，从党的十六大报告提出的"就业是民生之本"到党的二十大报告提出的"实施就业优先战略"，都是具体体现。党的二十大报告提出了"强化就业优先政策，健全就业促进机制，促进高质量充分就业。健全就业公共服务体系，完善重点群体就业支持体系，加强困难群体就业兜底帮扶。统筹城乡就业政策体系，破除妨碍劳动力、人才流动的体制和政策弊端，消除影响平等就业的不合理限制和就业歧视，使人人都有通过勤奋劳动实现自身发展的机会。健全终身职业技能培训制

---

① 加快塑造现代化人力资源［EB/OL］.（2024-08-02）［2024-09-02］. http://www.xinhuanet.com/politics/20240802/4ca73410ae7e4cc9938239665ddedc88/c.html.

② 鲍春雷.在高质量发展中创造就业新机会［J］.人民论坛，2024（12）：19-23.

度，推动解决结构性就业矛盾。完善促进创业带动就业的保障制度，支持和规范发展新就业形态。健全劳动法律法规，完善劳动关系协商协调机制，完善劳动者权益保障制度，加强灵活就业和新就业形态劳动者权益保障"[①] 等一系列就业政策，使大学生就业问题的研究显得更加迫切，这不仅关系到大学生能否成功求职、顺利就业，还关系到社会稳定、家庭幸福、社会平等与公正，更是实现高等教育可持续发展的重要标志，关乎国家未来的发展大计和中华民族伟大复兴。

随着我国高等教育招生规模的持续扩大，高校毕业生人数日益增多，大学生就业问题已经受到社会各界密切关注。2000 年以后，我国高校毕业生人数突破 100 万，2022 年我国高校毕业生人数首次突破 1000 万，达到 1076 万，再创新高。[②] 只有实现大学生充分合理就业，才能够实现教育投入的有效回报和社会人力资源配置效益最大化。提高高校大学生的就业率，关系到数百万家庭、数百万学子和上千所高校的切身利益。我们认为，提高大学生的就业率，需要探讨影响大学生就业的有效因素，在此基础上构建就业辅导的新模式，而求职行为则是影响就业的主要的预测因素之一。国外对求职行为的研究较多，国内关于就业情况的研究大多都是重宏观、轻微观，重理论、轻实证，很少有探讨求职影响因素和就业辅导模式之间关系的实证研究。在我国把高质量充分就业作为经济社会发展优先目标，并纳入国民经济和社会发展规划的背景下，本书从人力资源管理、劳动经济学、组织行为学等多学科视角探讨高校大学生就业问题，在此基础上构建适应我国国情的就业辅导模式，这既是解决我国当前大学生就业

---

① 习近平：高举中国特色社会主义伟大旗帜 为全面建设社会主义现代化国家而团结奋斗——在中国共产党第二十次全国代表大会上的报告 [EB/OL]．（2022-10-25）[2024-07-15]．https://www.gov.cn/xinwen/2022-10/25/content_5721685.htm.

② 教育部.教育部：2022 届高校毕业生规模预计 1076 万人，同比增加 167 万 [EB/OL]．（2021-12-28）[2024-09-02]．http://www.moe.gov.cn/fbh/live/2021/ 53931/mtbd/202112/t20211229_591046.html.

难问题的迫切需要，也是建设社会主义和谐社会的需要。

1. 社会稳定和经济发展的需要

每个大学生背后都有一个家庭，而家庭又是社会的基本单元，大学生能否顺利就业，势必影响社会经济的稳定。而且，培养一名大学生，国家要投入巨大的人力、物力和财力。只有实现大学生充分合理的就业，才能够实现教育投入的有效回报和社会人力资源配置的最大化效益。

2. 劳动力市场和就业政策改革的需要

经济增长放缓，市场经营主体面临发展困难，导致就业岗位有所减少，保就业成为当前民生领域的头等大事，而促进大学生就业更是重中之重。面临就业形势的多重挑战，国家出台了各种促进大学生就业的政策，高校也主动出击，加强校地合作，开展访企拓岗，组织线上线下招聘活动，原来由就业部门主抓的工作，形成了学校领导、各职能部门、教学单位全员参与的新局面。

3. 大学生就业能力和就业质量提升的需要

新经济形态、高校扩招、农村剩余劳动力进城、失业人员再就业、海外留学人才回流等，使得大学生面临的内外部就业形势越来越严峻。大学生就业能力培养关系到民生稳定，是社会衡量高校人才培养质量的重要组成部分。提升大学生就业能力既是满足国家对高素质人才的需要，也是缓解我国大学生就业压力和破解大学生就业难题的关键所在。

第二节 大学生就业信息统计

就业是最大的民生工程、民心工程、根基工程，大学生就业更是涉及千家万户的根本希望。对于一个正在跨越"中等收入陷阱"的发展中大国来讲，做好大学生就业工作尤为重要。20 世纪末，高校大规模扩招，直接推动了适应时代要求的高等教育进入新局面。根据国家统计局"中国统计年鉴"数据，高校毕业生人数从 1999 年的 90 万增长到 2023 年的 1158 万，年平均增长 48.00%。[①] 随着我国经济社会加速发展和各项改革不断深化，大学生就业新特征进一步显现。一是供给呈现"一增一减"趋势。根据麦可思研究院发布的大学生就业蓝皮书显示，特别是新冠疫情以来高校毕业生就业面临复杂的形势，毕业生人数从 2020 届的 874 万人到 2021 届的 909 万人，再到 2022 届的 1076 万人（见图 1-1），2007—2021 年大学生毕业半年后就业人数逐年增加（见图 1-2），总量压力持续增加；但由于新冠疫情影响，世界经济在徘徊中举步维艰，国内经济动能转换压力仍然较大，部分地区、部分行业吸纳就业能力总体减弱。二是需求呈现"一降一升"趋势。实体店和网店起起落落，钢铁、煤炭、水泥、煤电、铝业、船舶等行业进入去产能的阶段，餐饮业、汽车行业等发展速度纷纷放缓，相关行业招聘大学生岗位需求下降；"互联网+"、信息通信、数字技术、人工智能、健康养老等新兴产业用人需求持续上升，相关专业毕业生一人难求，企业用工需求的行业分化明显。三是矛盾呈现"一老一新"趋势。原来的结构性矛盾尚未解决，新情况接连出现。部分高校的专业社会需求不足，部分少数民族毕业生、残疾人毕业生等就业困难群体就业压力加大；少数毕业生不急于就业，放缓求职步伐，"慢就业"、不就业、考研等新情况有增多趋势。

此外，家长和社会的传统观念对大学生求职就业影响较大，私营企业、小微企业、艰苦行业、基层单位少有人问津，机关、事业单位和国有企业人满为患。一些用人单位盲目追求高学历，人才高消费现象也助推了大学生就业难。就业歧视问题屡禁不止、花样翻新，既扰乱了市场又伤害了大学生心理健康。部分大学生就业预期居高不下，合作意识和敬业精神不足，知识结构和素质能力不适应现实工作实践需要。在当前大学生求

---

① 后文此类数据均参见"中国统计年鉴"（1999—2023），https://www.stats.gov.cn/sj/ndsj/.

职就业的过程中，高不成与低不就、有业不就与无业可就、就业难与用工荒、逃离北上广与漂在北上广等现象同时存在。

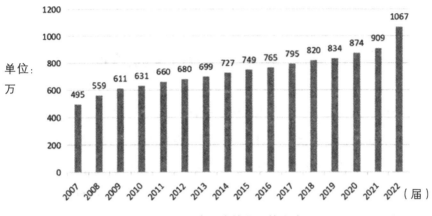

图 1-1　大学生就业人数统计

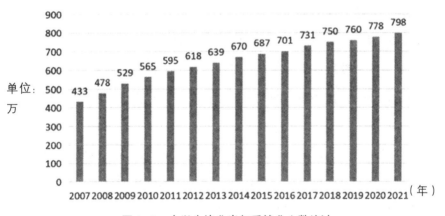

图 1-2　大学生毕业半年后就业人数统计

随着改革不断深化，我国经济发展正处于重要的战略机遇期，经济转型时期的失业总量一直备受关注，结构性失业问题也不断凸显。一方面，在经济增速已然放缓的同时，消化过剩产能与产业结构调整并行，不可避免地会对就业产生一定的冲击，尤其是随着"工业 4.0 版"的"智能机器人"成为未来制造业的发展趋势，使得劳动力市场供需平衡面临新的挑战；另一方面，世界经济衰退使得国内不少外贸企业规模缩减，进而减少了就业岗位供应，失业风险逐渐转向结构性转化。大学生就业困难，是长期的结构性矛盾与经济增长放缓压力增加所产生的短期周期性矛盾交织作用的结果。

第三节　"90后"大学生就业特征

本书中"大学生"一词特指 1990 年后出生的大学生群体。在改革开放的快速发展期和信息技术的普及应用期，他们历经了我国社会主义市场经济发展、就业模式转变、素质教育实施、加入世界贸易组织（WTO）、金融风暴洗礼等社会经济的变迁，他们成长在高效便捷的信息化时代，他们生活在物质资源相对丰富的环境中，这些因素都潜移默化地影响了大学生的人格、兴趣、能力和价值观。显然，"90后"大学生的个性上印刻着鲜明的时代特征：思想解放、自尊自强、热情奔放、乐观自信、积极上进、求真务实、敢说敢干、独立负责等。同时，他们自我意识较强，接受新事物能力较强，这些独特的个性特征会在一定程度上影响他们对就业的看法。

就业观是一个人对就业的认知和态度，它是一个人的世界观、价值观和人生观在就业方面的具体体现，指导着一个人的求职行为，对求职成功具有导向作用，指引着大学生未来的职业发展。那么，"90后"大学生的就业观呈现出哪些新特点呢？[①]

第一，职业兴趣多元化，择业方式多样化。经济全球化和市场经济带来的多元意识形态，不断冲击着"90后"大学生的职业观念，从而出现"90后"大学生职业兴趣的多元化倾向，这种倾向主要体现在职业选择方式的多样化上。作为我国经济社会转型时期出生的"90后"大学生，他们

---

① 周石，冯彩玲."90后"大学生就业观呈现新特点 [N].中国教育报，2011–10–12.

处在我国经济社会飞速发展的时期，良好的社会经济条件和家庭成长环境使得他们有条件去培养各种兴趣爱好，从而成为多才多艺的"90后"新青年，所以他们不一定完全根据自己所学的专业找工作，还可以根据自己的兴趣选择职业，这种多元化的职业兴趣和多样化的择业方式体现了我国社会的进步。

第二，工作性质趋党政，就业意向重稳定。马斯洛的需要层次理论认为，一个人的低级需要得到满足后，才会追求更高层次的需要。"90后"大学生整体生活水平的提高满足了他们的生理需求，找一份稳定的工作更能给他们带来安全感、归属感、尊重感和自我实现感。因此，"90后"大学生更倾向于工作相对稳定的机关、企事业单位。

第三，求职渠道靠网络，社会网络首当先。"90后"大学生是网络时代的优先体验者，网络对他们的求职行为和就业观产生了深刻的影响，所以"90后"大学生更善于运用网络求职，获取就业信息，如微博、QQ群、校园网、邮件等，通过人与人之间的信息传递及时了解就业信息，高效且便捷。还有一种网络称为"社会网络"，指社会成员之间因为互动而形成的相对稳定的关系体系，通过社会网络人们获得了使用关系的机会。在各种求职渠道中，"90后"大学生比较看重社会关系网络，因为他们亲身感受了社会经济转型时期我国劳动力市场的特殊性和大学生就业竞争的激烈性，他们感到通过家人、朋友等社会关系网络寻求工作，更易在激烈的竞争中求职成功。

第四，就业理想更理性，就业目标更务实。社会主义市场经济的发展使得"90后"大学生的就业理想和就业目标越来越理性和务实。他们能够理性地看待社会现象，并根据自身实际客观地调整就业计划。他们注重薪酬福利，注重假期休闲，注重工作生活的平衡，注重发展机会，倾向于给自己带来物质财富和精神财富的工作，就业目标也更加务实。他们的理性就业观指引着他们的未来职业生涯发展方向，使他们在纷繁复杂、充满变化、充满挑战的社会竞争中更加坚定、自信、充实和从容。

第五，求职就业倾自主，勇于创业成趋势。伴随着网络的发展，"90后"大学生获取信息更加快捷，知识面也更广，知识结构的复杂性和多样性也远远超越了以往的大学生。信息量的极大丰富和创造力的提高，使得他们思维更加灵活，敢于创新，对就业有想法、有主见、有创意。他们不愿只屈于平平淡淡的工作，更愿意凭着自己的个性开辟一番新天地。此外，国家和社会也提倡大学生创业，鼓励、支持和扶持大学生创业，这在一定程度上为大学生自主创业提供了良好的资源环境。同时，受市场经济的影响，"90后"大学生的经商观念和经商经历都比较早，这对他们的自主创业观产生了深刻的影响。

第四节　新冠疫情对大学生就业的影响

一、新冠疫情前大学生就业状况

新冠疫情前大学生就业状况可参照麦可思对 2015—2018 届本科毕业生调查的数据。麦可思自 2007 年开始进行大学毕业生跟踪评价，并从 2009 年开始根据评价结果每年出版"就业蓝皮书"。[①] 就业蓝皮书年度报告基于应届毕业半年后、毕业三年后、毕业五年后的跟踪评价数据，分析我国本科毕业生的就业发展趋势与成效，回应政府、媒体、本科院校师生以及社会大众关注的问题，并为本科人才培养的持续改进提供参考建议。

麦可思将我国本科毕业生的毕业状况分为六类：受雇工作、自主创业、入伍、国内外读研、准备考研、待就业。其中，受雇工作包含受雇全职工作、受雇半职工作，受雇全职工作指平均每周工作 32 小时或超过 32 小时，受雇半职工作指平均每周工作 20 小时到 31 小时。国内外读研包含

---

① 本部分数据均参见王伯庆 . 2020 年中国本科生就业报告 [M]. 北京：社会科学文献出版社，2020.

正在我国内地（大陆）和港澳台地区以及国外读研。准备考研包含"无工作，准备在内地（大陆）读研""无工作，准备到我国港澳台地区及国外读研"。待就业包含"无工作，继续寻找工作""无工作，其他"。此外，麦克思就业蓝皮书中，本科院校类型分为"双一流"院校和地方本科院校。其中"双一流"院校包含一流大学建设高校42所、一流学科建设高校95所，地方本科院校包含除"双一流"院校以外的其他本科院校。

应届本科毕业生升学深造比例持续上升，追求学历提升对稳定就业起到一定效果，待就业比例无明显增加。从本科毕业生毕业半年后的去向来看，国内外读研的比例明显上升，从2015届的15.60%上升到了2018届的16.80%；同时，准备考研的毕业生从2015届的2.10%上升到了2018届的3.30%；读研比例的上升导致毕业后直接工作（受雇工作、自主创业）的比例有相应的变化，从2015届的77.30%降低为2018届的75.40%。此外，入伍和待就业的毕业生5年持稳，详见表1-1。

表1-1 2015—2018届本科院校毕业生半年后的去向分布变化

单位：%，个百分点

本科院校毕业生 毕业去向分布	2018届	2017届	2016届	2015届
受雇工作	73.60	74.40	75.10	75.20
自主创业	1.80	1.90	2.10	2.10
入伍	0.30	0.30	0.40	0.50
国内外读研	16.80	16.40	15.50	15.60
准备考研	3.30	2.70	2.30	2.10
待就业	4.20	4.30	4.60	4.50

数据来源：麦可思-中国2015—2018届大学毕业生培养质量跟踪评价。

从不同院校类型来看，"双一流"院校毕业生近六成毕业半年后直接工作，近四成毕业半年后升学深造或计划升学（见表1-2），这也体现了

"双一流"院校的人才培养特点。针对这一特征，高校管理者在人才培养目标定位、课程教学内容安排及学生管理体系建设等方面需统筹考虑本科和研究生阶段，特别是两者的衔接与过渡，持续探索"本研一体"的人才培养模式。地方本科院校毕业生以就业工作为主，近八成毕业半年后直接工作，毕业半年后升学深造和计划升学者接近两成。值得注意的是，计划升学的比例增长明显，从 2015 届的 2.00% 上升到 2018 届的 3.40%，上升 1.4 个百分点（见表 1–3）。针对这一情况，地方本科高校管理者需进一步关注在校学生的读研意愿，并完善考研、保研服务工作，指导学生合理规划与备考，从而更好地促进应届毕业生的去向落实与发展。

表 1–2　2015—2018 届"双一流"院校毕业生半年后的去向分布变化

单位：%，个百分点

"双一流"院校毕业生毕业去向分布	2018 届	2017 届	2016 届	2015 届
受雇工作	58.90	59.60	61.00	61.50
自主创业	1.00	1.10	1.10	1.00
入伍	0.60	0.70	0.70	0.90
国内外读研	4.00	33.40	32.10	31.70
准备考研	2.90	2.60	2.30	2.50
待就业	2.60	2.60	2.80	2.40

数据来源：麦可思–中国 2015—2018 届大学毕业生培养质量跟踪评价。

表 1–3　2015—2018 届地方本科院校毕业生半年后的去向分布变化

单位：%，个百分点

地方本科院校毕业生毕业去向分布	2018 届	2017 届	2016 届	2015 届
受雇工作	76.70	77.40	77.90	78.00

续表

地方本科院校毕业生毕业去向分布	2018 届	2017 届	2016 届	2015 届
自主创业	1.90	2.10	2.30	2.30
入伍	0.20	0.20	0.30	0.40
国内外读研	13.30	12.90	12.20	12.30
准备考研	3.40	2.70	2.30	2.00
待就业	4.50	4.70	5.00	5.00

数据来源：麦可思 – 中国 2015—2018 届大学毕业生培养质量跟踪评价。

　　根据麦可思中国行业分类体系，本次跟踪评价覆盖了本科毕业生就业的 325 个行业。[①]教育、信息、文体娱乐等服务性行业需求增长，应届本科毕业生在该类行业就业量增多。从毕业生就业行业的占比来看，2018 届本科毕业生毕业半年后就业最多的行业类是"教育业"（14.90%），其次是"建筑业"（9.10%）。与 2015 届相比，2018 届本科毕业生就业比例增加较多的行业类为"教育业""建筑业"（分别增加了 1.30、0.90 个百分点）；就业比例降低较多的行业是"电力、热力、燃气及水生产和供应业""电子电气设备制造业（含计算机、通信、家电等）""机械设备制造业"（分别降低了 0.70、0.60、0.60 个百分点）。从应届本科毕业生就业行业的变化趋势来看，在就业比例排名前十位的行业类中，应届本科毕业生在"教育业""文化、体育和娱乐业"就业的比例逐届增加（见表 1-4）。

表 1-4　2015—2018 届本科毕业生就业的主要行业类变化趋势

单位：% ，个百分点

行业类名称	就业比例			
	2018 届	2017 届	2016 届	2015 届
教育业	14.90	14.70	13.70	13.60

① 就业比例 = 在某类行业中就业的本科毕业生人数 / 全国同届次本科毕业生就业总数。

续表

行业类名称	就业比例			
	2018 届	2017 届	2016 届	2015 届
建筑业	9.10	8.60	8.40	8.20
信息传输、软件和信息技术服务业	8.80	8.50	8.40	8.40
金融业	8.10	9.00	10.00	9.60
医疗和社会护理服务业	6.20	6.30	5.20	5.70
政府及公共管理	6.00	5.90	5.60	5.30
各类专业设计与咨询服务业	5.50	5.40	5.30	5.50
电子电气设备制造业（含计算机、通信、家电等）	5.60	5.90	5.80	6.20
文化、体育和娱乐业	4.20	3.90	3.80	3.60
零售业	4.00	4.10	4.10	3.80
机械设备制造业	2.40	2.70	2.90	3.00
运输业	2.20	2.00	2.30	1.50
房地产开发及租赁业	2.40	2.30	2.10	2.30
电力、热力、燃气及水生产和供应业	1.60	1.80	2.60	2.30
医药及设备制造业	1.80	1.60	1.60	1.60
行政、商业和环境保护辅助业	2.10	2.00	2.00	2.50
化学品、化工、塑胶制造业	1.90	1.90	1.80	1.80
居民服务、修理和其他服务业	1.80	1.80	1.60	1.80
交通运输设备制造业	1.90	2.40	2.60	2.6
住宿和餐饮业	1.50	1.40	1.40	1.40
纺织、服装和皮革制造业	1.00	1.10	1.00	1.20
食品、烟草、加工业	1.00	1.10	1.40	1.40
其他制造业	0.60	0.60	0.50	0.70
邮递、物流及仓储业	0.90	0.90	1.10	1.10
采矿业	0.60	0.50	0.40	0.70
农、林、牧、渔业	0.80	0.70	0.80	1.00
批发业	0.90	0.90	1.00	1.00
家具制造业	0.60	0.70	0.70	0.60
初级金属制造业	0.60	0.50	0.60	0.60

续表

行业类名称	就业比例			
	2018 届	2017 届	2016 届	2015 届
玻璃黏土、石灰水泥制品业	0.40	0.40	0.30	0.30
群众团体、社会团体和宗教组织	0.10	0.20	0.20	0.20
木品和纸品业	0.2	0.3	0.2	0.3
其他租赁业	0.1	0.2	0.3	0.1

注：表中显示数字因为四舍五人进位，加起来可能不等于 100%。

数据来源：麦可思 - 中国 2015—2018 届大学毕业生培养质量跟踪评价。

二、新冠疫情对大学生就业的主要影响

（一）"慢就业"群体规模扩大

"慢就业"在国外的近似概念是间隔年（gap year），是西方国家青年离开正规教育后做的一次长期（3 ~ 24 个月）旅行或其他有意义的事情，在正式进入社会前体验不同的生活方式。但不同于 gap year，国内"慢就业"包含更多消极色彩，"慢就业"是现阶段我国大学生面临的特殊情况，是大学生有能力而不愿参与就业。通俗来讲，"慢就业"是高校学生迫于各种压力或自主选择的"暂时性非就业"状态，具体表现为，为追求铁饭碗或就业期望过高等原因所导致的主动或被动的暂时性未就业。这种现象已经成为一种就业现实，甚至已经成为一种就业常态。根据"慢就业"群体的择业动机和行为能力，可以将这一群体细分为"主动慢就业"和"被动慢就业"两类。高校学生的未来选择显著影响其"慢就业"态度，无论是择业高追求等积极因素形成的"主动慢就业"，还是因就业市场不景气等消极因素导致的被动暂时性未就业，高校学生"慢就业"现象背后的本质是其对更高质量就业的美好期待。但"慢就业"所产生的"职业空档期"导致大学生就业能力下降，会抑制大学生的长期职业发展。

根据麦可思研究院的调研数据，从应届本科生毕业去向来看，准备考研、待就业的比例均持续上升，2021 届（6.50%，5.70%）相较 2017 届（2.70%，4.30%）分别上升了 3.80 个、1.40 个百分点，而毕业即参加工作的比例持续下降，这 5 年下降了 9.10%（2021 届 65.30%、2020 届 67.70%、2019 届 71.90%、2018 届 73.60%、2017 届 74.40%）。根据应届毕业生去向数据，可以直观感知这 5 年应届本科生"延迟就业"的心态愈加明显，我国"慢就业"群体规模呈现不断扩大的趋势。麦可思研究院针对 2020 届与 2021 届毕业生进行有关新冠疫情影响的相关调研，2021 届（43.00%）认为疫情对求职造成影响的比例相较于 2020 届（54.00%）下降 11 个百分点，从侧面可以看出，步入后疫情时代后疫情对求职就业的影响在降低，但新冠疫情对求职就业的影响占比仍是最大的（2021 届毕业生认为新冠疫情影响求职就业的占 43.00%、影响国内升学的占 17.00%、影响出国留学的占 5.00%，认为没有影响的占 30.00%）。而在认为求职就业受新冠疫情影响的 2021 届毕业生中，72.00% 认为新冠疫情对求职就业最大的影响是招聘岗位的减少。由此可以看出，新冠疫情加大了应届毕业生的就业难度，越来越多大学生选择考研或考入编制以暂时规避就业压力。在多重就业压力下，"慢就业"成为当代大学生的"最优"选择。

（二）就业结构失衡愈加严重

就业结构性矛盾是长期以来大学生就业难的主要原因，虽然新冠疫情逐步消退，但对就业市场的影响是持续性的，大学生就业结构性矛盾愈加凸显。大学生就业结构失衡主要表现为社会经济结构下所提供的工作岗位与高校毕业生所具备的能力水平之间存在差距、错位或冲突，其本质是高校人才供给和劳动力市场需求在数量和质量两个方面的不匹配问题。大学生就业结构失衡具体表现在学历结构失衡、专业结构失衡以及知识和技能结构失衡。

1.学历结构失衡

学历结构失衡指大学生的学历同职业不匹配，即过度教育或教育不足。在现阶段，大学生学历结构失衡主要是指过度教育，且我国高校毕业生过度教育比率持续呈现增长趋势。究其原因，是我国就业总量压力持续高位运行。步入后疫情时代以来，全球经济发展放缓，部分行业和企业生产经营还未恢复到新冠疫情前的水平，各行业招聘岗位都有不同幅度的缩减。而在扩招后，高校输送毕业生规模一直呈上升趋势，据教育部统计，2022年高校毕业生达到1076万人，同比增加167万人，规模和增量创历史新高。中国就业市场景气（CIER）指数2022年第四季度从第三季度的1.63回升至1.70，但低于2021年同期的1.99，且该季度各类性质企业的CIER指数均低于1。① 可见，新冠疫情后，就业市场压力虽有一定程度缓解，但依旧不容乐观。面对持续攀高的毕业生人数与就业市场规模的不断缩减，各行业对学历的要求居高不下。

部分热门行业对学历的高要求，致使"学历贬值"现象对就业市场的影响在疫情暴发以后达到峰值，在这样的背景下，当代大学生群体陷入了"学历恐慌"的消极情绪中。这种消极情绪具体表现为"孔乙己文学"成为互联网一大热议话题，高校毕业生将自己称为当代"孔乙己"，并将学历视为"长衫"，认为学历是造成自身就业困境的负担。更有甚者，将自己视为"高学历废物"，这一自比表达了当代高校毕业生面临难就业或岗位选择"高不成低不就"困境时的焦虑无奈，反映了就业困境来源于毕业生期望与现实的不匹配，体现了高校毕业生对就业市场的不乐观态度。这种不乐观态度在随后的"脱下长衫热"中进一步得到体现，诸多青年放弃找工作或从工作单位辞职，选择低脑力工作，如摆地摊、送外卖，并声称"放下学历，走出压力"。"孔乙己文学"现象的背后是当代大学生就业学

---

① 2022年第四季度中国就业季度分析会成功举办 [EB/OL].（2023-01-20）[2024-08-10]. http://slhr.ruc.edu.cn/zthd/jdzt/zgjyjdfxh/93b67a18ac6f4ed6ab7c1671f16971b4.htm.

历结构失衡的困境，青年人的被迫"洒脱"是无奈和辛酸，也是我国劳动力资源的浪费。

2. 专业结构失衡

大学生就业的专业结构失衡表现为专业与其职业不匹配，即大学生所学专业（所掌握的专业素养）和职业领域或工作内容不一致。根据麦可思研究院的调研数据，2021届本科毕业生（73.00%）总体工作与就业相关度较前四届（2017届到2020届持续保持在71.00%）有所提升，分专业看，2021届医学和教育学培养目标对应的工作岗位准入门槛较高，工作与专业相关度持续排在前两位（分别为93.00%和84.00%），而农学（59.00%）、经济学（62.00%）、管理学（66.00%）等7个学科门类均低于平均相关度。此外，2021届工学、教育学本科生的毕业去向落实率（分别为90.60%、89.90%）位列前二，法学、艺术学、历史学本科生的毕业去向落实率（分别为81.80%、85.10%、85.30%）相对较低，并呈现下滑趋势。[①] 可以看出，我国大学生就业的总体专业结构失衡在一定程度上减缓，但部分专业的结构失衡情况仍然严重，不可忽视。

3. 知识和技能结构失衡

知识和技能结构失衡是大学生与就业市场的主要矛盾，即求职大学生缺乏将专业知识同岗位要求、行业发展关联的能力（实践能力），难以达到市场与行业发展的要求。大学生知识和技能结构失衡具体表现"求职难"和部分行业"难招人"并存的矛盾现象。根据麦可思研究院的调研数据，本科毕业生毕业时掌握的基本工作能力水平稳步提升，从2017届的57.00%上升至2021届的59.00%。全国本科毕业生的基本工作能力满足度从2017届的84.00%上升至2021届的87.00%，这5届本科毕业生基本工作能力满足度呈缓慢增长趋势。[②] 此外，从毕业生各类基本工作能力的

① 麦可思研究院.2022年中国本科生就业报告［M］.北京：社会科学文献出版社，2022.
② 麦可思研究院.2022年中国本科生就业报告［M］.北京：社会科学文献出版社，2022.

重要度和满足度评价来看，设计思维、疑难排解、电脑编程以及人力资源管理能力满足度均相对偏低，在工作中的重要程度较高，属于当下产业转型升级中岗位急需的创新能力、技术能力、领导能力，亟待提升。由此可见，通过现阶段高校教育，当代大学生基本工作能力与基本工作能力满足度在一定程度上得到提升，但当代大学生缺乏与现在人才市场和就业岗位要求相匹配的重要技能，大学生就业的知识和技能结构失衡困境仍然较难突破。

第二章 劳动关系与大学生就业

第一节 《劳动合同法》与大学生就业

一、《劳动合同法》概述

《劳动合同法》是中华人民共和国于 2007 年颁布的一项法律，旨在保障劳动者的权益，规范用人单位的用工行为，营造和谐稳定的劳动关系。该法规定了劳动合同的订立、履行和解除等方面的内容，明确了用人单位和劳动者的权利和义务。其中，劳动合同的订立应当是自愿的、平等的、协商的，没有限制劳动者人身自由的约定和侵害劳动者人身尊严的行为；劳动合同的内容包括劳动报酬、工作时间、休假、社会保险等方面的内容，用人单位应当依法为劳动者缴纳社会保险费用；劳动合同的解除应当有合法的事由，并经双方协商一致或者按照法定程序进行处理。在劳动关系中，用人单位应当依法保障劳动者的权益，不得违法限制或剥夺劳动者的权利；劳动者应当恪守劳动纪律，提高劳动技能，勤奋工作，在劳动关系中增强法律意识和维权意识。对于违反《劳动合同法》规定的行为，依法可以采取行政处罚或者诉讼等法律手段。《劳动合同法》作为一项基本的法律法规，对于维护劳动者的权益，促进和谐稳定的劳动关系具有重要的保障作用。

二、《劳动合同法》对大学生就业的影响

（一）《劳动合同法》对大学生就业环境的影响

首先，《劳动合同法》为大学生就业提供强有力的法律支持。《劳动合

同法》规定"用人单位自用工之日起即与劳动者建立劳动关系","建立劳动关系，应当订立书面合同"，还规定企业如果不签订劳动合同需要承担相应的法律后果。这些法律条文的实施，有效地提高了大学生就业的签约率，也使大学生在就业开始时就处于《劳动合同法》的保护中。《劳动合同法》明确了试用期的时间限制，并且规定了试用期的工资不得低于本单位同岗位最低档工资或者合同规定工资的80.00%，不得低于用人单位所在地的最低工资标准。《劳动合同法》为毕业生的合法权益提供了有力保障。

其次，《劳动合同法》为毕业生建立了和谐的就业环境。《劳动合同法》对于无固定期限合同，在劳动者无过错的情况下，用人单位无故解除劳动合同的经济补偿做出了详细的规定，这在一定程度上限制了企业对已就业毕业生随意解聘的现象，使劳动关系更加稳定；劳动保障条款的执行也会增加毕业生对企业的安全感和向心力，使其更加关注自身在企业的长期发展规划。《劳动合同法》通过对用人单位与劳动者双方权利与义务的规定与调整，在保护毕业生合法权益的同时，也兼顾了企业核心竞争力的提升，减少就业冲突，缓解双方矛盾，有利于用人单位与毕业生之间形成自由、公平、互信、稳定的和谐就业关系。

（二）《劳动合同法》对大学生就业心理的影响

《劳动合同法》增加了企业的用工成本和用工风险，这迫使部分企业减少就业岗位，转变招聘方式，例如内部挖潜、内部推荐和外部推荐等。企业招聘重点也逐渐转向劳务市场，或者降低就业需求层次，例如基础性的岗位更青睐实务能力强的职业技术院校学生。由于我国的户籍制度的限制，企业招聘也出现了地区间和产业间的不平衡性。《劳动合同法》的实施改变了大学生的就业市场，企业的招聘重点转向劳务市场，或者降低就业需求层次，这使原本供大于求的大学生就业困难增加。大学生面对此种就业形势，或者选择继续深造，参加考研，或者出国留学，或参加公务员和企事业单位的考试，以期进入国家政府部门。这是一种逃避心理和保守心理的体现。

（三）《劳动合同法》对大学生就业诚信的影响

《劳动合同法》对大学生就业诚信提出了更高的要求。由于初次就业，许多大学生往往缺乏对职业生涯长远的考虑和周密的计划，深造、留学以及更好的岗位的吸引使得他们就业意向发生改变，导致违约现象频发。而《劳动合同法》规定除竞业禁止协议和培训约定以外不得约定违约金，这意味着因毕业生违约而导致的风险转嫁到了用人单位方面，直接加大了用人单位的招聘成本和招聘风险，致使一些企业不愿招聘应届毕业生或对应聘的应届毕业生进行更严苛的诚信品质考察。除违约以外，大学生求职作假现象多发，也是造成许多企业对大学生就业诚信持怀疑态度的重要原因。《劳动合同法》规定，用人单位如果发现了求职者的简历上有作弊的嫌疑，则有权随时与其解除就业合同，并不需要支付任何经济补偿，因此给用人单位造成损失的，用人单位有权要求赔偿。对求职的大学生而言，一旦求职作假被用人单位发现，就可能永远没有机会进入一些大的知名公司工作。这也给很多大学生敲响了诚信就业的警钟。

三、劳动关系三方协商机制

（一）劳动关系三方协商原则

劳动关系三方协商机制，也称劳动关系三方协商原则，根据国际劳工组织大会1976年通过的《三方协商促进实施国际劳工标准公约》规定，是指政府（通常以劳动行政部门为代表）、雇主和雇员之间，就制定和实施经济和社会政策而进行的所有交往和活动。从宏观上看，劳动关系的三方即政府、雇主和雇员，他们的长远目标是一致的，即促进经济的不断发展。但是，从微观上看，由于三者所处的地位不同，他们的利益趋向也不同。政府最关心的是经济的持续发展、社会文化生活的改善和社会的稳定。雇主也就是企业代表，比如民间商会、个体经营者协会、青年企业家协会等，它们都可以成为三方协商机制的一方。当然，雇主关心的一定是企业利益，即怎样以最小的投资获得最大的回报。职工代表是代表职工参加三方机制的各级总工会。职工代表当然是以职工利益为根本出发点，希望在企业发展的基础上获得更高的报酬。随着社会法治化的不断完善，三方原则也相对越来越规范，三方原则的最终目的就是通过三方协商，解决劳动争议，促进大学生平等就业、自由择业，维护企业和劳动者切身利益，实现劳资共赢的和谐局面。

（二）三方协议与劳动合同的异同

目前，很多大学生甚至部分用人单位对于劳动关系三方协议与劳动合同的异同都不太清晰，有时候甚至把二者混为一谈，以至于在大学生入职时由于法律概念模糊，导致后来产生利益纠纷。大学生就业协议是在求职过程中用于明确大学生、用人单位及高校三方主体权利与义务的一种协议文书，它与劳动合同一样，都是具有法律意义的文件，它们分别签订于大学生毕业的不同时期，劳动合同签订于大学生毕业后，就业协议签订于大学生毕业前。三方协议的作用仅限于对大学生就业过程的约定，本质是平等主体之间的民事合同关系，双方发生纠纷应直接诉请到法院，法院处理的依据是《劳动合同法》及其他相关民事法律。劳动合同是已经签订过三方就业协议的大学生在到用人单位正式报到一个月内，与用人单位按有关规定及三方就业协议约定条款，签订有关劳动权利和义务的书面协议。劳动合同一旦签订并生效，三方协议就相应终止。因此，三方协议和劳动合同是两份完全不同的书面协议，两者所处的阶段不同，不能混同，也不能相互替代。

第二节　劳动经济学视角下的大学生就业

随着我国生产力水平不断提高和社会经济持续发展，人民生活水平得到大幅改善，而高校扩大招生也使得大学教育由 20 世纪八九十年代的"精英化"逐渐向"大众化"转变。我国人均可支配收入的增加也使得人们加大对教育的投入，研究生毕业人数由 2008 年的 34.50 万人增长至 2022 年的 130 万人，海外留学归国人员由 2008 年的 6.90 万人增长至 2022 年的 51.94 万人。本科以上学历毕业生人数的增长，不仅反映出人们对教育投入和人力资本投入的关注，同时也在一定程度上折射出我国大学生就业的现状。

一、劳动经济学视角下的大学生就业问题

第一，经济放缓对大学生就业空间的挤压。经济增长和就业增长呈正相关，就业和经济的增长率变动趋势具有一致性。目前，新冠疫情已逐渐消退，但疫情造成的影响具有滞后性，我国经济仍处于恢复期。根据国家统计局数据，2022 年，我国工业生产放缓，服务业生产下滑，进出口贸易受国际环境影响较大，我国经济仍然面临着"需求收缩、供给冲击、预期转弱"的三重压力。虽然我国各行各业处于逐步恢复期，但面临多重经济压力，包括国有企业在内的多类企业选择减员增能，致使我国劳动力市场对毕业生吸纳能力降低。根据国家统计局数据，2022 年第二季度，在新冠疫情和毕业季的双重影响下，16 ～ 24 岁城镇青年劳动力调查失业率逐月上升，7 月份升至 19.90% 的年内高点。①

第二，劳动力供给增加致使大学生就业结构性矛盾加剧。近年来，高校扩招致使大学生人数急剧增长，2022 届高校毕业生规模达到 1076 万人，同比增加 167 万，规模和增量均创历史新高。劳动力供给数量增加导致劳动力市场供求总量失衡，劳动力市场每年提供的就业岗位难以有效满足所有毕业大学生的需求，市场需求的增长速度明显滞后于劳动力的增长速度，致使大学生就业结构性失衡加剧。此外，根据部分高校公布的就业数据，大学生就业期望偏高，毕业大学生群体预期薪酬水平总体偏高，而综

---

①　国家统计局.中国统计年鉴（2022）[M].北京：中国统计出版社，2022.

合素质较难适应市场需求，供需矛盾严峻，出现"求职难"与"招人难"并存的现象。

第三，劳动力区域供给失衡现象仍然严峻。由社会科学文献出版社出版的《2023 年中国社会形势分析与预测》中指出，大学生前往三四线城市就业的意愿增强，但一二线城市仍然是大学生的首选，2021 年想去北上广工作的大学生占比 34.10%，想去二线省会城市或经济较为发达的非省会城市工作的占比 39.27%，合计超过 70.00%。根据劳动经济学中的二元劳动力市场分割理论，市场可以分为主要以及次要劳动力市场。主要劳动力市场相对来说技术水平以及薪资水平较高，并且工作性质稳定；而次要劳动力市场工作条件以及薪资水平较低，工作性质不稳定。由于主要劳动力市场相比次要劳动力市场具有更高的吸引力，导致绝大多数毕业大学生更倾向选择大中城市或沿海地区。但这些地区人才资源相较于中西部等欠发达地区已处于充沛甚至积压状态，致使身处大城市的大学生就业困难的同时，中西部部分地区存在人才缺口，导致劳动力区域供给失衡。

二、劳动经济学视角下的大学生就业矛盾

（一）就业市场供给与需求的矛盾

劳动力需求理论表明，劳动力需求是一种"派生需求"。为了满足市场的消费需求，企业需要相应地调整生产，进而对于劳动力的数量有不同的要求。可以说，劳动力需求是企业通过满足市场需求而提高自身经济效益不可逾越的一环。当劳动力供给大于需求，或者由于受到经济状况波动造成劳动需求减少时，此时会形成劳动力需求方主导的"买方市场"，劳动力供给方处于弱势地位，具体表现为就业竞争加剧，如劳动者为了就业而降低工资待遇要求等。大学生的就业状况在很大程度上也受劳动力市场供求状况的影响。随着我国高等教育的普及，大学生数量增多，迅速壮大了劳动力供给的队伍，但经济发展的速度却没有达到相应的吸纳能力，再加上农村转移劳动力、新增产业工人等就业群体相互叠加，大学生就业的

供求矛盾更加突出。尽管我国已建立了与市场经济体制相适应的就业制度，并且坚持"劳动者自主择业、市场调节就业、政府促进就业"的就业方针，政府、社会和高校在引导和帮助毕业生就业方面也取得了一定成绩，但在实际情况中，仍存在一些不容忽视的问题。

（二）劳动力供给增加导致就业结构性矛盾尖锐

近年来，我国经济总体上处于中高速增长状态，经济发展稳中向好，特别是经济结构不断优化，经济发展质量不断提升，改革的红利也不断提升，经济发展对于就业的拉动作用不断增强，但劳动力结构性矛盾依然存在。劳动力结构性矛盾是指劳动力供给与需求不相匹配的矛盾。大学生就业结构性矛盾比较突出，主要表现为大学生就业区域流向严重不均衡和城乡分布不均衡，大学生在职位选择方面出现冷热不均，职业技能与市场需求脱节等问题。随着社会主义市场经济的不断发展，市场对人才的需求更加多样化、市场化和实用化。但是，高校扩招使得办学质量相对下降，师资力量无法跟上，教学内容无法适应市场的要求。高校往往注重学生理论知识的培养，而忽视对学生综合素质、创新素质的培养。大学生的知识结构不合理、实践能力偏弱、适应性较差，就业能力与市场需求存在一定的偏差，难以成为适应市场需要的复合型、应用型人才。

（三）大学生就业期望和区域劳动力市场的矛盾

由于我国目前经济发展水平不平衡，城乡经济差距较大，就业制度还不够完善，在这些因素的影响下，我国的劳动力市场具有典型的二元结构特征，主要表现为大型一线城市为主要劳动力市场，中西部等偏远地区与基层地区为次要劳动力市场。大学生初涉职场，缺乏自我认知与职业认知，抱有盲目从众心理和虚荣心理，就业期望较高，多会集中选择大中城市或沿海地区，但这些地区人才资源已处于饱和状态，竞争激烈。相反，区域经济发展水平相对较低的中西部地区虽亟须大量人才，但很难吸引大学生，因此形成人才缺口并不断加大。现阶段大学生无法实质就业者仅是少数，多数毕业生是难以实现满意就业，困扰不在于"就业难"而是"择业难"。目前我国处于新旧动能转换的关键阶段，对于娴熟技术工人需求量较大，但这与大学生的期望相差甚远。大学生求学过程中投入了大量成本，使许多毕业生只以高职高薪作为"就业好"的标杆，加剧了结构化矛盾。

第三节　新就业形态与大学生就业

一、新就业形态概述

《中国共产党第十八届中央委员会第五次全体会议公报》提到"加强对灵活就业、新就业形态的支持"[①]，首次提出"新就业形态"的概念。新就业形态是新一代技术革命的产物，随着数字技术发展而兴起，它区别于传统就业形态，并与传统"灵活就业"概念相分离。学术界从生产力与生产关系两个角度界定新就业形态。从生产力的角度，新就业形态是指新一轮工业革命带动的智能化、数字化、信息化的工作模式，即依托数字化、信息化、智能化、网络化的生产资料，实现虚拟与实体生产体系灵活协作的工作模式；从生产关系角度，新就业形态是指伴随着互联网技术进步与大众消费升级而出现的去雇主化、平台化的就业模式，即凭借移动互联网、大数据、人工智能等信息技术，实现劳动者和消费者直接对接的就业形态。我国劳动力市场中的新就业形态具体表现可概括为：就业领域新、技术手段新、组织方式新、就业观念新。主流学术界从生产关系的角度界定新就业形态，并认为新就业形态催生出多样化的灵活用工群体，即"第三类劳动者"。这类劳动者因新就业形态存在去劳动关系化、去单位化、去合同化以及去属性化等特征而产生劳动关系认知困境，进而导致这一群

---

① 中国共产党第十八届中央委员会第五次全体会议公报 [M]. 北京：人民出版社，2015：15.

体在劳动权益保障中处于弱势地位。

随着数字经济蓬勃发展，衍生出诸多新兴职业，如自媒体运营师、带货主播等，这些新兴职业也对当代大学生就业观产生微妙影响。年轻一代的职业观念和职业形态正经历着重大变革，工业社会专业化、标准化运作下的职业形态已不再是青年职业者追求的唯一动力，这种变革体现在以自我价值为导向的新兴职业群体——"斜杠青年"的出现。在新就业形态背景下，当代大学生择业时更加注重自我价值的实现，他们对于"好工作"的定义也不再局限于过去传统的铁饭碗，而是倾向更加新潮化、多元化的就业方式。因此，作为思维活跃、创新能力较强，勇于到新就业形态中寻找新发展契机的群体，大学生成为了共享经济、平台经济中的一支主力军。根据教育部学生服务与素质发展中心统计数据，2020届全国高校毕业生的灵活就业人数占比为16.90%，2021届高校毕业生灵活就业人数占比为16.25%。[①]

二、新就业形态下大学生就业的机会与挑战

（一）新就业形态为大学生创造新就业空间

后疫情时代，新就业形态的出现，缓解了大学生就业总量压力。平台经济和数字经济化解了大学生就业的结构性困境，共享模式下的兼职就业也充分发挥了人力资源优势，打通了传统行业的就业障碍，营造出创新创业的新蓝海。新就业形态延伸了传统就业形态，即新就业形态延伸了就业链条创造就业机会，为大学生带来新的就业空间，使其获得数字经济发展红利。

第一，提供新职业发展机会。新就业形态不断涌现新职业、新岗位，为大学生创造了新的就业机会，扩大了大学生的就业范围。天眼查数据研究院《新经济下2022新职业百景图》报告显示，伴随着新经济的蓬勃

---

① 什么是"灵活就业"，东华大学这群学霸给出答案！[EB/OL].（2023–03–03）[2024–09–02], https://baijiahao.baidu.com/s?id=1759329503557661338&wfr=spider&for=pc.

发展，2019—2021 年涌现出了百余个新职业，我国已有 104.40 万家数字经济相关企业。世界经济论坛发布的《2020 年未来就业报告》显示，到 2025 年，新技术的引进和人机之间劳动分工的变化将创造 9700 万个新的工作岗位，涉及关怀经济、人工智能、内容创造等多个领域。该报告还显示，技术进步将显著降低创业门槛和创业成本，未来 20 年，人工智能、机器人、自动驾驶汽车等技术的进步，将使我国就业净增长约 12.00%。技术发展与平台经济为大学生提供更多的新职业发展机会，新职业的出现为大学生成功就业提供指引，有助于整个社会"稳就业"目标的实现。[①]

第二，平台赋能，提供更多自主择业、创业机会。国家信息中心分享经济研究中心发布的《中国共享经济发展报告（2023）》显示，共享经济平台可以实现对劳动力供需双方高效率和大规模匹配调度，提高就业市场效率。该报告提到，2022 年达达集团联手京东集团面向全社会提供数十万就业岗位，"美团"发起"春风送岗"活动，"快手"推出数字招聘平台"快招工"等。[②]新就业形态下，各类行业依托平台为年轻人提供就业服务，帮助提高求职群体就业、创业效率，降低大学生求职的搜寻成本和交易成本。此外，新经济和新就业形态的发展，在一定程度上改变了工业化模式下的劳动关系和劳动方式，以"去雇主化"为特征的工作机会越来越多，在一定程度上提升了大学生群体的劳动自主性。平台赋能使新就业形态成为青年人就业、创业的"蓄水池"，使大学生在就业市场拥有更多的自主择业、创业的机会。

第三，提供就业过渡机会。新就业形态下，灵活性大、自由度高的劳动用工方式适合青年人独立性强的特征。新就业形态下多数灵活劳工准入

① 世界经济论坛 . 2020 年未来就业报告［R/OL］.（2020–10–26）［2024–01–23］.https：//cn.weforum.org/reports/the–future–of–jobs.

② 国家信息中心 . 中国共享经济发展报告（2023）[EB/OL]，（2002–02–23）[2024–10–03].http://www.sic.gov.cn/sic/93/552/557/0223/10741.pdf.

门槛低，收入较乐观，且能充分利用碎片化时间，大学生可以进行灵活的就业安排。此外，平台优势也使大学生群体获得"轻创业"机会，依托平台支持，大学生创业有了资金成本低、投入风险小、运营条件成熟、年轻消费群体聚集等优势，大学生创新创业门槛降低。灵活劳工的形式为大学生群体提供了一种"兼职化"的工作模式，依托平台，大学生就业、创业门槛降低，可以为大学生群体提供一段寻找新工作或创业时的带有不错收入的过渡期。

（二）新就业形态为大学生就业带来新的挑战

第一，加剧大学生群体就业不稳定性。新就业形态下，劳动关系不稳定、劳动报酬不稳定，且相应的就业保障不完善，加剧了大学生群体就业的不稳定性。在新就业形态下，多数互联网平台型工作无底薪，往往以"计件"或"流量"作为发放薪资报酬的主要依据，致使大学生群体只能通过不断延长工作时间、加大工作强度等方式来赚取更多的薪酬。平台带来就业便利的同时，也极易使从事如主播、网络作家等网约工作的大学生群体陷入"算法陷阱"，被"流量"裹挟，使其劳动权益受损。此外，新就业形态下就职岗位也具有不稳定性。技术发展带来新职业的同时，也有诸多职业面临淘汰的挑战。世界经济论坛发布的《2020年未来就业报告》显示，劳动力自动化发展速度超出预期，将在未来5年内取代8500万个工作岗位。在当下属于求职热门但可替代性强的职业，在未来可能掀起新一轮失业潮。[①]

第二，对大学生提出更高要求。区别于传统灵活就业岗位，如外卖员、网约车司机等对劳动力准入的低要求，新就业形态下产生的多数围绕数字经济的新职业，对人才的能力与素质有了更高的要求。新就业形态对人才专业能力的要求变得更加多元化，要求就业者具备广泛的行业知识和

---

① 世界经济论坛.2020年未来就业报告［R/OL］.（2020-10-26）［2024-01-23］.https://cn.weforum.org/reports/the-future-of-jobs.

技术，能整合更多资源，拥有较高的职业跨界能力来把控、推进多工作的切换，从而胜任更多职业角色。相当一部分大学生虽然具备了一些基本的专业知识，但专业知识、创新思维与实践能力仍然匮乏，无法满足新就业形态下就业岗位对人才的需求。此外，新就业形态要求大学生群体适应新的就业观念，大学生需要具备与时俱进的个人目标与职业规划，才能在市场中抓住"风口"与机遇。大学生群体需要充分发挥综合素质水平较高的优势，顺应我国经济转型升级的潮流，做好就业规划，提升自身就业竞争力。

第四节　大学生灵活就业

随着我国经济体制高质量发展转型和高校的扩招，大学生就业广受社会关注。灵活就业的出现，在为传统的刚性就业注入新的活力的同时，也有效缓解了大学生的就业困境。我国的灵活就业是伴随着计划经济向社会主义市场经济，农业社会向工业社会、信息社会的转型而产生发展的。最近 10 年，大学扩招人数年年攀升，"就业难""难就业"的话题也是热度不断，各行各业吸纳大学生人数相对有限。但大学生选择灵活就业也有隐患，现代企业在招聘员工时采取灵活的用人机制以降低劳动成本，同时法律体系建设还无法完全适应社会主义市场经济体系的需要，在行政手段相对减弱后，缺乏更加有效的手段来规范企业的用人机制。因此需要引入劳动关系的三方机制，有效规范灵活就业的市场劳动关系，保护大学生的就业权利。

一、大学生灵活就业现状

（一）灵活就业概况

灵活就业产生于 20 世纪 70 年代，是相对于传统主流的就业方式来定义的。它的优势在于就业方式灵活、吸收能力强、门槛低，因此适应了经济快速发展、人才流动性大的劳动力市场需求。灵活就业属于就业方式和就业形态领域，是指在劳动时间、劳动报酬、工作场地、保险福利、劳动关系等方面不同于建立在工业化和现代工厂制度基础上的传统主流就业方式的各种就业形式的总称。从定义可以看出，灵活就业的劳动时间是可以灵活选择的，劳动报酬是相对不稳定的，工作场所也是不固定的，劳动关系可能是暂时的，这些都比较符合现在大学生的性格特点和思维观念。这也与以往大学生纷纷转变"统""包"分配、终身雇佣的观念形成鲜明的对比。可见灵活就业是一个时代的缩影，也是适应社会经济发展的需要。

灵活就业模式分为劳动时间灵活型就业模式、收入报酬灵活型就业模式、工作场地灵活型就业模式、劳动关系灵活型就业模式。第一，劳动时间灵活型就业模式。劳动时间灵活是指员工不必每天按照朝九晚五的时间去公司上班，区别于上班打卡、下班打卡这样的传统模式，而是员工根据自己的工作任务来安排工作时间，当然工作绩效的考核也不是按照工作时长，而是按照完成了多少工作任务。灵活的劳动时间的优势在于其暗含一种潜在的激励制度，虽然没有明文的规章制度来约束员工，但是多劳多得的绩效考核制度促使员工自觉地完成任务，并需要完成更多其他的任务。第二，收入报酬灵活型就业模式。收入报酬灵活，主要是指员工的薪酬该怎么计算以及该怎么支付的问题。薪酬的计算是灵活的，可以按照员工任务完成数量、任务完成质量、工作难度或者危险性等尺度进行衡量，支付方式可以按小时、月、年或者是任务量来支付，并且这些都可以和雇主灵活协商，有的甚至可以提前支付或者滞后支付。第三，工作场地灵活就业模式。此种模式是指员工不受工作场地的限制，不必非要到某个固定场所集体办公，而是根据自己的安排来选择工作场所。比如线上授课的老师、网店老板等，可以根据自己的实际情况选择工作场所。第四，劳动关系灵活型就业模式。这种模式是指大学生根据自身的优势和一个或者一个以上的用人单位建立劳动关系并履行相应义务。比如现在的家教或专业咨询服务，他们可以和多家机构建立劳动关系，只要工作时间不相互冲突即可。

（二）大学生灵活就业存在的问题

灵活就业已经成为重要的就业形式，但是在发展的过程中，由于相关法律不完善，劳动力市场长期处于买方市场，企业灵活的用人机制，等等，造成大学生灵活就业问题百出。

第一，岗位复杂，管理困难。灵活就业因其岗位的繁杂性、新颖性，管理相对困难。例如，现在的一些新兴服务业出现了很多自由职业者，如旅拍服务员、自由撰稿人等，这种繁杂灵活的职业扩大了大学生就业的范围，但是有关这些类别灵活就业的规范和保护性法律法规相对缺乏。大学生在就业过程中遇到的一些利益问题很难得到保障，减弱了就业的稳定性和保障性，挫伤了劳动者的积极性和创造性，给劳动力市场的规范、生产力的发展以及社会稳定都带来了严重的负面影响。

第二，劳动者职业更换频繁，劳动关系无法落实。灵活就业的一个特点就是灵活多变，劳动者很容易变更职业，这也导致很多企业在用工时倾向于采用一些违规的做法，如不和员工签订劳动合同，不为员工缴纳社会保险，不合理地使用劳务工，使用代理制，用临时工代替正式工，签订短期劳动合同，等等。另外，一些大学生在应聘过程中弄虚作假或随意更换工作。因此，频繁的职业更换对构建稳定和谐的劳动关系有潜在隐患。

第三，大学生维权意识薄弱。大学生虽然思维方式比较开放，对新颖的事物也充满好奇心，但是他们缺乏就业的基本法律知识，许多人在自己的劳动权益受到侵害时不知道怎样维权，只能束手无策地消极面对，这样容易导致其自身权益受到侵害。大学生在择业与签订就业协议过程中，极易陷入用人单位设计的合同陷阱，有的大学生与用人单位就责权问题，如"五险一金""女生就业特别保护"等仅仅达成口头协议，不利于维护其自身权益；有的对用人单位拟定的格式条款毫无戒心，甚至不能识别协议中用人单位设定的霸王条款等。

二、灵活就业模式与传统就业模式对比分析

（一）劳动关系灵活型就业模式与传统就业模式对比分析

在传统的刚性就业模式里，大学生与用人单位之间只有一种劳动关系，即大学生整个职业生涯只与一家用人单位发生劳动关系。但在新型的灵活就业模式中，大学生可以建立双重乃至多重劳动关系。大学生灵活就业劳动关系与传统刚性就业关系比较，具有以下两个方面的特点。第一，大学生维权障碍较多，保障力度有限。灵活就业劳动关系虽属实质性雇佣关系，但劳动者维权意识淡薄，尤其是刚毕业的大学生，对这方面的法律知识了解有限，甚至不与用人单位签订合同，这样很容易导致劳动关系随时中止，合法权益得不到保护。第二，大学生对自己进行人力资本投资，发展能力需要培养。在传统的劳动关系当中，大学生只服务于一个用人单位，用人单位从长远发展考虑，大多会对员工进行能力培养。而在灵活就业模式中，大学生同时服务于多个单位，雇主不愿对其进行能力培养，大学生通常只能对自己进行人力资本投资，依赖个人技能的提高而使自己获得发展。

（二）劳动时间灵活型就业模式与传统就业模式对比分析

在传统的就业模式中，大学生每天有统一固定的上下班时间的限制，但在灵活就业模式中，大学生可以自由选择工作的具体时间。灵活就业劳动时间与传统刚性就业时间相比，具有以下三个特点。第一，大学生的个人权益得到尊重，能更大限度地满足自身发展的需要。当代大学毕业生已不满足于要求按时上下班的传统工作方式，他们需要更为新颖的工作形式、更为灵活的工作时间表。第二，有利于创建愉快满意的工作环境，提高工作效率。与传统就业模式相比，灵活的工作时间可以帮助企业创建更令人满意的工作氛围，大学生拥有生活和工作相协调的工作时间，他们愿

意更卖力地工作，他们会更珍惜这样的灵活作息，使劳动效率显著提升。第三，有利于企业节省成本。在灵活就业模式中，大学生能自主确定工作时间，更容易利用非工作时间去处理其他事务，有效降低了人力资源日常管理成本。与传统就业模式相比，企业按员工实际工作时间计算薪酬，劳动时间灵活型就业模式企业的劳动者的雇佣成本大大降低。

（三）工作场地灵活型就业模式与传统就业模式对比分析

灵活就业使劳动方式由集体劳动模式向松散式劳动模式发展，大大增强了工作场地的随意性。这一模式与传统就业模式相比，具有以下两个特点。第一，颠覆传统工作方式，时代性特征明显。在传统就业模式中，工作场地是人们所熟知的工厂，随着后工厂式生产模式的发展，越来越多的人开始在家中、办公室、汽车、飞机上办公。尤其在网络技术发达、交通拥挤的今天，大学生更愿意选择在灵活的工作场地工作。第二，灵活的工作场地更能提高工作效率，增强工作的挑战性，激发大学生的潜能。在网络时代，很多工作可使用语音会话、视频会议等手段处理，工作效率更高效。大学生在独立空间完成工作时，对其工作能力的要求更高，工作挑战性增强，更能激发大学生的工作潜能。

（四）收入报酬灵活型就业模式与传统就业模式对比分析

大学生就业形式的灵活性，使得工资和福利待遇都难以按照传统的工作方式来核算和支付，与传统就业模式相比具有以下两方面的特点。第一，工资收入波动性大。这种模式对大学生激励性较强，但安全感较低。工资收入直接与工作质量或数量挂钩，可以很好地激励他们的工作积极性，促进他们工作能力和业务水平的提升。但由于刚毕业大学生的工作经验不足，能力有限，很有可能陷入朝不保夕的尴尬境地。第二，薪酬支付方式多元化。在灵活就业模式中，传统的按月支付方式难以满足劳动者的需要，故而形成了多元化的支付方式。

第三章　大学生就业市场

第一节　劳动力市场与大学生就业

随着社会主义市场经济的不断发展和大学生就业改革工作的持续深入，大学生就业问题已成为全社会关注的焦点。如何组织设计规范有序的就业市场体系，以适应中国特色社会主义市场经济的发展和大学生就业改革的需要，使大学生就业市场尽快进入制度化、规范化轨道，是我们要思考解决的问题。

一、劳动力市场与大学生就业市场的关系

当今经济社会环境日新月异，为了在激烈的市场竞争中立于不败之地，企业必须要重视人才的作用，为企业补充源源不断的新鲜、有活力的血液。大学毕业生的充分就业不仅可以为劳动力市场注入新鲜的血液，壮大劳动力市场的规模，也有利于促进劳动力市场的有序发展。现阶段，我国基本形成了"市场导向、政府调控、学校推荐、学生与用人单位双向选择"的就业机制。高校作为大学生劳动力供给方，培养一批批优秀毕业生，为社会源源不断地提供劳动力。大学生就业市场是劳动力市场的重要组成部分，从就业市场的传播和交流方式来看，大学生就业市场可以分有形市场和无形市场两种。有形市场是指在一定时间内由市场组织者在某一地点将用人单位和毕业生组织在一起进行招聘和洽谈活动；无形市场没有固定的地点，由供需双方以电话、邮件、报刊、网络以及其他通信和传播手段为主要媒介，完成联系、洽谈和签约。另外，从大学生就业市场的主

办方划分来看，可以分为政府主办、学校主办、用人单位主办三种类型。

二、大学生就业市场供给与需求

（一）大学生劳动力供给与市场需求的矛盾

大学生就业市场供给与需求的结构性矛盾，是因高校人才培养供给与市场人才需求错位、割裂而导致在专业人才培养结构、规模、质量上的矛盾表现出的供给过剩或供不应求。近年来，我国产业结构持续优化升级，国家全力推进培育经济增长新动能，我国正处在新旧动能转换的关键时期。从产业结构来看，第一产业占国内生产总值的比重明显下降，第二、三产业所占比重不断加大。从三大产业就业结构比重来看，第一产业就业人数比重逐年下降，第二、三产业就业人数比重持续增加。许多新兴产业尤其是高新技术产业和专业知识含量高的服务业（如信息产业、通信业、金融保险业等）迅速崛起，使得市场对"高层次、专业化"的人才需求与日俱增，这就对我国的高等教育提出了新的要求。对高校而言，需要根据自身的历史背景、学科特色等实际情况，紧密对接国家战略需求，制定本校发展战略规划，而不能盲目追求"大而全"。在现实中，仍有不少高校把学科门类齐全作为发展目标，热衷于增添学科、扩充专业，而专业设置与国家宏观产业结构、经济结构并不完全匹配，高校人才培养的供给不能及时适应产业转型升级和新兴职业对专业人才的市场要求，从而出现结构性缺失。

（二）大学生劳动能力与市场需求的矛盾

经济市场对人才层次的需求是"金字塔"型的。社会需要科研型人才，以促进高新技术的发展，同时也需要更多的应用型人才、高级技能型人才。虽然我国高等教育从"精英化"过渡到了"大众化"乃至"普及化"阶段，但总体说来，我国高等教育还未完全摆脱"精英化"教育模式。普通高校基本上都在照搬研究型大学的模式，重研究轻应用。由此导致高等教育人才培养专业结构调整不能适应新兴行业产业人才需求变化和新兴职业的人才需求，人才供给差异化特征不明显，导致大学生就业市场中部分专业的毕业生供给远远大于需求，研究型人才缺乏科研能力，技能型、应用型人才又严重匮乏。

（三）大学生个体期望与地域空间的矛盾

大学生就业市场另一结构性矛盾突出表现在"有业没人就"和"有人无业就"的错位上。较早对二元劳动力市场分割理论进行阐述的学者是多林格（Doeringer Peter B.）和皮奥雷（Michael J. Piore）。作为新结构主义的代表学者多林格等人于 20 世纪 70 年代初提出了二元劳动力市场分割（dual labor market segmentation）这一概念，用以回应经典劳动力市场理论所无法解释的诸如贫穷、歧视以及违背人力资本理论的收入分配矛盾等问题，并认为应该将劳动力市场分为主要市场（primary market）与次要市场（secondary market）（Doeringer and Michael，1970）。根据劳动力市场分割理论，我国大学生就业市场同样被分割为两个市场，即发达地区市场和欠发达地区市场，在这种就业市场分割中存在一种特殊的现象，即发达地区市场的非自愿性失业和欠发达地区市场的自愿性失业。我国幅员辽阔，区域经济、城乡经济发展不平衡，行业发展情况也相对失衡。发达地区市场和欠发达地区市场收入、流动性存在差异，大学生就业扎堆于东部沿海地区、大中城市，云集于政府机关、事业单位及盈利较好的企业。在原就饱和的劳动力市场中，劳动力供大于求，使得企业用人的有效需求不足。而中西部地区、乡镇基层等欠发达地区，用人单位的待遇条件无法达到大学生的心理预期，以致出现自愿性失业的现象。

三、大学生劳动力市场分割的成因

总的来看，当前学界基本上把大学生劳动力市场分割的成因归结为三类：社会因素、内生因素和制度因素。

社会因素强调社会情境或文化背景对大学生劳动力市场所产生的影

响，这些因素通过左右雇主的价值观念形成特定的社会习惯，进而造就大学生劳动力配置过程的非完全竞争性。例如，受到 20 世纪 70 年代全球范围内的新自由主义思潮影响，整个西方劳动力市场都趋于不稳定（Centeno and Cohen, 2012），企业的组织目标发生扭转，逐利的短期化与利润最大化致使企业不再愿意投入对员工的长期培养，甚至通过裁员、降薪等手段缩减劳动力成本，进而造就了不稳定就业与稳定就业的二元劳动力市场分割（朱斌，2022）。

内生因素指因劳动力市场自身的不完备性而引发的大学生劳动力市场分割因素。因其往往是通过经济运行规律而非外界干预（如制度与文化等）作用于劳动力市场的配置过程，所以才产生了内生性问题（杨艳军，2012）。例如，在十分强调市场竞争的商业环境中，企业间的信息不对称问题常常会导致企业在进行人力资源配置时形成一套适用于企业内部的规则，这种非正式规则会更加倾向于提拔具备工作经验的"老人"，而非具有同等或更高人力资本的"新人"，由此也就形成了企业内部与外部劳动力市场分割。

制度因素通常指宏观层面的经济与社会管理制度差异而引发的劳动力市场分割因素。不同于内生性因素，制度性因素大多由国家经济体制或政策等市场干预手段所致，尤其体现在社会转型时期。例如，自 20 世纪 80 年代日本深度融入全球化经济以来，受到产业结构调整与新自由主义思潮的影响，宛如全员内部劳动力市场般的日式"雇佣－福利"制度逐步瓦解，第二次世界大战后日本社会的不平等机制逐步从社会阶层间的白领与蓝领的差异转移到劳动力市场间的正式员工与非正式员工的差异，日本劳动力市场已然呈现一种被称为正规雇佣与非正规雇佣的劳动力市场分割，二者在受雇者的收入回报与工作稳定性上存在巨大差距，而且二者间的职业流动也存在难以逾越的鸿沟（佐藤嘉伦、木村敏明，2022）。

四、大学生就业市场机制缺陷与现实困境

（一）区域市场分割

西方经济学理论中以约翰·穆勒为代表的制度学派认为，劳动力市场是以双元结构存在的，即有两个市场：主要劳动力市场和次要劳动力市场。主要劳动力市场是由市场力量处于支配地位、制定市场规则、人数较少的企业家集团构成，次要劳动力市场则由处于被支配地位的、人数较多的工人构成。具体来说，被分割的主要与次要劳动力市场具有以下特征差异：第一，主次劳动力市场的区分与其所提供工作的职业稳定性有关；第二，劳动者更易进入哪个市场，与其人口学特征、人力资本、生活方式等因素相关；第三，主次劳动力市场所提供工作的区别并不完全体现在技术性上；第四，所处劳动力市场特征会强化劳动者的劳动过程，进而影响其生活方式，乃至固化其阶层地位；第五，次要劳动力市场的社会保障与社会福利水平会驱使劳动者更加倾向于成为不稳定的就业群体（李强，2000）。我国劳动力市场的二元划分以国企、私企为界线，国企等单位需要的是少数精英人才，而私企多为劳动密集型，需要大量的中等劳动力。由于我国二元经济结构的存在，城乡及东西部经济发展不均衡，不同区域的经济社会发展水平和公共产品供给等存在一定差距。不同地区户籍制度、社会保障制度等的影响，导致大学生宁愿在发达地区的大城市经历失业的痛苦，也不愿到中西部县域及以下地区就业。不到基层和欠发达地区就业的行为选择，加剧了大学生资源配置的区域性失衡和大学生的失业现象。

（二）大学生就业缺乏政策性保障和指导

当前大学生就业的公共政策基本体现在鼓励自主创业、引导就业流向等方面，而对大学生就业的实践能力培养没有引起足够的重视。大学生在就业市场是否具有竞争力，取决于其就业能力和综合素质，而现行政策很少关注此方面的培养，将本应由高校承担的任务转嫁到了用人单位，抬高

了用人单位的人才培养成本。而针对大学生在校期间的实践能力培训、职业导向型实习等，难以有足够的资金保障。另外，针对大学生的社会保障措施仍然不够健全，学生在面临毕业可能失业的精神困扰的同时，还要为生存东奔西走，以致一些大学生迫于生存压力从事低技术含量的体力工作，导致人力资源严重浪费。

（三）高校缺乏对市场需求的敏感性

高校对就业市场的感知力不强，无法满足不同专业的需求。随着我国经济的快速发展，以往粗放的发展方式已经不再符合我国的实际情况，因此我国社会经济规模、产业结构和技术结构处在变化之中。通过产业结构调整和发展科学技术实现经济转型和发展方式转变，已经成为我国坚定不移的战略选择。人力资源结构和产业结构双调整，必然对大学生就业市场的供求结构产生深刻影响。而高校人才培养模式相对市场变化滞后太多，这就造成了企业"招工难"和大学生"就业难"的结构性矛盾。不同专业的培养方式、培养方向都不一样，对招聘企业的岗位需求也不尽相同。大学生就业是一个复杂的系统工程，从学校这个层面来建设就业市场，势必要兼顾不同的专业，目前来说还无法满足不同专业的个性化需求。

（四）信息不对称问题较为严重

在大学生就业市场中，高校、学生、用人单位和政府之间存在着严重的信息不对称现象。对大学生来说，他们在高考填报志愿时对自己将要学习的专业缺乏基本的认识，何谈长久的职业生涯规划。对高校来说，高校课程设置重理论、轻实践，教育理念、专业设置、教材选用、教师能力等滞后于当代社会发展需求，人才培养与市场需求产生偏差，而且就业管理部门对学生信息、当地经济发展状况、用人单位人才需求情况等方面掌握不全面，缺乏调查了解。对用人单位来说，毕业生综合能力是否符合自己的要求又不得而知，看到的只是学生在校期间的成绩单、证书等显性的一面，对他们的道德品质、团队精神、为人处世等情况无从知晓。对政府来说，相关部门对当地用人单位的人才需求量缺乏充分的了解，从而难以出台促进大学生成功就业的相应政策。总之，各方面之间的信息不对称，增加了大学生就业的难度，也不利于就业市场的建设和良好运行。

第二节　大学生就业市场组织设计

一、大学生就业市场组织结构设计理论

对大学生就业市场的组织结构进行规划设计，可以帮助我们从就业市场的结构方面确保有效实现就业市场的目标。这里讨论的大学生就业市场组织结构是指在国家有关方针、政策指导下，运用市场机制优化大学生资源配置，为大学生提供信息咨询服务以及为用人单位选才、荐才，使就业市场各项管理工作做到职能分工、权责明确，从而使就业市场统一、公平、开放、高效、有序、稳定地发展。大学生就业市场的组织结构是就业市场内全体员工为实现就业市场的目标，在工作中进行分工协作，在工作责任、权利、义务等方面形成的结构体系（时勘，冯彩玲，2006）。

（一）大学生就业市场组织结构设计的基本原则

在设计大学生就业市场的组织结构时，要坚持工作专门化、部门化、指挥链清晰、管理跨度明确、集权和分权相结合、正规化的原则。将工作明确分工，责任到人，这是考虑工作专门化的原则。将就业市场职能部门化，这是按照某种标准对工作任务进行分工以协调共同的工作，就业市场部门化要与其总体目标相一致，部门间既要分工又要注重合作。指挥链明确了从就业市场基层到高层"谁向谁报告工作"的问题。管理跨度决定了就业市场应设置多少个层次，每一层次应设立多少个部门，每个部门应有多少人最为合适等，因此每一部门的负责人应根据影响自身管理跨度的因素，确定合理的管理跨度。集权和分权反映了权力集中于某一点，还是权力下放、员工参与决策，集权与分权相结合可以保证就业市场管理的有效

性和组织的灵活性。正规化可以使就业市场更趋于标准化。

（二）大学生就业市场组织结构设计需考虑的因素

大学生就业市场组织结构设计要考虑市场战略、市场规模、技术和环境四个因素。市场战略决定市场结构，市场结构随着市场战略的变化而变化。就业市场规模在一定程度上也会影响就业市场的结构，但随着市场规模的不断扩大，市场规模对市场结构的影响呈递减趋势。技术是指组织结构将投入转化为产出的手段。组织结构中技术运作与创新活动的层次与速度，决定了对组织结构有不同的管理与协调要求。对大学生就业市场而言，信息技术的迅猛发展使得就业市场可以建立以用人单位和大学生为客户的就业信息网络，加快信息传播速度，为用人单位和大学生搭起一座信息沟通的桥梁。就业环境的不确定性也会影响组织结构，环境是由其外部可能影响组织结构设计的多种因素构成的，如政治、经济、竞争、高校办学质量、市场需求等。大学生就业市场的环境容量、稳定性、复杂性这三个维度，决定着其组织设计是采取机械式结构还是有机式结构。

二、大学生就业市场的组织结构类型

大学生就业市场的组织结构同其他组织结构一样，也分为两种：机械式结构和有机式结构。机械式结构主要有僵化的部门制、高度正规化、自上而下的明确的命令链、集权化程度高等特点，而有机式结构的特点则多表现为结构扁平，工作多运用多功能、跨等级的团队，正规化程度低，分权程度高等。当组织部门执行一项稳定的、明确的工作时，或当组织成员每天有规律地工作使其感到更安全、愿意为其他成员提供指导时，该组织更适合选用机械式结构。当组织任务不明确或组织员工喜欢多样化的、不稳定的、冒险性的工作时，该组织更适合于选用有机式结构。常见的组织结构有很多，比如职能型结构、矩阵型结构、横向型结构、学习型组织等，这些结构形式也都各有利弊。大学生就业市场规模不等、环境复杂、技术需求多样，究竟该采取哪种结构形式，应根据市场战略、市场规模、技术和环境等因素进行选择设计。

（一）职能型结构

职能型结构是指以相似的技能、技术和资源应用为基础，将各类人员组合成不同部门的一种结构形式。在这种职能型结构中，就业市场有权向下发布命令和指示，可以将任务分配到各个职能部门，每个职能部门可以通过相互之间的协作来共同完成任务，如图 3-1 所示。

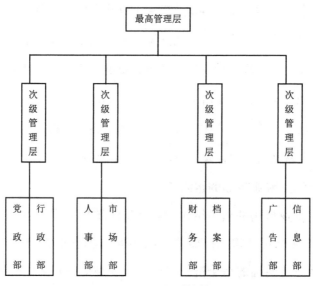

图 3-1　职能型结构

由图 3-1 可见，就业市场的第二级机构是按照不同的职能实行专业分工的，各部门职责明确，管理权力高度集中，能充分发挥各职能部门的专业管理作用，便于高层管理者对整个就业市场进行有效的控制，最终有利于整个就业市场的长期稳定。但这种形式也存在一些弊端，如高度部门化使得各部门之间的交流较少、高层领导者负担过重等，这也就要求高层领导者必须处理好各职能部门负责人之间的利益关系，必须扮演最终决策者的角色，才能保证就业市场各部门的工作有条不紊地进行下去。

（二）矩阵型结构

矩阵型结构是指从各职能部门中抽调有关专家，把他们分派在一个或多个项目组中工作并受项目组负责人领导的一种结构形式。包含双重领导关系的矩阵型结构是职能型结构和事业部型结构的融合体，它通常适用于环境复杂、中等规模的组织，如图 3-2 所示。

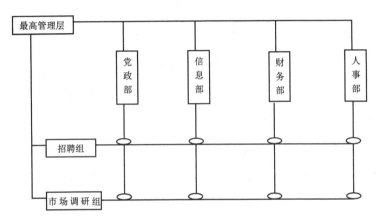

注：⬭ 表示"作业区的员工"。

图 3-2 矩阵型结构

由图 3-2 可见，就业市场最高管理层扮演着双重角色，既管理各个职能部门又管理各个项目小组，也就是说，员工受各职能部门和各项目小组的双重指导。这种结构可以把专业人员集中在项目组中，而且层次缩减，便于集思广益，具有高度的灵活性和适应性，有利于提高工作效率。但由于管理跨度过宽，管理者不能对每个员工提供指导和支持，而且作业区的员工要接受职能部门管理者和项目组管理者的双重领导，因此，职能部门管理者和项目组管理者要经常沟通，共同商讨、协调解决问题。

（三）横向型结构

横向型结构是基于流程，围绕核心流程设计的、跨职能的团队，具有围绕工作流程建立结构、纵向的层级组织扁平化、管理任务委托到更低的层级、客户驱动发展等鲜明特征，因此它比较适用于环境复杂、中小规模的组织，如图 3-3 所示。

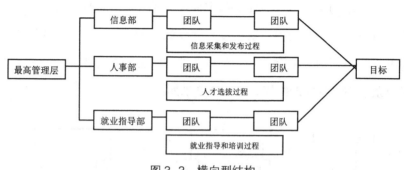

图 3-3　横向型结构

从图 3-3 可以看出，就业市场的工作被分为多个流程，其中列举的三个流程分别是：信息采集和发布过程、人才选拔过程、就业指导和培训过程。每一个流程都是由自我管理团队组成的。自我管理团队通常负责一种整体作业流程，并在作业流程中起着重要的作用。员工在流程中工作，执行需要完成的各项任务，并被授予了决策权，自主性和积极性都得到了较大提高。流程式结构可以使市场结构趋于扁平化，减少市场内部冲突，增强凝聚力，而且以满足用人单位需求为基础，可以使高校更加重视培训以提高大学生的综合素质，从而增强就业市场的灵活性和竞争力。

（四）学习型组织

1958 年，March 和 Simon 首次提出组织学习的概念，指一个具有持续创新和变革能力的组织，能将员工与工作结合起来，使个人、团体、整个组织共同发展，形成"学习——持续改进——建立竞争优势"的良性循环。学习型组织具有六个特征：以促进组织有效学习，提高核心竞争力为管理目标；建立开放的、多层次的学习及反馈评价系统；形成知识共享、工作互动、系统思考的组织文化；以实现共同愿景作为组织学习的永久动力；以工作学习化使成员感悟生命的意义；以学习工作化使组织不断创新发展。学习型组织把学习自觉导入组织管理中，以人的发展为中心，以不断增强组织竞争力为目的，通过确立团队自觉学习、自我超越的理念，建立完善的学习教育体系，营造整个组织的学习氛围，积极推进组织制度创新、管理创新和科技创新，并努力使自身成为一个具有可持续发展理念的创新型组织。

把大学生就业市场设计成学习型组织，关键是要营造一种学习氛围并创立一个扁平化的、有机的、可持续发展的结构。这就要求员工的知识背景要多样化或知识面广，要求员工相互学习，知识共享，并创造良好的学习氛围。就业市场结构扁平化使管理跨度大而管理层次减少，有利于上下级之间的信息交流和情感交流，改善和加强横纵向的沟通联系，便于达成共识，团结一致，从而提高管理效率。

三、大学生就业市场组织结构设计应注意的问题

我们认为，以上四种形式是比较符合大学生就业市场组织结构设计原则和权变因素的。但在设计就业市场组织结构时，还应注意以下三个方面的问题。

第一，就业市场是一个开放的、复杂的社会系统，同时受到许多因素的影响和制约，不同就业市场的影响因素也不同，各个就业市场要根据自身情况，设计符合自身发展需要的组织结构。

第二，摒弃"万能论"思想。世界上不存在普遍适用的最优的组织结构模式，同样，上述的四种组织结构也不可能适合于所有的大学生就业市场。现代信息技术的迅猛发展可能使就业市场的组织结构发生全新的变化，这种变化可能促进或阻碍就业市场的发展，所以要摒弃那种一成不变的结构形式，意识到就业市场的组织结构设计是一个动态的、变化的过程，要根据实际情况灵活地做出反应以适应变化。

第三，就业市场组织结构设计要体现出社会责任的变化。大学生就业已成为社会普遍关注的话题，就业市场组织结构设计受社会环境的影响很大，就业市场要承担一定的社会责任，关注社会需求，为大学生就业提供

强有力的支持和保障。

第三节　大学生就业市场建设与完善

　　近几年，在就业市场上常出现这样的现象："用工荒"与"就业难"并存，劳动力找不到工作，用人单位找不到员工。这样的问题在大学生就业市场上表现得尤为突出。一方面，大学生就业不仅关系社会的和谐稳定，更关系着国家的经济建设和未来的发展；从另一个方面来讲，目前部分人认可"上学无用论"，大学生能否顺利求职、成功就业，也关系着未来教育事业的发展。大学生就业市场是大学生就业的主要渠道，是求职大学生与用人单位需求有效对接的主要平台。大学生就业市场的建设与完善，有利于人力资源实现优化配置，有利于深化高等教育改革，有利于提高学生的学习情绪和学习质量，更有利于政府宏观管理。

　　但大学生求职就业的重要平台载体当前存在诸多问题，比如大学生与就业市场脱节，没有专门针对大学生的就业市场，就业市场的运行机制不完善等。因此，本节主要根据当前大学生就业市场存在的问题和不足，提出一些合理化的建议。

一、注重就业市场衔接

　　"就业难"与"用工荒"并存反映出大学生就业与就业市场之间的矛盾。针对这个问题，主要可以从高校大学生就业指导中心以及职业生涯规划和就业指导课程入手，使高校大学生就业指导服务与就业市场有效衔接。因为大学生的就业指导服务与就业市场建设是一个整体的两个部分，不可分割。就业市场的信息变化速度极快，学生囿于自身资源、信息的不足，很难全面了解就业市场信息，这就需要依靠学校就业指导中心的力量。高校的就业指导中心是大学生获取最新就业信息的纽带、桥梁，并且所获得的信息相对网络上的招聘信息更加可靠和真实。但是，现在很多高校的就业指导中心并没有完全发挥出应有的作用，所获得的信息滞后，这使得就业市场的实时变化与就业指导不能同步。因此，应充分发挥高校就业指导中心的作用，吸纳用人单位来校宣讲招聘，同时，高校就业指导中心应进行适时指导，加强求职学生与用人单位之间的互动交流。一方面，目前很多高校的职业生涯和就业指导课程都是学生根据自己的意愿自行选择的，很多大学生并不了解就业指导课程的重要性，而放弃选修就业指导课程；另一方面，即使学生选修了就业指导课程，但由于课程内容单一，信息滞后，对学生们并没有产生很好的效果，这在一定程度上也阻碍了大学生与就业市场的有效衔接。此外，应该提高二级学院开发、拓展和建设就业市场的积极性，使得市场人才需求和高校人才培养目标能较好地契合。

二、设置专门的就业市场

大学生应该有过这样的经历，在即将毕业的前一年，他们不仅要忙于自己的毕业论文或毕业设计，还要时刻关注网络上发布的就业信息，有时候可能由于忙于学业而无法参加招聘会，有时候因参加招聘会而影响了学业。产生这种矛盾的原因之一，就是大学生就业市场没有一个固定的场所，没有一个统一的网络平台发布正规的就业信息。目前，大部分就业招聘会举办的时间、地点变化不定，多为举办者临时决定的，且举办者每次都不同，有时是学校举办，有时是用人单位举办，有时则是省（区、市）毕业生调配部门举办的。这种变化无常的就业市场，使用人单位、学校、毕业生疲于奔命，很难统筹好学习与求职的时间，以致毕业生求职就业的机会减少或者延误。

建立专门的就业市场，可以为大学生提供大量可靠的就业信息，以及他们所需要的各种服务，提高求职效率，节约求职成本，提高就业成功率，帮助他们尽快找到适合自己的工作。当然，建立专业系统的就业市场，首先要做好整体规划，明确建设规模、政策支持、资金来源等；其次要准备合适的场所、专业人员配备等基础设施，以及招聘信息、培训信息、薪酬指导信息、职业指导和职位介绍、国家就业政策法规和大学生公共就业服务咨询等就业指导服务。建立这样的大学生就业市场不仅需要政府部门的支持，还需要社会各大企业的配合。可以以相对独立的政府专门机构为主导，人力资源和社会保障部门与教育部门联合，共同组建专门服务大学生的就业服务中心。

三、完善就业市场运行机制

完善的就业市场运行机制对于大学生成功求职、顺利就业有着重要的作用，但在目前的就业市场中，市场制约机制还不完善。一些用人单位为了吸引优质大学生，违规发布虚假信息；一些毕业生也抱着试一试的态度，被录用后不满意就不辞而别，随意毁约，置市场规则于不顾，从而削弱了就业市场应有的作用。再者就是就业市场的法规建设不健全，毕业生就业市场目前尚无协调统一的管理规范和明确法规，未明确市场中政府、学校、中介机构、用人单位、毕业生的权利和义务；未明确提出就业程序及保护公平竞争的手段；对市场中收费的项目及标准、协议书的鉴定、违约的制裁、纠纷的仲裁、毕业生和用人单位合法权益的保障等亦无明确规定。毕业生就业市场法规不健全，从而导致市场无序化。另外，目前就业市场中的用人机制以及竞争机制等都存在一定的问题，怎样促进大学生就业机制有效运行，值得我们反思。

（一）完善用人机制和市场竞争机制

现在很多企业特别是规模较大、实力较强的企业，在招聘时会明确提出各种各样的限制条件，其中主要的门槛就是学历要高、毕业院校要好，例如要求须是"211""985"院校毕业生等，这样就拒绝了很多符合招聘岗位需求的相关专业有能力的人才。另外，用人单位对性别、户籍等要求也在一定程度上存在限制。大学生就业不公平现象，主要是劳动力市场供需关系不平衡导致的。劳动力市场化的程度越高，市场竞争机制越充分，公平公正就业的实现程度就越高，不公平程度也就越低。就业市场的供求关系决定大学生在就业市场上的自主位置。因此，作为法律法规的制定者，相关立法部门应通过立法和完善规章制度来保护大学生就业的合法权益。同时，要积极运用宏观调控机制来调整经济结构和产业结构，提高大学生的求职行为和就业质量，以此不断提升大学生的就业地位和市场竞争力。

（二）健全就业市场法治

市场制约机制不完善的原因之一是市场法治不健全。对此，我们要分别从用人单位和大学生两方面制定相关的法律法规，明确二者的权利和义务，明确违约的后果和责任。大学生有时虽然处在就业过程中的弱势方，但也需要有相关的法律法规约束其行为。制定法律法规是首要任务，执行和落实法律法规是重心。无论是用人单位还是大学生都要以遵守就业市场法律法规为前提，正确行使权利，履行应尽义务，接受法律法规制约。在这个过程中需要有专业的政府部门进行监督，这样才能促进就业市场法治建设的有效运行。

（三）建立就业市场价格体系

一方面，随着大学生毕业人数的不断增加以及产业结构的调整，企业整体招聘数量持续下降，导致就业市场供求关系不平衡，"买方市场"形成，占有主动权的一些用人单位会故意调低工资，拉低整个就业市场的工资水平，这样恶意的操作严重损害了大学生的利益。另一方面，有的大学生自降身价，只是为了找到一份保障生存的工作；有的大学生心高气傲，屡屡碰壁，找不到心仪的工作。这种两难现象使大学生的就业市场工资存在较大差距。当前就业市场工资还没有形成一个相对稳定、合理的标准，过高或者过低的工资其实都是一种畸形现象。在尊重市场调节的同时，国家要积极运用宏观调控手段，对各行各业的工资进行合理调控，建立健全科学合理、切合实际的就业市场工资体系。

四、就业市场的诚信原则

社会主义核心价值观是：富强、民主、文明、和谐、自由、平等、公正、法治、爱国、敬业、诚信、友善。其中诚信是每个公民最基本的价值准则，也应当是市场中各个主体的价值准则。在大学生就业市场中，用人单位、招聘中介和大学生都需要遵守诚信原则。诚信体系的建立不仅需要个人的良好道德品质，还需要有外界手段的干预，比如可以建立用人单位和求职人才的诚信体系，这个体系主要是用人单位和求职人才的诚信记录制度，如果用人单位曾经有过违反诚信的问题，则在这个系统中会有记录。这样一方面可以约束用人单位、招聘中介和大学生的不诚信行为；另一方面，也可以使各方的诚信记录透明化，促进企业提高本公司的诚信度。建立诚信系统首先要有立法机关建立的监督机制以及处理信用纠纷的法律法规，使整个就业市场的诚信原则有法可依；其次，要抓好大学生就业市场法律法规的执法和司法工作，尽快建立人才市场执法队伍，对公民、法人或其他组织的违法失信行为及时披露，司法机关对失信者进行包括民事处罚、行政处罚甚至刑事处罚在内的各种处罚，使严重失信者无处藏身。

五、整合就业指导信息系统

目前，各大网站就业信息复杂繁多，真实性、可靠性难以确定，针对的对象也不仅仅是大学生，所以大学生在搜索相关信息时耗时耗力，其结果也不一定理想。因此，需要把这些招聘信息梳理、筛选、整合。政府部门可与高校、企业联合建立电子办公服务网络，高校负责整合各自院校的毕业生信息，企业把各自的招聘信息通过审核汇集到网站上，政府部门制定好相关的规章制度，做好整个网络的维护工作。这个网站专门针对大学毕业生，相关企业招聘信息应该在政府专门设立的人力资源部门的审核下发布，以保障招聘信息的真实性和可靠性。

第四章　大学生就业能力

第一节　大学生就业能力构成

一、大学生就业能力内涵

根据目前的研究，大学生就业能力并没有一个明确的标准，国内外学者分别从各自的研究角度对就业能力进行定义。

（一）国外研究

国外学者从人力资本角度对就业能力进行定义，Rothwell Andrew 等（2007）认为大学生就业能力是一种在择业就业过程中获得的持续就业机会的能力。这是从就业机会的角度来论述的。Harvey Lee（2001）认为就业能力体现在个人基本就业、维持就业或者在重新择业的过程中，是一种就业的意愿和能力。这种意愿和能力体现在个人基本就业、维持就业或者在重新择业的过程中。这是从一种微观的视角来界定大学生就业能力。Vander Heijden（2002）认为，从个人行为的角度来看，就业能力意味着个体获得、保持和利用某种资质或能力以应对不断变化的劳动力市场的行为倾向。Hillage 等（2008）认为，"就业能力是个体在劳动力市场中自给自足的能力，不仅仅是毕业生拥有的特定知识、技能和态度，还包括个体运用及向雇主展示这些知识、技能和态度的能力"[①]。加拿大会议委员会将就业能力定义为个体为满足雇主和客户不断变化的要求从而实现自己在劳动

---

① 王新俊，孙百才. 近 30 年来国外大学生就业能力研究现状及进展. 教育与经济［J］，2018，34（5）：57.

市场的抱负和潜能而应具备的品质和能力。Fugate 等（2004）在对就业能力的界定中引入了社会资本的概念，认为就业能力是指识别工作机会及获取工作的能力，由职业生涯识别、个体适应性、社会资本和人力资本三个集合的交集所组成。Bonnard（2020）认为就业能力包含绝对和相对两个维度，即"就业能力不仅是个人的，也是集体的"。不管国外学者从何种角度来界定就业能力，归结起来包括两个方面的内容：第一，求职能力，比如大学学习的专业技能、就业市场信息的获得能力以及面试能力等；第二，个人品质，与就业能力相关的个人品质包括沟通能力、问题解决能力、执行能力等。

（二）国内研究

国内学者对大学生就业能力的研究，缘起于大学生就业体制改革。1997 年国家教育委员会（现教育部）颁布了《普通高等学校毕业生就业工作暂行规定》，高校实行招生全面并轨，毕业生就业正式全面步入"双向选择，自主择业"时代，开始出现讨论毕业生就业能力的研究。郑晓明（2002）认为"就业能力"的概念是根据大学生就业竞争市场提出来的，大学生就业能力不再单纯指某一项技能、能力，而是大学生多种能力的集合，是学习和综合素质的开发而获得的能够实现就业理想、满足社会需求、在社会生活中实现自身价值的本领。史秋衡等（2012）认为，"大学生就业能力培养一方面受内部人才培养要素的组合影响，另一方面也受外部就业环境的劳动力市场影响"。谭净（2010）认为在我国现实的社会环境和大学生就业体制下，大学生就业能力概念至少应包含以下三点内容：第一，人力资本；第二，社会资本；第三，终身学习。借用谭净的观点，本书进一步界定大学生就业能力的概念，大学生就业能力应该随时代的发展、社会需求的变化而处于动态的变化之中，因此大学生的就业能力是由大学生自身所具有的人力资本和在社会大环境中可以摄取的社会资本以及自身的心理资本构成的整体能力。人力资本是影响职业生涯进步的一系列变量，是经过长时期的学习培训和工作经历积累的知识、技能、情感智力、认知能力、工作期限与绩效等因素的综合，是就业能力构成要素的主体部分。社会资本是指个人通过自己所拥有的网络及更广阔的社会结构获取稀有资源的能力，它具有网络性、增值性和不可让渡性等一系列特征。心理资本是从心理学角度来论述的，它是一种积极的心理能量，是个人内在的心理素质，能够鼓舞个体不断成长，攻破一个又一个难题，比如充满自信的大学生会认定自己一定可以完成某种工作，这种积极的心态可以促使他顺利完成任务，因此心理资本在大学生求职中非常重要。大学生就业能力是指大学生在劳动力市场上，凭借自身的知识、技能、态度和价值观等要素，获取、保持和发展工作的能力（徐蓉，田启明，2024）。这一概念涵盖了多方面的素质和能力，如专业知识、社会技能、自我认知、适应能力等。史秋衡等（2024）指出，我国大学生就业能力在结构上以社会通用能力为稳定核心，元认知与核心素养在立德树人导向作用下进步明显，但专业知识与技能长期低水平发展。而蒋晓蝶等（2024）则进一步从分类视角出发，认为大学生就业能力可以细分为元认知、专业知识和通用能力等多个要素，这些要素共同构成了大学生就业能力的整体框架。从以往文献中可以看出，大学生就业能力的内涵是多维度的。

二、大学生就业能力构成要素

由于每个人对概念的理解不同，其所理解的就业能力构成要素也不尽相同。比如国外有学者认为就业能力构成要素可以分为内外维度，外部维度是指就业市场的状况，内部维度是个人与工作相关的知识与技能、持续学习的能力等。国内部分学者认为大学生就业能力包括思维能力、实践能力、自主性、适应性和应聘能力等五个维度。不管学者们如何划分大学生就业能力的维度，都是根据其对定义的理解。为此，我们根据定义将大学生就业能力维度划分为三大方面，分别是人力资本、社会资本和心理资本，详见图4-1。

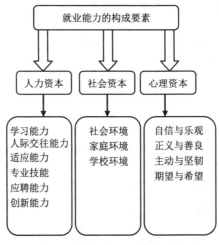

图 4-1　大学生就业能力构成要素

美国经济学家西奥多·W.舒尔茨（1982）首次提出现代人力资本理论，即人力资本是体现于人身体上的知识、能力和健康的总和，主要通过教育与培训、健康状况和能力迁移体现出来。人力资本彰显了个体在智商、情商等多重认知、情感与技能方面的存量。人力资本理论的提出在于解释教育与培训投资、技能发展、生产力提高，以及就业能力、更高收入与经济增长之间的关系。本书主要从学习能力、人际交往能力、社会适应能力、专业技能、应聘能力和创新能力来探讨、衡量大学生的人力资本。

（一）人力资本

1.学习能力

学习能力是指注意力、记忆力、观察力、思维力、空间知觉能力以及感觉统合能力，个体只有具备了这些能力，才会在听、说、读、写、计算、阅读、推理等方面表现出与其年龄段相符合的学习效率。大学生的学习能力包括基本的技能，比如阅读、写作、计算、倾听和表达能力，管理信息、数字处理、现代信息技术运用的能力；还包括科学思维和正确分析、判断、解决问题的思考能力。学习能力不仅是指大学生对书本知识的学习，还包括对书本以外的新事物的学习，其能力的大小因人而异。有的学生一学就会，有的学生很长时间才能学会。在当今瞬息万变的时代，有较强的学习能力对于适应新环境、完成新任务有重要的影响。目前，用人单位越来越重视对新晋员工学习能力的培养，因为这样有利于新晋员工快速融入集体展开工作。所以，大学生应该根据自身情况，自觉进行学习能力的训练，提高自身的学习能力，增强就业能力。

2. 人际交往能力

人际交往能力不仅在就业能力中是必备的，更是在日常生活中不可缺少的。一是理解能力。每个大学生都应具有理解他人的能力，理解他人是指对他人的思想、感情以及行为的理解，人际理解力也是现代企业管理中重要的工作技巧。二是团队合作能力。团队合作能力是人际交往能力的综合表现，是团队合作的必要能力，也是现在用人单位考核新员工的一个重要方面。团队强调的是协同工作，团队之间互相交流，互相学习，能够有效促进团队成员共同成长。三是问题解决能力。问题解决能力中一个重要的方面就是要有有效的沟通。四是沟通和表达能力，这方面经常出现的问题是因在面试现场紧张而导致失去就业的好机会。

3. 社会适应能力

社会适应能力是大学生能否顺利就业的重要个人能力，它是指大学生运用自身人力资本与社会资本存量，在应对外部因素影响与变化中调整行为策略求得就业机会和促进职业生涯发展应具备的能力。个体在与社会互动的过程中，会遇到各种各样的新情境，个体会通过自身的行为模式去适应新情境，这也是个体从"自然人"转变为"社会人"的过程。在求职的过程中，个体能以他人可接受的方式展示、表达自身的就业能力，从而使自己由一个"局外人"转变为"局内人"。大学生就业能力概念具有明显的交互性、动态性、适应性特征。能否在变动的环境中调整、改变自身的态度与行为，利用各种有利条件提升人力资本与社会资本存量，增强就业和职业生涯的适应能力和可转换性，既是企业或组织保持灵活性、活力和竞争力的需要，也是用人单位招聘大学生时重点考察的方面。提升社会适应能力，已成为大学生成功求职就业不可或缺的重要内容。

4. 专业技能

大学生接受过高等教育，是一批具有专业技能的专门人才，与劳动力市场的其他劳动者有着显著的不同。专业技能是指大学生在经历大学的专业学习之后所积累的本专业的理论知识、专业素养以及相应的实践操作能力，主要包括对学科知识的系统理解能力、实践动手能力、独立从事工作的能力、在专业领域方面具有初步的创新意识与创新能力。这是大学生区别于高级研发者、管理者的目前具有的能基本胜任工作并可向上转化、开发的基本能力。在知识经济的大背景下，社会分工越来越细，就业市场对人才专业化水平的要求也越来越高，专业技能是求职就业的核心竞争力之一。

5. 应聘能力

罗明忠等（2007）对就业能力的实证研究表明，应聘能力对大学生就业有显著正向影响。应聘能力是指大学生在应聘过程中所具备的能力，其中包括简历的制作能力、个人规划能力、良好的沟通能力、精神饱满的外在形象、心理抗压能力等。目前，就业市场竞争激烈，不管是用人单位还是应聘者都非常理性。用人单位在招聘过程中不再一味片面追求被聘者是不是名校毕业生，而更多的是看应聘过程中应聘者的表现。应聘能力涉及个人的方方面面，因此大学生应该有意地去培养与应聘能力相关的个人品质。

6. 创新能力

创新能力主要是指大学生能够有开阔的眼界、灵活的思维，充满好奇心去发现新事物，创造新东西。创新能力的核心是大学生应当具有创造性思维，创造性思维又以发散思维为核心，因此，培养发散性思维对于大学生来说相当重要。当今，"科学技术是第一生产力"的口号深入人心，每家企业都向着更高的科技水平发展，没有科技的支撑，企业将寸步难行。所以，现在大部分企业希望招聘的员工能够具备创新能力和创造能力，科技人才的储备对企业的发展至关重要。大学生自身的创新能力是求职过程中的闪光点，也是自身所拥有的财富。

（二）社会资本

法国社会学家布迪厄（Bourdieu）首次对社会资本进行界定，目前大家较认可的概念是 Lin Nan（2001）定义的，他强调"社会资本是投资在社会关系中并希望在市场上得到回报的一种资源"[①]，是一种镶嵌在社会结构之中并且可以通过有目的的行动来获得或流动的资源。社会资本对大学生有着重要作用。一方面，大学生根据社会经济发展状况对就业信息进行搜索和筛选，以降低就业信息的不对等性，促进自身顺利就业；另一方面，包括大学生自己家庭的社会关系网络以及所在学校的社会状况等。大学生的社会资本包括以家庭资源为主的先赋型社会资本和自身通过社会网络不断积累的后致型社会资本。在这里，我们从家庭环境、学校环境和社会环境三个方面来讨论大学生的社会资本。

1. 家庭环境

家庭环境主要是指家庭所给予大学生就业方面的支持。一方面，家长需要给予孩子充分的信任和鼓励，让他们勇于面对竞争，敢于挑战自我，不断探索和尝试，最终找到属于自己的成功之路。家长在就业观念、职业规划、技能匹配等方面与孩子共同努力，比如鼓励孩子实习实践、创新创业、升学深造等，不断提升大学生自身的人力资本和就业力。另一方面，家长和大学生对就业市场要有清醒的认识和积极的态度，需要了解市场需求，明确职业目标。大学生就业是一个复杂的过程，涉及自我认知、职业规划、技能提升、实践经验、心态调整等多个方面。家长的支持和指导在

---

① 转引自罗伯特 D. 帕特南 . 使民主运转起来 [M]. 王列，赖海榕，译 . 南昌：江西人民出版社，2001.

这一过程中起着至关重要的作用。①

2. 学校环境

学校方面主要指学校的实力，比如学校的硬件设施比较好，大学生在校期间可以利用学校的一切教学设施做实验，特别是一些需要仪器设备的专业，利用专业的仪器设备可以学习到更多的知识，搜集到更多的数据。另外，学校实力也体现在师资力量上，教师对学生的帮助，主要体现在提供可靠的就业信息。当然，教师们提供的帮助中有重要的一部分是对就业方向和方法的辅导，以及对就业形势的分析和提醒。学校实力还表现在和外界的关系上，大学生完全可以利用学校提供的一切有利条件来促进自己顺利就业。

3. 社会环境

这里的社会环境主要是指社会经济的发展、就业市场制度的完善以及就业市场自身的发展状况等。社会环境对于大学生来说是一个不可改变的外在维度，如经济的发展状况会影响大学生就业市场的供需状况，进而影响大学生就业。所以，大学生利用社会这个大环境来搜索对自己就业有利的机会和信息，也是一种就业能力。同样，完善就业制度不仅是大学生安全就业的保障，也是大学生就业过程中可以利用的资源。可以说，大学生利用法律制度来维护自己合法权益的行为，可以看作是大学生就业能力的一种表现。现在很多大学生对国家制定的就业相关的法律法规不了解，特别是有很多针对刚毕业的大学生的优惠政策，很多刚毕业的大学生完全不知道，所以知道怎样很好地利用国家给予的良好政策来促成自己顺利就业，也是大学生就业能力的表现。就业市场自身的发展状况以社会经济发展状况为前提，以就业市场制度为准绳，大学生就业能力强可以在这样的大环境中看到就业的机会，抓住机遇。

---

① 从担忧到放心：家长指南——毕业生就业问题的实用解决方案 [EB/OL]，（2002–03–02）[2024–09–02]. https://baijiahao.baidu.com/s?id=1794048460848181140.

（三）心理资本

美国心理学会前任主席 Seligman（2002）提出了心理资本的概念，这一概念主要是以积极心理学和组织行为学为基础，将那些导致个体积极行为的心理因素纳入资本的范畴。Luthans 等在 2004 年首次提出了个体心理资本的概念，并进一步对心理资本进行了定义，他认为心理资本是一种积极的心态，在个体成长和发展过程主要表现为自我效能、乐观、希望和韧性四个维度。综合相关研究，我们从自信与乐观、正义与善良、主动与坚韧、期望与希望四个维度来分析当代大学生就业能力的心理资本。

1. 自信与乐观

自信心与班杜拉（Bandura）在社会学习理论中提出的自我效能（self-efficacy）概念最接近，班杜拉对自我效能的定义是指人们对自身能否利用所拥有的技能去完成某项工作行为的自信程度。在面试过程中，自信的大学生精神焕发，给面试考官以专业、稳重的印象，这必然会给自己顺利录用加分。乐观是一种态度，一种面对困难不会自暴自弃的态度，是不论顺境逆境都能保持着积极向上的精神状态，这是一种充满正能量的处世哲学。大学生在就业过程中必定会遇到各种各样的困难，要以乐观的心态对待求职中的不如意，相信希望总会到来。自信和乐观是大学生基本的心理资本，为大学生就业提供心理能量。

2. 正义与善良

正义与善良是在大学生就业能力的心理资本中最基础的。正义与善良是中华民族的优秀品德，其内在力量蕴藏在每个人的血液之中。特别是对于大学生来说，正义与善良不仅反映在求职过程中，而且反映在个人生活中，能体现一个人的做人做事的最基本的准则，如果说高校培养大学生怎样做人做事，那么工作单位则能检验大学生是否学会了做人做事的准则。

3. 主动与坚韧

心理资本中非常显著的一个方面是个人的主动性与坚韧性。主动性表现为自发行动，是由个人的需要、动机、理想、抱负和价值观推动的，而不是靠外力的推动。大学生在就业过程中的主动性体现在对自己专业学习的主动性、对自我人生规划的主动性、对求职信息搜集的主动性、对目标单位了解的主动性等。大学生的主动性有利于缓解其就业压力的焦虑感，增强个人对就业的信心。坚韧性也十分重要，求职过程中大学生常常遭受拒绝，坚韧性好的学生即使在失败的情况下也能够肯定自己的努力，从而更能有所作为。坚韧性还表现为压力之下的情绪控制，坚韧性好的学生能坚持不懈，把压力转化成动力。

4. 期望与希望

期望与希望主要表现为大学生对未来职业生涯的规划，对自己想要得到某种工作的标准，也体现了一种乐观、永不放弃的心态。有期望就有方向、有动力，大学生在求职就业过程中总会期望自己找到一份理想的工作，然后朝着自己想要的方向努力，在这个过程中，会遇到各种坎坷，但是为了达到目标而无所畏惧、勇往直前，这样的心理资本会引导着大学生朝着更好的未来前行。

第二节　大学生就业能力的影响因素

个人因素是影响大学生就业能力的关键因素之一。首先，个体的知识储备和专业技能是其就业能力的基础（谢爱磊 等，2024）。此外，个人的综合素质，如沟通能力、团队协作能力、创新思维等也对就业能力有重要影响。

家庭背景是大学生就业能力的重要外部影响因素。家庭经济状况、父母职业和教育水平等都会对大学生的就业观念、就业选择以及就业能力产生影响。例如，祝军等（2024）研究发现，家庭经济条件较好和父母受教育水平较高的学生，在就业选择时表现出更高的灵活性和适应性。

学校教育环境是影响大学生就业能力的关键因素之一。高等教育体系、课程内容、教学方式以及师资队伍等都会直接或间接地影响大学生的知识获取和技能提升（陈纯槿、郅庭瑾，2024）。高校通过提供高质量的学位课程、组织心理支持和导师职业支持等，可以有效提升大学生的就业能力。同时，学校的教育资源、实践教学平台以及就业服务体系等也是影响大学生就业能力的重要因素。

社会环境作为大学生就业的外部条件，对其就业能力也具有重要影响，包括经济形势、政策导向、社会文化氛围等都会对大学生的就业观念、就业意愿和就业能力产生影响（熊艳青 等，2024）。例如，经济社会压力较大时，大学生可能会更倾向于选择稳定的体制内工作；而社会环境整体利于创新和创业时，则可能激发大学生的创业意愿和创新能力。

一、个人因素

对大学生就业能力影响最大的是学生自身因素，比如自身形象、专业技能、个人品质、职业规划能力、就业态度、人际交往能力、问题解决能力、实践创新能力、社会适应能力、团队领导与协作能力、应聘能力等，这些因素都会影响大学生的就业能力。根据相关文献，综合多数学者提到的影响大学生就业能力的因素主要有人格特质、专业素质、社会适应能力、职业规划能力、问题解决能力和应聘能力。

（1）人格特质是个体在长期社会生活中形成的稳定的不易改变的心理特征，它能够影响个人的行为和思考方式。很多研究发现，人格特质与大学生的就业与创业能力有一定联系。根据有关学者对"90后"大学生人格特质的研究结果，我们提炼出的创新性、冒险性和主动性是"90后"大学生的主要人格特质。在实际生活中也可以看出，用人单位更喜欢那些具有创新精神、主动性强的员工。

（2）转型期大学生专业素质是指大学生凭借掌握的相关知识以及运用这些知识解决实际问题的技能，形成的一种相对稳定的能较出色地从事专业工作的品质。① 大学生的专业素质，反映了他们在某种职业活动中运用专业知识、专业技能解决实际问题的水平。因此，具有较高专业素质的大学生在求职面试时，很容易获得用人单位的认可。

（3）社会适应能力是指大学生在应对外部因素影响与变化时，调整行为策略就业成功应具备的能力。大学生的社会适应能力主要包括社会实践能力和选择就业的能力，具体要求大学生具有一定的人际交往能力，有一定的知识储备量，具有应对困难的能力，掌握一定的实践技能，具备良好的心理素质等。② 可见，大学生的社会适应能力是综合素质的体现，关系到他们能否顺利从学校这个"象牙塔"中走出来，投身于激烈的社会竞争环境之中，关系到他们能否转变自己的心态，以积极健康的心态来应对工作环境中的困难。

（4）职业规划能力是对自身的主观因素和客观环境进行分析，从而确定职业发展目标，对实现这一目标的职业做出选择，以及制订相应的工作、教育和培训的行动计划，并按照一定的时间安排采取必要的行动，实现职业生涯目标的过程。

（5）问题解决能力似乎不仅是就业能力的重要影响因素，也是具有普遍适应性和可迁移性的一种核心技能，是指能够准确把握问题的关键，利用有效资源，提出解决问题的意见或方案付诸实施，并进行调整和改进，使问题得到解决的能力。③ 问题解决能力还可以反映出一个人的逻辑思维水平与创新能力。

（6）应聘能力并没有一个标准的概念，从字面意思可以看出应聘能力

---

①　胡瑞年.社会转型期大学生思想政治教育内容创新探究——评《大学生思想政治教育思维模式研究》[J].中国教育学刊，2018（8）：127.

②　潘彦谷，张大均，刘广增，等.大学生社会适应的影响因素及其培养途径——来自心理学的研究[J].西南大学学报（社会科学版），2016，42（5）：108–113+191.

③　陈勃，游河，陈小爱.大学生日常问题解决能力的特点及相关因素研究[J].应用心理学，2004（4）：28–32.

是指求职者在应聘过程中展现出来的各种能力，比如沟通能力、语言交流能力、思辨能力、逻辑思维能力等，可以说，应聘能力能够直接反映应聘者多方面的综合素养。应聘过程是大学生和用人单位的第一次正式接触，第一印象是非常重要的，并且应聘能力也是用人单位考察并决定最终录用应聘者的重要因素，也是用人单位判定应聘者综合能力的重要标准。应聘能力直接影响着大学生的就业成功率。

二、家庭背景

家庭因素主要指家长的教育方式、家长的文化程度、家长的处世方式、家庭氛围以及家庭经济状况等。家长是孩子的第一任老师，家庭是大学生培养个人能力的摇篮，大学生的个人特质、观念等从小就受到家庭环境的熏陶，这些是大学生就业能力影响因素的重要方面。

家庭教养方式是指家长尤其是父母在与子女交往的过程中形成和养成的教养观念、教养行为及其对子女的情感表达的一种组合方式，它相对稳定地反映了亲子交往的实质，是个体社会化的重要因素。美国著名心理学家鲍姆林德（Diana Blumberg Baumrind）将家长的教养方式分为权威型、专制型、宽容型。① 不同类型的教养方式，培养出来的孩子的性格特点各不相同。比如民主型家庭教养方式下长大的孩子，往往在社会能力和认知能力上都比较出色，这类孩子有较强的就业能力。

家庭氛围是指家庭中的成员主观感受到的家庭亲子关系、家庭凝聚力、人际氛围关系等。家庭氛围从不同的角度影响家庭成员的心理和行为，和谐的家庭气氛最有利于孩子人格的发展，而冲突、疏离的家庭氛围则不利于孩子人格的发展。良好、和谐的家庭氛围是大学生成长成才的重要精神支持。亲密程度低、组织秩序差且冲突多的家庭中的孩子更容易焦虑。相反，家庭成员亲密度较高的家庭不仅能在学习、人际交往等方面为孩子提供一些具体的指导和帮助，还能给予他们家庭的温暖和安全感，既

---

① 辛浩力.国外现代亲子关系理论观点回顾［J］.教育改革，1997（2）：32—37.

能使孩子乐观、合群、自信，又不会让孩子感受到压力。可见，家庭氛围对孩子性格的影响很重要，对大学生的就业能力也有重要的影响。

家庭对于学生价值观、就业观的形成具有重要的导向作用，对大学生潜移默化的影响不仅贯穿了大学生价值观体系形成的整个过程，还对大学生天赋潜能、行为习惯的早期养成起着决定性的作用，其中包括主观的个性、兴趣、能力和自我认识等，并在广度和深度两个维度上不断扩展。[①] 如今大学生职业的选择不再是个人的决策，而是根据社会发展导向整个家庭做出的整体决策，很大程度上是家庭的价值取向。[②] 大学生的家庭经济状况和父母的择业观念会影响其就业选择与就业能力的培养。

三、学校教育环境

学校教育在大学生就业能力中起着关键作用，高校的课程设置和教学质量直接影响大学生的专业素养和综合能力的养成。[③] 课程、教学等人才培养的核心环节在就业能力培养中的作用广为研究者们所关注。与学科知识的传授不同，就业能力的开发对高校的课程和教学有着特殊的要求。比如，在英国一些大学的就业能力培养改革中，课程和教学的实践性相比以往格外受重视，教师被要求尝试有利于培养学生技能的教学方式。[④] 有研究表明，高校课程对毕业生一般能力、专业知识能力、专业态度、职业生涯规划等方面的就业能力均存在直接效应，并通过学生参与如实习、社会实践、职业指导等课外经历对就业能力的培养产生间接影响。[⑤]

① 丛榕，汪斌，孙刚，等．基于学生行为视角的职业教育本科毕业生就业水平影响因素研究［J］．生产力研究，2020（10）：122–125+129.

② 刘智豪，张鑫，任莉．基于 SEM 方法的大学生就业能力提升研究［J］．河北建筑工程学院学报，2023，41（2）：181–185+232.

③ 焦梦杰，王钥．大学生毕业选择及就业能力的影响因素分析［J］．四川劳动保障，2024（5）：136–137.

④ 雷培梁，连莲．英国高校提升大学生就业力的经验探讨［J］．复旦教育论坛，2009，7（6）：72–75.

⑤ 宋齐明．大学生就业能力培养现状及影响因素——基于本科毕业生调查数据的实证研究［J］．教育发展研究，2017，37（23）：23–29.

　　我国高校进行大规模扩招后，大学生就业市场供求失衡愈加严重，而面临严峻的就业形势，现阶段部分高校教育难以适应时代要求。目前，学校方面对大学生的就业能力的培养缺乏有深度的系统性探究，与时俱进的举措研究还不够，就业指导方面也存在较多问题，如职业指导课程体系不健全、工作认识不清晰、信息收集不到位及教师素养水平不均衡等。以及缺乏对专业方向用人情况和今后发展趋势的分析与引申等。[①]且受新冠疫情等影响，高校近年来存在社会实践脱节的情况，校内单一的社会实践，与社会真正的需求存在很大差距。总的来说，学校因素可以从高校的专业设置、职业生涯规划辅导、教师的教学能力、校园文化等方面进行分析。

　　高校是进行专业教育的基础平台，是高等教育发展的关键环节，是实现高等教育功能的载体，是连接学校与社会、市场的重要纽带。以往，我国高校人才培养的侧重点在学生品格和知识层面，尤其注重大学生专业知识的掌握。合理有效的专业技能是提高大学生就业能力的最基本要求，也是提高大学生就业自信心的重要条件。此外，劳动力市场的用人需求愈益趋向关注毕业生的综合实务技能，这不仅在于专业技能，还包括各种通用能力和素质。就业能力的培养不是单纯的职业规划课程所能完成的，而应将其融入各类课程之中，成为课程目标和内容的组成部分。[②]每所院校都有自己的优势专业和特色专业，但高校的专业设置要根据社会需求不断优化调整，引进先进的教学设备，不断提高教育教学水平。

　　对大学生进行职业生涯规划辅导，有利于引导大学生树立职业方向和目标，树立良好的就业心态和健康的就业心理素质，从而有利于促进其健康成长和顺利成才，实现人尽其用，提高高校的社会服务能力。目前很多

　　① 史秋衡，任可欣.我国大学生就业能力内涵及其影响因素探析——基于应用型高校与研究型高校的对比［J］.华东师范大学学报（教育科学版），2023，41（8）：1-12.

　　② 布兰思福特，等.人是如何学习的：扩展版［M］.程可拉，等译.上海：华东师范大学出版社，2013：55.

院校设置了职业生涯规划课程，但是由于授课方法缺乏新意、形式单一、内容空泛，缺少对学生主动性的调动以及职业素养的教育和实践训练。实习这一具有职场演练性质的实践环节在就业能力培养中具有重要作用，高校应努力扭转实习流于形式的状况，加大学生实习工作的投入力度，完善实习制度，积极充当学生与社会的"桥梁"，引导和帮助大学生更好地在实习中学习，提高实习质量。[①]

国内外的研究与实践表明，教师的教学能力是影响教学效果的各种因素中最直接、最明显、最具效力的因素。教师的教学能力关系到大学生是否能够学习到应该掌握的专业知识，关系到大学生能否把所学到的知识内化，转变成自己未来求职的资本。从整体上看，高校教师缺乏教育专业训练，绝大多数高校教师毕业于高等学校和科研院所，基本没有经历过教师职业的职前教育。就入职教育培训而言，目前各高校主要采取青年教师岗前培训的方式，由于学校和教师本人对岗前培训缺乏必要的重视，很难起到提高教师教学能力的效果；而教师一旦上岗，其教育教学知识和能力培训就比较少了。此外，相关研究发现，课外支持因素比课业支持因素对就业能力培养有更显著的影响。[②]

校园文化作为文化现象的一种，不可能游离于社会文化、地域性文化、科技文化、物质文化之外，而是各种文化的综合体现。积极向上、富有特色的校园文化，是在教育者长期的计划、组织下，在师生的共同参与下形成的。校园文化氛围就像一个"大染缸"，大学生的就业能力也是在这个"大染缸"里慢慢提升的，如充满商业气息的校园文化氛围，培养出

---

① 沈婷，叶映华. 英国高校培养大学生就业能力的选择及启示——基于《高等教育嵌入就业能力框架》的分析 [J]. 外国教育研究，2022，49（11）：97-113.

② 这说明在课程和教学存在缺位的情况下，课外环节成为大学生就业能力开发的重要途径。而教师和学生的课外互动普遍受到忽视，高校在课外环节的指导和条件支持方面亟须加强，高校应重视教师对学生课外学习、课外活动以及职业规划方面的指导，改善学生课外学习和参与科研的条件，避免学生的课外时间沦为低效的"放养"。

来的学生商业化思维更明显；学术气息浓厚的校园文化，培养出来的学生理论基础扎实，善于钻研。

四、社会环境

不同时期的社会经济发展状况对大学生的就业能力提出了不同的要求。许多大学生对就业市场了解不够充分，也不太清楚自己适合什么样的岗位以及该岗位的工作要求及流程，以至于无法适应新时期社会的需要，直接导致了"用人单位人才需求紧缺"和"大学生很难找到合适的工作"这种两难现状的出现。社会环境是影响大学生毕业选择和就业能力的重要外部因素，行业的发展趋势以及地域的经济差异等都会对大学生的就业产生影响。[①]随着经济的发展和社会的变革，市场需求也在不断变化，一些专业和技能在短期内可能受到市场的青睐，而某些则可能逐渐被市场淘汰。作为高等院校，在从"精英化"教育向"大众化"教育、"普及化"教育转变的过程中，应该主动适应社会经济发展变化；作为大学生，在校期间应通过专业知识和社会知识的学习、积累，以及自身潜能的开发而获得一定的知识、技术、思维、观念和心理素质等各种能力的提升，从而最大限度地提升自己的就业核心竞争力。随着社会经济的发展和分工的细化，用人单位及其需求也呈现多元化的趋势。对大学生来说，要想顺利就业，除了要学好过硬的专业知识外，还要不断提高自身素质，更好地适应社会经济发展的需要。

第三节　大学生就业能力不足的表现

当前大部分大学生具备了基本的就业能力，比如人际沟通能力、就业自信心、自我发展能力等，但许多大学生也存在学业发展目标模糊、职业

---

① 周文霞，李硕钰，冯悦.大学生就业的研究现状及大学生就业困境［J］.中国大学生就业，2022（7）：3-8.

规划意识淡薄、创新能力缺乏、社会适应能力差、就业能力自我培养内驱力低、应聘能力薄弱等问题，具体表现如下。

一、学业发展目标较模糊

大学生就业能力培养的成效不仅依赖于国家政策的引导、社会资源的支持以及高校教育体系的完善，更离不开大学生个人在学习与就业过程中的积极努力与主动作为。马克思关于人的全面发展理论强调，个体的主体性是实现全面发展的关键，它要求大学生在德、智、体、美等多个方面都能得到均衡而深入的发展。然而，在当前的就业能力培养实践中，大学生作为就业活动的核心主体，普遍面临着学业发展目标模糊的问题，这一问题直接制约了其就业能力的有效提升。

具体而言，大学生在自我培养过程中暴露出的主要问题之一是学业规划不清晰，这种不清晰主要体现在以下四个方面。

（1）缺乏自我认知。许多大学生对自己的兴趣、能力、价值观等缺乏深入的了解，导致其在选择专业、制订学习计划时盲目跟风，无法根据自身的特点和优势进行有针对性的学习和选择。这种自我认知的缺失使得他们在就业市场上缺乏竞争力，难以找到真正适合自己的工作岗位。

（2）缺乏社会认识。随着社会的快速发展变化，各行各业对人才的要求也在不断调整。然而，部分大学生对社会的变化和发展趋势缺乏敏感性和洞察力，无法准确把握市场需求和就业趋势。这种社会认识的不足使得他们在制订就业目标时缺乏前瞻性和针对性，容易陷入迷茫和被动。

（3）缺乏学业和就业目标。由于自我认知和社会认识的缺失，许多大学生在求学期间没有明确的学习目标和职业规划。他们往往只是被动地接受课程安排和考试要求，缺乏对未来职业生涯的主动思考和规划。这种目标的缺乏导致他们在学习和就业过程中缺乏方向感和动力，难以形成持续的学习动力和职业追求。

（4）缺乏学业规划。没有明确的学业和就业目标，大学生在制订学习计划时往往缺乏系统性和连贯性。他们可能会在学习上缺乏重点和针对性，导致知识结构和能力体系的不完善。同时，由于缺乏对就业市场的了解和准备，他们在求职过程中也容易表现出缺乏信心和竞争力。

学业发展目标的模糊性直接导致了大学生在就业能力自我培养过程中的无序和乏力。为了改善这一状况，大学生需要加强自我认知和社会认识，明确学业和就业目标，并制订科学合理的学业规划。同时，国家、社会和高校也应加强引导和支持，为大学生提供更加全面、系统的就业能力培养体系和更加广阔的实践锻炼平台。

二、职业规划意识较淡薄

随着大学生就业形势的日趋复杂，职业生涯规划的重要性也日益凸显，但遗憾的是当前高校职业生涯规划教育并未从根本上扭转大学生职业规划意识淡薄的现状。大学生在步入大学校园时，往往因各种外部因素如家庭推荐、媒体宣传而选择专业，而非基于个人兴趣和长远规划。这种选择方式导致他们在后续的学习过程中，缺乏对自己所学专业的深入理解和兴趣培养，更未能主动根据专业特色或个人兴趣制订中长期的职业生涯规划。

由于缺乏明确的职业规划，大学生对未来就业方向的社会环境、政策变化以及职业需求等关键信息了解不足，进而形成职业认知的模糊和偏差。这种模糊性在求职过程中表现得尤为明显，许多学生因职业目标不明确，难以精准定位自己的求职方向，最终只能随波逐流，盲目选择就业岗位。

此外，自我认知的不足也是导致大学生学业发展目标模糊和职业生涯规划缺失的重要原因之一。部分学生在校期间沉浸在学业成就带来的成功感和放松感中，未能正确、全面地认识自己，包括自己的兴趣、能力、价值观以及未来职业发展的潜力和方向。这种自我认知的缺失使得他们在毕业后面对复杂多变的就业市场时，往往感到迷茫和无所适从，难以做出科学合理的职业选择。

因此，要改善这一现状，不仅需要高校加强职业生涯规划教育，帮助学生树立正确的职业观念，提升职业规划能力，还需要大学生个人增强自我认知，明确学业发展目标，制订科学合理的职业生涯规划，以应对日益复杂的就业形势。

三、创新能力较缺乏

在探讨创新能力的核心内涵时，我们不难发现，创新能力不仅是个人智慧的闪光点，更是社会进步的驱动力。创新能力不仅体现在提出前所未有的思想、方案上，更在于能够将这些创新构想转化为实际的产品、技术，进而开辟全新的领域。这一过程，是知识与技能深度整合、不断升华的结果，它要求个体具备跨学科的视野、敏锐的洞察力以及不懈的探索精神。

在"大众创新、万众创业"的时代背景下，企业之间的竞争日益激烈，而创新能力则成为了企业脱颖而出的关键。企业要想在市场中立于不败之地，就必须不断创新，无论是产品、技术还是服务，都需要不断迭代升级，以满足消费者日益增长的多元化需求。而这一切的源泉，都来自企业员工的创新能力。

然而，反观当前我国高校的教育模式，尽管近年来对创新教育的重视程度有所提升，但在实际操作层面仍存在一定的局限性。传统的教育模式往往侧重于培养学生的逻辑思维能力，即通过严密的推理和论证来解决问题，这在一定程度上限制了学生创新思维的发展。尽管部分高校开始尝试引入创新教育的理念，但在课程设置上仍显单一，缺乏足够的多样性和灵活性，难以满足学生多样化的学习需求。

此外，现有的教育体系中，学生往往难以根据自己的兴趣和特长来选择适合自己的课程，这也在一定程度上抑制了他们创新精神的培养。创新能力是一种综合性、高层次的思维能力和行动能力，它需要个体在自由、开放的环境中不断探索、尝试，逐渐积累经验和智慧。然而，在当前的教育环境下，大学生往往被束缚在固定的课程框架内，难以充分发挥创造力和想象力。

因此，为了培养大学生的创新能力，我们需要从多个方面入手。首先，高校应该进一步优化课程设置，增加与创新教育相关的课程，如创新思维训练、创业实践等，为大学生提供更多元化的学习选择。其次，高校应该鼓励大学生积极参与科研活动和实践活动，通过亲身参与和体验来激发他们的创新热情和潜能。同时，高校还应该加强与企业、社会的合作，为学生提供更多的实践机会和平台，让他们在实践中锻炼自己的创新能力。

总之，创新能力是现代社会不可或缺的重要素质之一。为了培养更多具有创新精神的人才，我们需要不断探索和改进教育模式和方法，为大学生提供更加自由、开放、多元的学习环境和发展空间。

四、社会适应能力较差

高校传统的教学模式影响了大学生社会适应能力的发展，自我认知的偏差加大了大学生理想自我与现实自我的差距。大学生往往在刚进入工作岗位时，发现自己并没有想象得那么优秀，老员工个个身经百战，这会让刚入职的大学生感到焦虑、紧张，不敢和其他人交流沟通，甚至想要辞职。现在很多用人单位也反映，现在一部分大学生刚入职时眼高手低，不知道虚心向老员工学习，工作任务不能按时完成。大学生的社会适应能力还需要进一步提高。

五、就业能力自我培养内驱力较弱

就业能力自我培养内驱力是指大学生对认知和提高就业能力的内在动力。大学生活相较于中学阶段的学习，具有更大的自主性和探索空间，学习时间相对宽松，自主选择的空间很大，学习渠道多样。但是，很多新生不能顺利适应大学生活，学业价值取向混乱，内驱力不足，迷失在大学校园里，学习不勤奋，不积极参与各类活动，自律性较差，无所事事，沉迷于网络。部分大学生因为高中时期个人生涯规划教育欠缺，在高考选择专业时过于盲目，导致入学后发现对专业学习没有兴趣，甚至抵触专业课程。大学生就业能力自我培养的内驱力不足，首先会导致其学业和就业规划不清晰，缺乏学业目标；其次是导致自我管理失调，表现为既焦虑自身的成长问题，又没有自我管理的能力，在缺少监管的环境下无所适从。高校应采取措施，激发大学生的就业能力自我培养内驱力，端正学生的学业价值观，使其主动自我提升，积极参与社会竞争。

第四节　大学生就业能力提升

高校作为大学生学习知识和掌握技能的重要场所，对大学生就业能力的培育与提升负有重要责任，而这种责任不能仅停留在毕业生就业指导与服务上，还应从机制改革入手，实现全员、全方位、全过程协同培育。

高校和社会（包括政府、企业和研究院所）生成交互型人才培养联合机制，建立"立交桥"式深度融合的合作方式，是高校人才培养满足符合社会需求的一种应然的发展选择。[①]高校需要构建全过程以及全方位的以就业能力提升为导向的人才培养体系，不仅需要高校在人才培养的每一个环节构成的要素协调发挥整合的功能，而且需要高校将人才培养过程延伸到社会和政府层面，建立校内外纵横联动的协同育人机制。

一、拓展多元化的就业能力学习路径

我国高等教育由"精英化"向"大众化"迈进，这决定着高等教育人才培养目标和方式的深层次变革，职业教育嵌入或融入高等教育教学中是

---

① 王永贵.我国大学生就业能力提升研究——评《大学生精准就业模式探索与实践》[J].广东财经大学学报，2021，36（4）：115-116.

高校适应教育"大众化"的必然趋势和现实选择。[①] 大学的教育是整体融合性的教育,是专业教育、普通教育与职业教育的综合性和系统性融合。为此,高校应以就业能力开发与提升为人才培养目标导向,基于社会人才需求、学科和专业特点改进和调整人才培养方案,在课程体系与教学实施过程中嵌入就业能力开发,将与职业素养、工作技能等相关的学习嵌入课程中,通过就业能力开发理解终身学习,通过以工作为基础的学习与个人专业性学习档案同步,有效地提升大学生自主学习能力、职业规划能力及社会实践能力等。

二、搭建大学生就业能力校内培育平台

高校应高度重视校园文化和激励评价等建设,充分发挥社团、实践课等作用,建立良好的大学生自主构建就业能力的育人环境和服务学习体系,鼓励大学生开展社会实践和公益志愿服务,通过工作体验自主提升就业能力。此外,高校教师也需更新教学方式,注重课外指导,摒弃原有只注重书本知识。应有意识地培养大学生的表达能力、思维能力,优化课堂教学,激发学生学习热情,推广"觅食型""育才型"教育,创新教学方法,采取主动的教育方法,比如互动式、点评式、演讲式等。

三、开展多方合作,提供多元化就业服务平台

创新创业教育是一种注重综合实践的教育,是提升大学生就业能力的一种新路径。高校应积极引进社会资源,强化校内外创新创业实践和创业孵化平台建设,为大学生提供多元化的创新创业实践实战平台。[②] 创新创业实训平台的建设主要包括三个方面。一是立足校内跨专业实验中心平台建设,为大学生校内创新创业实践训练提供平台。实验实训室的建设应能

---

① 王丽萍. 应用型本科院校大学生就业能力提升策略——评《大学生就业能力现状及其提升路径研究》[J]. 中国高校科技, 2022 (10): 98.

② 程玮. 大学生就业能力及其提升实证研究——基于全国 64 所高校的有效样本分析 [J]. 高教探索, 2017 (7): 98–105.

满足专业课程实验（实训）、创新创业综合实践训练和学生科研的多方需要，发挥多功能的作用。二是校外实践教育教学基地建设，实现校地间、校企间的深度合作，双向促进，推进产学研深度多元化互动合作，建立学校与企事业单位联合培养人才新机制，加强与企业和科研机构的合作与交流，建立校企合作平台和实习实训基地（吴冰蓝 等，2023），为大学生创新创业教育及实践提供平台，促进产学研合作。通过校企合作项目、实习实训等形式，让大学生接触到真实的职场环境和实际的工作任务，提升其实践能力和职业素养。同时，还可以通过与企业共同开发课程和项目，使教学内容更加贴近市场需求和企业实际。三是开展多种形式的创新创业实践活动，加大对创新创业教育的投入和支持力度，为大学生提供创新创业培训、资金支持和实践平台（庄强，2023）。通过举办创新创业大赛、孵化器等活动形式，激发大学生的创新意识和创业精神，如建立创新创业导师制度，举办创新创业沙龙活动。实战提供丰富的资源支撑，以此全面提高大学生的综合实践能力和职业技能。

四、建构就业能力提升指导服务体系

就业教育与指导是促进大学生就业能力提升的重要途径，高校应以生涯发展、就业指导课程为核心架构，就业素质拓展独立实训、就业技能晋级项目训练、职业能力开发团体辅导及职业个体咨询的"四维一体"的就业创业教育体系，实施全程、多元化、精准性的就业指导与服务。[①]一是高校应高度重视就业指导课程建设，根据大学生不同阶段的特点，设置相应的教学内容与形式。二是积极引进、开发就业能力测评、测试基础工具。结合企业需求，抓紧研究开发各专业大学生就业能力模型，并在此基础上设计学生就业能力测量指标体系，使大学生据此规划自身学习发展方向，就业过程中分析自身优劣势，帮助学生和用人单位实现双向匹配。三

是建立长期的毕业生就业质量跟踪和市场反馈机制，提高调研的科学性和系统性。四是组建专业型就业指导队伍。加强对就业指导中心教师的专业技能培训，并引进专业人士来充实师资队伍。五是高校应建立健全就业指导服务体系，为大学生提供个性化的职业规划和就业指导服务。通过开展职业测评、职业生涯规划课程、模拟面试等活动，帮助大学生了解自己的优势和不足，明确职业目标和发展方向。此外，还可以邀请行业专家和企业高管来校举办讲座和座谈会，为大学生搭建与职场的桥梁。

第二篇　大学生就业调查

第五章　大学生择业调查

第一节　大学生择业现状

随着时代的变迁，人们的世界观、人生观、价值观也有了较大的改变，大学生的就业价值观也随着时代的发展不断变化并影响着大学生的就业选择。

一、注重发展空间

当代大学生更注重自己所选择工作的长期前景，会考虑自己在这份工作中能学到什么、得到什么，未来在这份工作中晋升空间有多大；他们更会考虑所选择企业的未来发展情况，比如是否是大企业、在全国排名的情况、企业前景如何等。马斯洛的需要层次理论认为，一个人的低级需要得到满足后，才会追求更高层次的需要。整体生活水平的提高满足了大学生的生理需求，找一份稳定的工作更能给他们带来安全感、归属感、尊重感和自我实现感。因此他们更倾向于工作相对稳定、社会地位相对较高的企事业单位。此外，经济全球化和市场经济带来的多元意识形态，使得大学生的职业兴趣日趋多元化。这种倾向主要体现在职业选择方式的多样化上。当代大学生出生于我国经济社会飞速发展的时期，良好的社会经济条件和家庭成长环境使得他们有条件去培养各种兴趣爱好，从而成为多才多艺的新时代新青年，这种多元化的职业兴趣和多样化的择业方式体现了我国社会的进步。

二、倾向于选择经济发达和一线城市就业

大学生就业地区的选择更倾向于东部沿海地带和经济发达的大城市，而选择西部地区和农村山区就业的比率很低。一是经济发展水平的地区差异导致大学生的选择不同。从经济发展上来看，东部沿海地区和一些经济发达的大城市是技术密集型产业的核心地带，聚集着优秀的人才、先进的科技，也是很多大公司的驻扎地，就业概率大，发展空间广阔，相应竞争力也很强，这样的环境吸引了很多想要大展身手的大学生。而我国西部地区和一些农村山区，经济发展水平相对较低，交通不便，技术水平更是滞后，使得大学生望而却步。而受过高等教育的大学生不管从思维、从学历、从创新意识来讲，他们进入产业升级的职位中，适应能力会更强，成长更快，也会更快得到较高的收益。因此，经济发展水平的高低，自然会导致大学生在选择就业地区时向发达地区或有发展空间的地区倾斜。二是劳动力的市场化和市场竞争造成的人才流动，也会导致大学生人才分布不均。市场经济要求市场在资源配置中起基础性作用，最大的特点就是鼓励各生产要素在市场中自由竞争、自由流动，而劳动力是其中重要的生产要素。这就要求人力资源得到合理配置，使各种人才能最大限度地发挥其自身的才能，实现最大化的收益。因此，地区经济发展水平的差异、劳动力市场化的差异、收入水平的差异、发展空间的差异，使得转型期大学生就业选择更倾向于东部沿海地区和经济发达的大城市。《2021年中国本科生就业报告》显示，毕业生最喜欢的10个城市依次是：上海、深圳、广州、成都、北京、杭州、青岛、南京、重庆和长沙。成都作为新一线城市受欢迎程度已经超越了北京，而上海更是坐稳了第一名。[①] 新一线城市对于人才的渴求旺盛，这几年的人才引进政策也有很强的吸引力，所以越来越多的毕业生在考虑第一份工作的时候，选择在新一线城市发现机会。但是影

---

① 麦克思研究院.2021年中国本科生就业报告［M］.北京：社会科学文献出版社，2021.

响大学生就业地区选择的因素是多方面的，新的微弱变化就是北上广深就业比例持续下降，新一线城市吸引力不断增强。

三、自主创业多元化

在"大众创新、万众创业"的时代背景下，创业成为越来越多大学生的主动选择、理性选择，生存型创业逐渐淡出，机会型、兴趣型创业模式逐渐成为主流，自主创业多元化趋势更加明显。创业人群日趋多元化，除毕业生之外，越来越多的在校大学生也加入"创客"大军，这主要得益于国家实施弹性学制，建立创新创业学分积累与转换机制，在线开放课程的学习认证和学分认定等举措的全面推广和实施，直接调动了大学生创业的积极性和主动性。创业平台日趋多元化，各种风险投资、创业大赛、连锁加盟活动逐渐活跃，创业孵化器从边缘行业发展为备受社会关注的热门行业，为创业者提供保姆式、一站式、全方位、可选择的综合型创业平台，大大提升了大学生自主创业的成功率。创业模式日趋多元化，越来越多新产业和新技术的出现，使大学生创业告别了从前白手起家的单一模式，概念创业、网络创业、兼职创业等多元模式不断涌现，让创业更为简单、高效、便捷和低成本，带动更多大学生愿意尝试自主创业。创业项目日趋多元化，越来越多的大学生立足社会所需，不断探索更"接地气"的项目。有的专注高校学生旅游市场，通过网络平台进行品牌宣传，运营旅游主题俱乐部；有的搭乘"互联网+"快车，打造校园商业圈，线下搭建校内物流网，做好上门服务，线上建立网上商城，满足多样化需求，线上线下（O2O）平台项目做得如火如荼；有的基于专业特长和优势，将理论与实践、专业与创业相结合，通过返乡创业带动农民走上致富路。大学生把"个人创富"与"国民创福"相结合，树立理性、实干的自主创业观念，将社会实际需求"痛点"转化为创业干事的契机和活力，将国家政策红利转化为自主创业量和质的共同提升。

四、更加注重就业质量的个性化选择

新时代，我国社会主要矛盾已经转化为人民日益增长的美好生活需要和不平衡不充分的发展之间的矛盾，这表明大学生的发展需求已经超越吃饱穿暖等基本生存需求，更高质量的就业不再是单纯追求基本物质保障，而是实现自由选择、价值实现、个性发展等多样化的精神追求。与此同时，新旧动能转化带来多层次和多元化的市场需求，各行各业顺势催生和发展出新职业、新业态，客观上满足了大学生就业更高的发展需求，助推个性化就业形态成为"新"趋势。新时代下诞生新职业，催生新就业，越来越多的大学生更加注重工作内容与兴趣爱好之间的平衡，更加看重就业质量，选择更加理性，更易将具鲜明个性化的新职业和新工种视为就业创业心仪之选。新职业、新个体经济等新业态的出现，为大学生进入就业创业市场提供了方向性的引领，既有利于就业形态朝更为灵活、更具个性化、更富创造活力的方向发展，也为个人对美好生活的持续追求带来更多可能。

再者，随着大数据时代的到来，大数据的应用与发展已经成为社会发展的主流趋势，如何有效应用大数据，通过掌握大数据来提升决策水平已经成为社会的共识。通过大数据的应用全面了解和掌握大学生就业的现状，从中有效分析毕业生就业工作所面临的问题，这对高校提升毕业生就业工作的质量和水平有极大的帮助。但大数据也是一把双刃剑，不少行业、部门对大数据的认识相对滞后，也会给大学生就业工作带来一定的影响，使当前较为稳定的毕业生就业工作格局发生改变。一是高校对毕业生就业缺乏数据平台的支撑。虽然高校每年会统计就业率并发布就业质量报告，但从总体来看，大学生就业工作缺乏有力的数据平台支撑，评价数据也未能发挥有效的作用。整合与分析这些数据，进而对毕业生就业质量进行评价，提出有效改进建议，成为解决大学生就业工作难题的重中之重。二是高校在毕业生就业服务中缺乏数据分析与应用。虽然高校对于开展毕

业生就业调查以及公布毕业生就业情况的热情很高，但往往停留在对毕业生就业数据特别是就业率的统计，没有将就业数据分析的结果转化为切实的就业服务。三是高校缺乏对大学生就业后的数据调查与跟踪。大学生在毕业时或毕业短期内的职业发展很难确定，而高校对毕业生就业离校后的跟踪与调查较少，相对滞后，这不仅使高校逐渐失去了宝贵的校友资源，还使高校难以形成和获取毕业生中长期职业发展数据。

第二节　大学生择业影响因素

大学生择业观既是大学生未来职业理想的直接体现，又是对他们人生观、价值观的直观表达。大学生择业观是社会性与个性的结合，它的形成与发展不仅受社会、家庭、同辈群体等外在环境的影响，还受个人的内在素质、价值观的影响，反映了大学生作为主体在择业过程中的信仰追求、需要满足和利益诉求，具有时代性、差异性、实践性的基本特征。

一、个人因素

（一）大学生能力缺失

信息经济时代，各招聘单位对人才的素质和能力提出了更高的要求，不但要求大学生必须掌握专业知识，对企业忠诚，而且还要求他们具有综合全面的就业能力，包括运用计算机技术的能力、人际交往和沟通的能力、团队合作的能力等。而现实情况是，许多大学生在校期间学习刻苦，成绩优秀，却因参与社会实践锻炼的机会少，缺乏实际动手能力和经验，过分注重自我，缺乏团队协作能力和沟通能力，从而与用人单位的要求存在较大差距，无法适应人才市场的需求。在我国现阶段劳动力供给大于需求的矛盾日益突出的形势下，劳动力整体素质与社会经济发展的需要不匹配的矛盾日益彰显。在目前的就业形势下，毕业生必须踏踏实实地锻炼自己各方面的能力，并对自己有一个理性的定位和期望。

（二）自我职业认知缺乏

虽然随着知识量、专业训练以及社会阅历的不断增加，大学生的思维从经验型思维转向了理论型逻辑思维，并在独立性和批判性方面不断增强，但由于阅历尚浅，社会经验不足，看问题易掺杂情感成分，因此往往缺乏对事物的深刻认识，且常带有偏激、固执等倾向。情感丰富、强烈，强调自主意识，但同时也具有显著的不稳定性。从就业价值观角度而言，由于许多大学生对自身个性、能力倾向性等没有进行客观的评估与评价，因此很难形成对自身职业适应性以及倾向性等方面的合理标准和观念，不能对就业环境进行客观评判和取舍，容易受外界因素的干扰，个体的就业价值观容易被群体价值观裹挟。所以，大学生们应该正确理智地进行深刻的自我剖析，明确自己的兴趣爱好、性格气质和今后的职业发展方向，客观认识、评价自己，为找到适合自己的工作做好积极准备。

二、家庭因素

（一）家庭成员的就业价值观

家庭成员的就业价值观主要指大学生家长对就业的认识和态度，以及对子女职业选择的引导和影响。家长是子女最直接的榜样，大学生对职业的最初印象来源于家长，随着年龄的增长，会对某一特定职业形成某种固定的观点、看法。因此，在一定程度上，家长的职业价值观念影响了大学生未来选择职业的方向。一方面，许多家长根据自己的从业经验及对社会其他职业的具体认识，对大学生进行有意识、有目的的择业教育，以培养子女的职业理想和择业态度，希望子女在择业过程中少走弯路，尽早实现职业理想。另一方面，家庭成员的职业价值观，比如追求稳定、社会地位高、薪资福利好的工作，以及家庭环境、家长的人生观和价值观等各不相同，都是影响大学生择业价值取向的因素。家长良好的职业道德教育是大学生爱岗敬业、克己奉公的前提，是大学生树立正确择业观的基础。因此，家长在帮助子女择业时，要提升自身的职业素养，既要发挥自己的职业优势，又要考虑子女的兴趣特点，制订科学合理的家庭职业取向，促进大学生有效求职、正确择业、成功就业。

（二）家庭成员的就业期望

一方面，家长们普遍存在"望子成龙"的期望，这直接影响大学生就业时的选择。家长们往往受传统社会观念的影响，容易将自己未曾实现的愿望和理想希望通过子女得以实现。于是他们十几年含辛茹苦地培养子女，就是希望子女能在毕业后出人头地，找一份稳定、体面的工作。这种过高的就业期望是潜移默化的，使得孩子不愿到基层锻炼。许多毕业生宁愿不理智地"漂"在城市，也不愿到基层就业。这种高不成低不就的就业观，严重地影响着大学生的就业选择。另一方面，大学生所学专业是择业的重要依据，然而许多大学生在高考选专业的时候并不是单纯根据自己的喜好，而是遵从家长的意愿，家长的意志已经在影响着大学生的选择。求职就业时，或者听从自己家庭的建议，或者依靠自己的家庭关系找工作，这时家庭就对大学生的就业决策产生了重要影响。

三、学校因素

（一）社会主义核心价值观教育缺乏顶层设计

践行社会主义核心价值观是高校一项长期的事业，需要有科学系统的顶层设计将其融入人才培养的各环节，更需要各层面力量的全员参与。目前，高校都开设了思想政治理论课和职业生涯教育课。从工作目标来看，从事思想政治理论课的教师更看重理论研究，对教学的有效性探索相对较少，缺乏对教育实效性的跟踪与研究。而从事职业生涯教育的教师则关注大学生个人职业生涯的设计与践行，很少对学生进行社会主义核心价值观的引领教育。从师资特点来看，思想政治理论课教师主要是从事教学科研的专业教师，职业生涯教育的教师多是来自就业中心或者学工队伍的教师。当前，缺少既具有马克思主义理论深度及相关实践工作经验，又懂职业生涯教育的专业化教师，是高校普遍存在的现象。

（二）人才培养模式与社会需求脱节

在当前竞争激烈的就业形势下，越来越多的高校从职业生涯规划、就业指导、创业教育等方面不断开发和完善课程体系，形成了相对完善的就业价值观教育体系。然而，当前高校开设的就业教育与指导等课程，主要以帮助毕业生顺利就业为导向，在课程内容、开设时间、课程的延续性等方面存在诸多问题，表现出一定的功利性，并没有将就业价值观的教育和引导作为课程的核心目标。而且现有高校人才培养模式与社会需求结合不够紧密，如在高等教育扩招的背景下，高等教育学科结构与产业结构不匹配问题尚未得到有效解决，大学生就业的供需矛盾会进一步凸显。总的来说，一方面表现为适应经济社会发展需求的大学生数量不足；另一方面则表现为统一的人才培养模式培养出了太多的同类型人才，造成了结构性供需矛盾。

（三）忽视教育远期效果的跟踪反馈

在大学生就业问题日益突出的情况下，社会越来越关注高校的就业状况，而大学生的就业状况也影响着高考考生的报考选择。出于提高就业率和吸引优质生源方面的考虑，高校更多地将注意力放在将毕业生成功推销给用人单位，倾向于在大学生就业薪资、就业地域、就业性质等方面进行比较，而对大学生服务基层、扎根边远地区、服务中小微企业的意愿缺乏培育、激励与鼓舞。此外，从教育主管部门到高校均倾向于关注大学生的在校受教育状况，对于毕业生离校后的发展情况和教育的远期效果反馈跟踪关注得较少，这些必然导致对大学生服务社会的崇高职业理想的引导显得空洞和缺乏说服力，效果十分有限。因此学校应该坚持以生为本、能力为重，学校的责任不能停留于把学生"按期"送出学校，而应当确保所培养的人才符合新时代社会主义现代化强国建设对大学毕业生越来越高的素质要求。如何有计划、有组织地开展就业能力教育培训，能否让学生都接受到高质量的就业能力教育培训，不仅是教育内容和方法的问题，更是高校是否坚持"以生为本"的体现。

（四）同群效应的影响

同群效应是指一个人的行为除了受到个体自身阅历和经济利益激励的影响，同时也会受到周围与自己相同地位的人的影响。大学生活是一种群居生活、一种集体生活，是一个人世界观、人生观、价值观形成的关键时期。这种特殊的生活方式，决定了大学生自身的能力和素质受其他同学的能力和素质等方面的影响。这种影响会波及大学生在求职时的选择，也会体现在大学生在工作时的为人处世方式。同群效既有积极正向的作用，也有消极的一面。学校应鼓励大学生之间多进行交流，信息共享，相互合作，扩大正向的群体效应。

四、社会因素

国家经济社会形势是影响大学生择业倾向的外在环境因素。随着国家经济政策的调整，经济新常态下，社会经济形势发生变革，经济发展速度放缓、产业结构优化等情况作用在就业上，直接表现为扩大就业从依赖经济增速转向依赖产业结构升级，化解产能过剩对既有就业造成长期影响，人口红利衰减对提高劳动力素质提出迫切要求，技术替代工人的趋势日渐明显。这些变化直接导致了就业的不稳定因素增多，传统制造业面临减产、裁员，新兴产业快速发展，出现相关人才紧缺的情况，学校人才培养体系难以满足创新驱动所要求的高素质人才，经济环境变化所造成的总量矛盾和结构矛盾日渐凸显，并进一步引发大学生就业观念与实际需求产生矛盾。

历史文化影响着每一代人，当代大学生也深受现阶段文化的影响。一方面，现阶段的现代文化潮流冲击着传统的文化，随着世界经济一体化，全球文化也在不断地融合。在这样的文化大环境中，大学生的价值观发生了很大的变化。他们在快节奏的生活中不断奋斗，在激烈的竞争中求生存，同时失去了许多中国传统文化中高尚、纯粹的精神追求，失去了社会主义社会所倡导的奉献精神。他们的择业价值取向也在社会理想和个人利益之间波动，当代大学生求新立异的性格，也使他们在选择职业时更加关注个人利益而忽视社会利益，倾向"个人本位"而非"群体本位"。另一方面，互联网信息化时代，新媒体对大学择业价值观的形成和发展影响显著，由于某些媒体缺乏新闻道德，或者因调查不足、认识不清或者掺杂个人情绪和价值判断，发表负面信息，传递负能量，报道本身带有明显的功利性和倾向性，对大学生择业观也产生严重误导。

第三节　大学生择业价值观相关理论

　　择业观是一个涉及多学科的问题，大学生就业观研究需要合理借鉴其他相关理论，并以此为基础开展深入细致的研究。国外有关就业观理论遵循完全由市场调节劳动力人才供求的原则，研究起步较早，成果较丰富，体系也较为成熟，其中与就业观联系较为密切的有职业发展理论、职业锚理论、个性－职业类型匹配理论、马斯洛需求层次理论、个体社会化理论，这些理论都为新时代大学生就业观培育提供了重要的思想借鉴。

一、职业发展理论

　　美国学者 Ginzberg 提出职业发展（career growth）理论，把就业观分成三个方面，即工作活动、工作薪酬和工作氛围。该理论认为职业的选择并不是一蹴而就的，而是一个循序渐进的发展过程，职业的选择和确定与个人经历、家庭背景、兴趣爱好、身心发展状况、个人智力水平等息息相关，是个人自我概念与社会、职业概念与现实之间的调和。美国职业指导专家 Super 完善了职业发展理论，提出职业生涯并不是静态的过程，而是一个动态发展的过程，它指引学生形成科学的职业发展观，具有实践意义。该理论把职业价值观细分为美感、利他主义、创造性、成就感、智力激发、独立性、管理权力、声望、经济报酬、工作环境、安全感、同事关系、与上司的关系、生活方式、变异性15个维度，提出职业的选择与发展过程中，每个发展阶段都有不同的特点，少年时期通常利用角色扮演进行自我个性的了解和认知，青年时期为现实期，会结合个人特质、生活需求、时代特点和社会关系等逐渐表现出自己独特的职业价值观。

　　二、职业锚理论

　　职业锚又称职业系留点，由在职业生涯规划领域具有"教父"级地位的美国麻省理工大学斯隆管理学院教授、著名的职业指导专家埃德·H.施恩（Edgar·H.Schein）对商学院44名工商管理硕士（MBA）毕业生长达12年的职业生涯进行研究的基础上提出。该理论主要用于职业规划和测评，能够协助组织或个人进行更理想的职业生涯发展规划。顾名思义，职业锚指的是个体职业生涯中无论如何都不会放弃的至关重要的内心深层次的东西或价值观，是一种指导、制约、稳定和整合个人职业决策的自我观，有助于个体明确自我认知，找准个人定位，实现内在价值。随着该理论的完善和发展，其影响因素主要包含技术／技能型、管理型、自主／独立型、安全／稳定型、创造／创业型、服务／奉献型、挑战型、生活型8种类型。发展定位决定事业前途，大学生就业秉持什么样的动机价值，朝着什么样的方向发展，预示着个人将有什么样的发展前途。大学生的职业选择和国家发展息息相关，在一定程度上影响着国家建设和人民幸福的发展进程。就业是人谋生求发展、实现价值的重要方式和途径，而职业锚是对未来职业选择和发展做出的明确定位，是个人就业发展所围绕的中心，是个人才干天赋、内在动机和价值观三方面的相互作用与整合。大学生在就业选择的持续探索中，会逐渐形成较为清晰的职业整体意识与职业价值取向，自觉主动地选择最有利于自身发展和做出最大贡献的定位。只有个人的就业定位与所从事的职业岗位相匹配，个人优势才能在工作中得到淋漓尽致的体现，个人理想和价值才能在为企业、为社会的贡献发展中得以实现，个人与工作组织自然会实现共同发展、和谐发展，个人成就感、满足感、幸福感将大大增强。因此，在大学生树立科学理性的就业观过程中，可以运用职业锚理论引导他们对个人能力、动机、需要、态度与价值观等多方面要素进行整合分析，判断个人最终追求的内心深层次的价值意义，分析自身的工作动机与抱负追求，审视个人价值观与工作的匹配度，明晰就业发展方向和发展通道，进而制订科学高效的就业发展规划，促使大学生更好地就业和发展。

三、个性 – 职业类型匹配理论

1959 年，美国学者 John Holland 对个性类型和职业环境类型进行匹配研究，提出了个性 – 职业类型匹配理论。该理论指出个体的人格类型一定程度上影响职业的选择，两者有着相关性和稳定性。个性与职业类型匹配可以提高工作效率，可以使个人在工作环境中体现自己的能力，实现自己的价值，增强满足感和成就感。然而，如果两者之间不匹配，则会在工作过程中对个人的绩效产生负面影响，甚至让个体产生挫败感。

四、马斯洛需求层次理论

需求是一切生命体的本能，也是人行动的出发点，人的一切行为活动取决于当前最主要的需求，就业行为自然也不例外。美国著名社会心理学家亚伯拉罕·马斯洛的人本主义心理学理论，认为每个人都潜藏着最基本的内在需求即"似本能"，这些需求是与生俱来的，是不断激励和指引个体行为的根本力量。人的需求按照从低级到高级呈阶梯顺序排列，分别为生理需求、安全需求、归属和爱的需求、尊重的需求、自我实现的需求。在大学生择业观教育引导中，要注意将短期需求与长期需求统一结合，引导他们客观真实地认识自我、认知职业，对就业选择、对自身需要的满足程度做出科学合理的评估，将热爱的事业和价值并入一个人的自我需求中，实现个人价值与社会价值的统一。

五、个体社会化理论

个体社会化理论作为西方社会学的重要理论之一，发端于 19 世纪 90 年代中期。根据研究视角的不同，可以将西方个体社会化理论分为三种角度：文化角度、个性发展角度与社会结构理论角度。其中，文化角度认为，个体社会化的本质就是人类文化的一种延续过程。其主要观点如美国文化人类学家 M. 米德所指出的，个体社会化其实质就是社会用文化教育个人，是社会用特定文化来影响个人的一种进程。个性发展角度则认为，个体社会化是人形成个性品格的进程。美国社会学家 D. 博普诺认为，个体社会化是个体在社会学习中习得社会所要求角色规范的进程。美国社会学家 L. 布鲁姆则认为，个体社会化从个人发展的角度来看，是一种个体在社会中发展自身品格的过程。而从社会结构理论来看，个体社会化是个人在社会学习中习得并扮演相应社会角色规范并延续社会生产的过程。这一过程恰如美国社会学家 S. 萨特所指出的，社会化的本质就是角色承担。美国结构主义功能学派的 T. 帕森斯指出，社会化过程就是角色学习过程。我们认为，对于个体社会化理论的理解，应当综合上述三种观点，方可对其有更为全面的把握。因此本书将个体社会化定义为个体通过学习过程逐步获得社会文化、社会规范、生活习惯，并且成为社会所期待的社会角色的过程。

第四节　大学生择业倾向调查

择业倾向是大学生在职业选择问题上的种种心理活动和行为意向，是在社会活动的影响和制约下，学生自我价值取向在职业选择领域内的表现形式。一般来说它主要包括就业渠道、对择业地点和单位的选择、择业期望等方面。我们随机抽取某高校学生作为被试，通过问卷法从学校就业指导、信息渠道、需培训获得的求职技能、对择业有重要影响的因素、单位吸引力和实现可能性评价、个人对工作的期望、期待职业技能带来的结果等方面做全面的调查和分析，以期对和谐就业环境的建设、大学生就业宏观政策的制定和学校就业指导工作等提供实证依据与切实可行的建议。

一、大学生择业倾向的内涵

"择"就是"挑选"，"业"就是"职业"，"倾向"就是确定方位或者决定社会行为的方向或因素。上述解释综合起来，择业倾向就是人们在挑选职业时的定位或者决定人们挑选职业的因素。择业倾向是择业的主体对选择某种社会职业的认识、评价、态度、方法和心理倾向等，它既是择业主体职业理想的直接体现，也是择业主体对职业社会评价的直观表达。简单地说，就是指择业主体对未来职业所能提供的物质和精神上满足程度的期望。

二、大学生择业倾向调查

（一）调查方法

随机抽取某高校大学生集体施测，发放问卷 223 份，有效问卷为 199 份，回收率为 89.20%。被试者中，男 87 人、女 112 人，平均年龄为 21.56 岁，涉及单招生和统招生两个招生层次，理科和文科两个学科。用 SPSS18 进行数据处理。

（二）结果和分析

1. 学校就业指导

采用四点评分：1= 始终，2= 经常，3= 偶尔，4= 从不。结果如表 5-1 所示。

表 5-1 学校对求职的帮助

项目	频率
你的学校有职业指导活动吗？	3.33
你参加过职业指导课程吗？	3.66

项目	频率
你参加过学校职业指导交流活动吗？	3.72
学校的辅导者帮你做过职业心理测评吗？	3.82
在你的专业课程中谈论与职业相关的问题吗？	2.97
你参与过学校组织的职业探索外出活动吗？	3.63

从表5-1可以看出，学校也在积极地帮助学生求职，例如让学校的就业指导者与学生讨论职业计划、组织职业指导交流活动和帮助学生进行职业心理测评。但在课程设置上，与职业指导相关的课程较少。可见，设置大学生就业指导课程是高等院校亟待解决的问题。

2. 信息渠道

采用五点评分：1= 很少，2= 较少，3= 一般，4= 较多，5= 很多。结果如表5-2所示。

表 5-2　信息渠道提供信息的数量和有用程度

项目	数量程度	有用程度
所在院系	1.97	2.76
学校就业指导中心	1.83	2.54
学校就业信息网	1.93	2.52
学校论坛	1.82	2.36
招聘网站	2.94	3.16
公司主页	2.99	3.28
朋友或家人介绍	3.75	4.01

从表5-2中我们可以看出，提供信息数量最多的渠道依次是朋友或家人介绍、公司主页和招聘网站，而这些渠道也正是信息有用性最高的渠道。与之相比，学校论坛、学校就业指导中心、学校就业信息网和所在院系提供就业信息的数量较少，且所提供信息的有用程度也较低。因此，高等院校应充分利用公司主页、招聘网站等资源，帮助大学生实现充分

就业。

3. 需要培训获得的求职技能

采用五点评分：1=最不需要，2=不需要，3=一般，4=需要，5=最需要。结果如表 5–3 所示。

表 5–3   需要培训的求职技能

项目	需要程度
自我认识与定位	3.75
职业生涯规划	3.87
如何发现职位空缺	3.80
如何写求职信和制作个人简历	3.85
如何准备求职面试	4.16
就业政策与法规	3.76

从表 5–3 可以看出，大学生急需培训的内容主要是如何准备求职面试、职业生涯规划和如何写求职信和制作个人简历，对自我认识与定位、就业政策与法规的需要程度较低。因此，应针对大学生的需要，及时有效地开展各种培训活动，以确保大学生顺利求职。

4. 对择业有重要影响的因素

采用五点评分：1=很不重要，2=不重要，3=一般，4=重要，5=很重要。结果如表 5–4 所示。

表 5–4   对择业有重要影响的因素

项目	重要程度
工资待遇	3.91
个人发展机会	4.55
工作稳定性	3.85
个人能力的发挥	4.31
工作本身的意义	3.78
兴趣	4.09
公司所在城市	3.66

续表

项目	重要程度
专业是否对口	2.89
公司所有制类型	2.86
公司规模	3.38

由表 5-4 可以看出，对择业有重要影响的因素是个人发展机会、个人能力的发挥和兴趣，而影响作用较小的因素是公司所有制类型、专业是否对口和公司规模。可见大学生在求职时更追求自我发展，强调自我价值的实现，认为个人能力的发挥是影响择业的重要因素，体现了当代大学生在择业中有强烈的独立意识、自主意识和发展意识。

5. 单位吸引力和实现可能性评价

单位吸引力和实现可能性的评价采用五点评分的方式。单位吸引力：1= 吸引力很小，2= 吸引力比较小，3= 一般，4= 吸引力比较大，5= 吸引力很大。

实现可能性：1= 可能性很小，2= 可能性比较小，3= 一般，4= 可能性比较大，5= 可能性很大。结果如表 5-5 所示。

表 5-5　单位吸引力和实现可能性评价

单位类型	吸引力	可能性
三资企业	3.54	3.15
国有上市公司	3.69	3.25
传统国有企业	2.62	2.68
民营企业	3.39	3.24
国家机关	3.63	3.08
学校 / 科研院所等事业单位	2.87	2.66
西部或艰苦地区的机关	2.06	2.42
西部或艰苦地区的企业	2.06	2.46
西部或艰苦地区的学校 / 科研院所等	1.94	2.22

从吸引力和实现的可能性来看，国有上市公司的吸引力和实现的可能性最大，吸引力较低、实现可能性较小的是西部或艰苦地区的各类单位。结合表 5-5 的结果，我们不难发现，尽管国家与学校为支援西部建设出台了许多吸引人才的政策，大学生对去西部工作的意义性评价也很高，但他们的积极性依然不高。因此，我们认为相关部门和学校应加大对到西部地区就业的宣传力度和政策调整，积极从思想抓起，力求在行动中落实。

6. 个人对工作的期望

表 5-6　个人对工作的期望

项目	特征	人数	百分比（%）
你是否已经开始有意识地为将来找工作打基础了？	是	152	78.80
	否	41	21.20
毕业后的打算	工作	70	40.50
	国内继续深造	35	20.20
	出国留学	30	17.30
	自主创业	14	8.10
	还没有考虑好	17	9.80
	其他	7	4.10

从表 5-6 可以看出，大部分人（78.80%）都为日后工作开始做打算了，工作也是大学生毕业后主要的选择（40.50%），在国内继续深造的人数占 20.20%，出国留学的人数占 17.30%，选择自主创业的人数较少，占8.10%，这与以往的研究结果相同，说明对大学生的创业教育还不够，大学生自身的创业意识也较低。

7. 期待职业能带来的结果

考察大学生期望职业能带来什么样的结果采用三点评分：1= 很小，2=中等，3= 很大。结果如表 5-7 所示。

表 5-7　期待职业能带来的结果

项目	结果
名誉	2.10
金钱	2.50
工作安全性	2.44
工作稳定性	2.31
自我实现	2.62
社会地位	2.40
自主独立	2.58

从表 5-7 可以看出，被试最期待职业可以带给他们的结果，就是为他们自我实现、自我独立创造平台，这与马斯洛的需要层次理论相吻合。该理论指出，当个体满足了低层次需要时，就会向更高层次的需要发展，最终达到自我实现。据此，我们认为应开设相应的职业生涯规划课程，这样学生可以根据自身能力规划未来，努力朝着自我实现的目标发展。

三、调查结论与建议

（一）大学生择业现状及存在问题

1. 就业指导机构不健全，就业指导课程设置不合理

我国高校就业指导工作起步较晚，基础薄弱，随着改革的不断深入，毕业生就业指导工作的滞后已成为高校发展面临的主要问题。首先表现在学校就业指导在就业信息渠道方面的搜集程度和宣传力度远远不够，在就业信息获取和更新速度方面不能满足就业形势的需要。在所调查的信息渠道中，提供信息数量最多的渠道依次是朋友或家人介绍（66.50%）、公司主页（37.00%）和招聘网站（36.00%），这些也正是信息有用性最高的渠道。与之相比，学校论坛（5.00%）、学校就业指导中心（7.10%）、学校就业信息网（7.00%）和所在院系（9.50%）提供就业信息的数量较少，且提供信息的有用程度也较低。其次在课程设置方面，77.50% 的学生没有参加过职业指导课程的学习，68.50% 的学生认为学校没有职业指导活动，

84.50% 的学生从来没有做过学校的职业心理测评，49.50% 的学生认为自己所学专业与职业关系不大。可见，虽然高校就业指导教育的重要性已得到普遍关注，但就业指导内容的与时俱进、就业指导队伍的专业化程度和因材施教的个性化指导水平还需要进一步提高。

2. 就业观念引起的选择性就业难，地区选择过于集中，择业期望值过高

择业期望值指求职者要获得的职业位置对其物质需要和精神需求的满足程度。关于择业期望，被调查者中有 59.50% 的学生选择国家机关，56.00% 的学生选择传统国有企业，47.00% 的学生选择三资企业，39.00% 的学生选择民营企业，32.50% 的学生选择学校/科研院所等事业单位，西部或艰苦地区的机关、企业、学校/科研院所等单位分别占 11.00%、11.00%、8.50%。可见，尽管国家与学校为支援西部建设出台了许多吸引人才的政策，大学生对去西部工作的意义性评价也很高，但他们的积极性依然不高。

3. 大学生创业意识淡薄

创业是通过采取单干、合伙等方式创办公司，从事技术开发、科技服务以及其他经营活动来依法获得劳动报酬的就业方式。自主创业给大学生提供了一条创新之路，但大学生择业意向的调查显示，大部分学生（40.50%）选择毕业后直接参加工作，20.20% 的人选择在国内继续深造，17.30% 的人选择出国留学，选择自主创业的人数很少，仅占 8.10%。这反映出当前大学生自主创业的意识比较淡薄，高校对大学生的创业教育还有待加强。

（二）大学生择业倾向的成因分析

1. 学校就业指导

调查结果之所以会出现上述情况，原因有如下两点。第一，就业指导机

构不健全，工作能力欠缺。目前，尽管部分高校已成立了就业指导部门，但其职能基本上仅限于就业信息的发布和毕业生档案的管理；有些高校的就业指导部门挂靠在学生管理部门，或者是刚从相关部门分离，管理幅度相对较小，工作人员业务能力欠缺。第二，学科设置不合理，就业指导课程形式单调。有的学校甚至只在大四阶段开设就业指导课程，没有将就业指导课程贯穿于大学全过程，就业指导形式单调、质量不高。我国产业结构和就业结构正在转型，对人才的需求更加多样化，但我国高等教育的专业设置、教学内容、课程体系却相对滞后，使许多大学生难以适应现实社会的实际需要。

2. 择业单位的选择

实际上，目前我国最急需人才的地方还是那些条件相对艰苦、经济欠发达的地区，然而在每年的大学生就业洽谈会上，大中城市单位招聘的摊位前门庭若市，边远地区和山区单位招聘摊位前门可罗雀。大学生对发达地区的企事业单位趋之若鹜，对西部欠发达地区的中小企业退避三舍，部分大学生就业期望值较高，宁愿失业也不愿去边远地区基层单位就业。这种对自我估计过高、眼高手低的心理，进一步加剧了本来就分布不合理的人才格局，中东部地区人才过剩，而西部边远地区人才匮乏，成为这些欠发达地区发展的瓶颈，其结果必然会影响整个社会的和谐发展。

3. 自主创业

大学生创业为何陷入困境？究其原因有三。一是缺乏资金支持。虽然政策规定，大学生创业可向银行申请贷款，但银行大都不愿意贷款给规模小、风险大、还贷能力弱的企业，现实中真正贷到款的大学生寥寥无几。二是在风险投资体系尚不健全的情况下，大学生即使有好的创业项目，却引资无门，无处推销。有关人士认为，不少风险投资商人更看重创业者团队和个人的综合素质，有的投资商甚至会换项目让他们相中的团队来做。三是高校对大学生的创业教育还不够。目前很多大学生缺乏创业的能力和勇气，真正敢创业的学生没多少，这与目前高校的创业教育和社会创业环境有很大关系。

（三）大学生择业建议

1. 加大政策倾斜，引导西部就业

调查结果表明，很少的学生愿意到偏远的西部地区就业。这一方面说明大学生的就业观念需要转变，另一方面也在某程度上说明相关部门在西部就业政策的引导和落实方面还存在不足。相关部门应从全社会高质量发展角度，对西部地区的资金、技术、人才等方面加大扶持力度，尤其是加强国家和地方政府财政转移支付形式的支持，从而扩大西部就业区域和就业总量。

2. 加强就业指导，改进课程设置

尽管全国多所高校已经建立就业指导部门来组织就业指导活动，对学生进行职业心理测评、开设就业指导公共课等，但在职业指导课程设置、就业信息提供方面还有所欠缺。应该有针对性地进行面试、职业生涯规划和简历制作等技能的培训；及时把有关求职的信息如公司主页和招聘网站等告知学生；积极开展就业心理指导，帮助他们解除心理困扰，保持健康的就业心态。

3. 提高自身素质，树立正确择业观

大多数大学生都希望毕业后直接参加工作（40.50%），而且多希望进入国有上市公司（3.25），这就对其自身素质提出了更高的要求。大学生在校期间，除努力学好专业知识外，还要多参加社会实践活动，这样可以锻炼组织能力、交往能力、表达能力等，增长社会经验，增加就业资本。应该把自身素质同社会需求结合起来，把个人价值的实现同社会价值的实现统一起来，在满足社会价值的同时实现自我价值。

4. 增强创业能力，扩大就业机会

在目前就业形势不太乐观的情况下，选择自主创业不失为一条好途径，但从调查结果看，大学生选择自主创业的人数却较少。因此，要加强大学生的创业教育，为他们提供自主创业机会，大学生也要在实践中提高创业意识，锻炼创业能力，积累经验。同时，自主创业也可以为社会提供新的就业岗位，从而减轻全社会的就业压力。

第六章　大学生求职行为影响因素调查

第一节　求职行为的内涵

一、求职行为的内涵

求职行为的概念涉及人力资源管理、教育经济与管理、思想政治教育等各个领域，但是目前还没有确定的结论。针对不同的研究角度，不同研究者对求职行为所赋予的定义也不尽相同。刘泽文、宋照礼和刘华山（2006）在《求职行为的心理学研究》一文中，汇总了从不同研究角度解释求职行为的概念。由于研究者的研究角度不同，他们对求职行为就有各式各样的定义，我们将求职行为的概念归纳如下（见表6-1）。

表 6-1　求职行为概念汇总表

角度	学者及时间	求职行为的概念
职业探索	Steffy, Shaw, Noe（1989）	求职行为指对职业信息的数量和适用性进行探索的行为，基本上可以看作是一种信息搜寻过程
	Bretz, Boudreau, Judge（1994）	求职行为指花时间和精力获取有关劳动力市场信息的特定行为，无须考虑动机因素及求职结果，只是一种信息搜集活动
	Soelberg（1967）	求职是一系列彼此相关的四种行为：识别理想职业，制订搜寻计划，搜寻并选择工作，确定并接受选择结果

续表

角度	学者及时间	求职行为的概念
问题应对	Lazarus, Folkman（1984）	个体在面对压力时会采取两种应对策略：问题解决策略（直接采取行动解决压力事件）和情绪转移策略（改变自己的立场和观点以缓解压力）
	Latack, Kinicki, Prussia（1995）	失业者除采取参加培训、重新定位职业等手段以外，再求职也是一种以解决问题为导向的策略
为目标努力	Kanfer, Heggestad（1997）	求职行为是动态的、循环的自我调适过程，是一种有目的并受主观意愿驱动的行为模式，它开始于就业目标的识别，进而为实现就业目标付出努力

资料来源：刘泽文，宋照礼，刘华山.求职行为的心理学研究.心理科学进展，2006，14（4）：631-635.

从职业探索的角度来看，三种求职行为的概念都将求职行为看作是信息搜寻的过程，没有包含准备求职简历和参加面试等行为。从问题应对的角度来看，求职行为的概念更多集中在心理健康方面，而在就业方面，应对策略并非一种求职行为，还没有足够的证据说明应对是成功就业的有效预测变量。从为目标努力的角度来看，求职行为是一种指向目标的活动，目的是缩小目前状态与就业目标之间的差距。这一概念将求职行为看作是走向成功就业的行为过程，它比前两种概念的内涵更广。

从职业探索的角度进行定义的三种概念，都将求职行为看作是搜寻信息的过程，并没有将求职行为例如制做求职简历和参加求职面试等包括在内。其中主要包括三种不同的定义。一是 Steffy 等（1989）提出的，他们认为求职行为是对信息进行搜集的程序，也可以说是对职业信息的数量进行整理与搜集。二是 Bretz 等（1994）提出的，他们的观点是求职行为一般不需要考虑动机因素及最终的求职结果，但是需要花费大量的时间、人力、物力来获取就业所需信息，是一种特定的信息搜集活动。另外一种是

Soelberg（1967）提出的，他认为求职行为是指相互关联的四种行为：确定自己的理想职业，制订搜寻职业的计划，选择合适的工作，接受自己选择的结果。从问题应对角度对求职行为进行定义的概念则集中在心理层面，即通过心理状态的调整来缓解就业压力，主要有两种不同的定义。Lazarus等（1984）认为人们通常会采取两种策略来应对自己所面临的压力：解决问题的策略（采取直接的行动来解决压力）和转移情绪的策略（通过改变自己的立场和观点以求缓解压力）。而 Latack 等（1995）认为失业者可以采用参加职业培训、重新制订职业规划等途径来解决问题，再求职也是解决问题的一种策略。从为目标努力角度对求职行为进行定义，目的是缩小自己的现实状况与自己的职业目标之间的差距。从问题应对和为目标努力角度对求职行为进行定义，都是以求职行为目的为基础，不同之处是，为目标努力的概念关注的是求职结果，问题应对的概念倾向于消除失业所带来的压力。所以，研究求职行为对求职结果的影响时，则主要是探讨从为导向服务的角度进行定义的概念。据此，本书中"求职行为"的概念采用 Kanfer 等（1997）提出的定义，即求职行为是动态的、循环的自我调适过程，是一种有目的并受主观意愿驱动的行为模式，它开始于就业目标的识别，进而为实现就业目标付出努力。另外，本章中的"大学生"特指大学应届本科毕业生，不包括专科毕业生和研究生毕业生。

二、求职行为的测量

（一）Solberg 的一般决策过程模型

Soelberg（1967）的一般决策过程模型（generalized decision process，GDP）描述的是求职与职业选择过程中表现出的一系列行为。Soelberg 认为，求职包括四个连续阶段：识别理想职业，设计搜寻计划，搜寻并选择职业，确定并接受选择结果。第一个阶段是识别理想职业。这个阶段求职者要做的是设立理想的职业标准，并在多个可供选择的职业中识别自己的理想职业。他们首先要明确自己的职业价值观和职业胜任度，然后为自己的理想职业设立一个标准。这个阶段结束时，他们或许已经明确了理想职业的特征，也可能还没有明确。第二阶段是设计搜寻计划。这个阶段又分为三步：①选择一个指导求职行为的计划模型；②为求职行为分配人力、物力；③挑选获取职业信息的渠道。第三阶段是搜寻并选择职业。这个阶段开始了真正的搜寻行为，直到接受一个工作机会。在搜寻阶段，求职者以获取的各项职业信息为依据，对工作机会做出评价。他们会将获取的职业信息与自己理想工作的标准相对比，然后决定是否接受这个工作机会。理想职业的标准在这个过程中会变得越来越明确，但如果求职时间拖延太长，并且没有足够的时间和金钱支持的话，这个标准就可能变得不明确。第四阶段是确定并接受选择结果。在第三阶段的基础上，筛选出的工作机会进一步经受评价，使得做出的选择更为理性，最后的决策也更为坚定。

（二）Schwab 等的职业搜寻与选择模型

Schwab 等（1987）等在回顾求职文献的基础上提出了职业搜寻与选择模型。他们以决策理论为基础，认为求职过程包括两个主要的策略和阶段：搜寻阶段（信息获取）和评价阶段（信息整合）。职业搜寻与评价在个体层面与劳动力市场层面分别有几个预测变量：就业状况、职业偏好、技能基础、认知能力、劳动力市场的供求状况、人事政策（包括失业救济政策）。就业状况与就业质量是这些指标的结果变量。Schwab 等因此提出了求职行为的前因变量和结果变量。他们认为，求职行为受经济压力和求职者自尊水平的影响，求职行为的结果变量包括就业状况与就业质量。

（三）Blau 的双维求职行为模型

Blau（1994）认为求职行为可以分为两个阶段：预备期求职和行动期求职。在预备期求职阶段，求职者通过各种渠道搜寻用工信息（报纸，亲友，原来的同学、同事等），因此，这个阶段的主要目的是搜集信息。预备期求职之后，紧接着是行动期求职阶段。在这一阶段，求职者投递求职简历、与可能的雇主会面。行动期求职才真正说明了求职者的求职承诺。

Saks 和 Ashforth（1999）在对一组大学毕业生的研究中发现，行动期求职行为对毕业初期的就业状态有预测作用，而预备期求职行为则对毕业后 4 个月的就业结果有预测作用。Saks（2005）对 225 名大学毕业生的研究中进一步发现，行动期求职决定面试机会，面试机会决定工作机会，工作机会决定最终的就业状况。但也有研究结果不支持双维求职模型，Wanberg，Kanfer 和 Banas（2000）在对 478 名失业者的研究中，没有发现求职行为具有鲜明的两个维度，同时研究者们注意到，失业群体的求职过程中可能同时发生两种求职行为，其求职行为的先后顺序并不鲜明。Wanberg，Leaetta 和 Song（2002）针对失业再就业人员的研究结果，进一步验证了上述假设。Blau 试图将自己的双维求职模型建立在已有的 Soelberg 的 GDP 模型基础之上。他将双维求职模型中的预备期求职阶段与 GDP 模型中的计划求职阶段联系在一起，因为这两个阶段都包含信息采集过程。他还认为模型中的行动期求职阶段等同于 GDP 模型中的搜寻与评价阶段。但 Blau 的这种联系是不准确的，Soelberg 的 GDP 模型中，求职活动并不是开始于计划求职阶段，求职者是在后面的阶段才开始搜寻职业信息的。Blau 的预备期求职阶段实际上与 GDP 模型中的搜寻与评价阶段很相似。而 GDP 模型中并没有与 Blau 的行动期求职阶段相对应的活动，如投递个人简历、参加面试等。

第二节　求职行为相关理论

一、计划行为理论（theory of planned behavior）

Ajzen（1985）将特定行为的自我效能与合理行为理论（reasoned action theory）相结合，提出了计划行为理论。这一理论认为，行为的产生直接取决于行为意向（behavioral intention）。行为意向表明一个人执行某种特定行为的动机，反映出一个人愿意付出多大努力、花费多少时间去执行某种行为。行为意向的强弱受社会因素与个体因素的影响。社会因素指个体感知到的身边重要的人对他执行或不执行某种行为所承受的压力，即主体规范（subjective norms）。主体规范的形成取决于规范性的信念（normative beliefs）。这种规范性的信念有两层含义：一是个体感知到的这些重要的人对他执行某种行为的期望程度，如"对我重要的人（如亲友）认为我应该努力去找工作"；二是个体对这些观点的遵从程度，如"我通常按照对我重要的人的期望行事"。个体因素包括两种。一种是一个人对执行某种行为的积极或消极评价（即态度）对意向的形成有重要影响。如个体会认为，"对我来说，找工作的行为是明智的或不明智的"。决定态度的信念是执行某种行为的结果，如"出去找工作可能会耽误我考研"，以及个体对这些结果的评价，如"为了找工作而耽误考研是值得的或不值得的"。这种信念针对的是行为结果，所以称之为行为信念（behavioral beliefs）。另外一种个体因素指的是，个体感知到的执行某种行为的控制能力同样影响意向的形成，这是一种感知到的行为控制力（perceived behavioral control），如"出去找工作是我能够做到的或是我无法做到的"。决定控制力的信念指的是促进或阻碍执行某种行为的因素，如"求职需要有良好的沟通能力"以及这些因素的影响力，如"良好的沟通能力会提高求职的可能性"。这一信念与控制力有关，所以称为控制信念（control beliefs）。这一理论对行为决定因素的描述如图6-1所示。

根据计划行为理论，个体的态度、主体规范越积极、感知到的行为控制力越强，则执行某种行为的意向越强，而这种意向越强，则越可能最终执行某种行为。

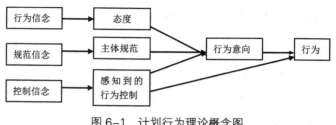

图 6-1 计划行为理论概念图

二、期望－价值理论（expectancy–value theory）

期望－价值理论是一种认知－动机理论。这种理论把个体达到特定目标的动机水平与实现预期目标的期望和对特定目标的主观价值联系起来（Feather，1990，1992）。

期望－价值理论中的期望概念涉及两种不同的期望。一是效能－期望（efficacy-expectation），即个体能够成功执行某种行为以达到结果的信念。二是结果期望（outcome-expectation），即个体估计特定的行为会产生某一结果。例如，一个失业者高度预期他能够在面试时表现好，即能够达到成功面试的要求（如恰当地回答面试问题），他还可能预期面试的成功会带来积极的结果（如找到工作）。期望－价值理论能够预测，高期望的求职者比低期望的求职者会表现出更高频次的求职行为。

主观价值（valence）可以是积极的（有吸引力的）事件或结果，也可以是消极的（令人厌恶的）事件或结果。例如，一个人可能认为到很远的地方工作是令人讨厌的，但是工作本身是有吸引力的。同期望一样，主观价值被认为是动机行动的决定因素。如果主观价值能影响个体对某一情境的看法，那么一些目标、活动和潜在的结果就被认为是有积极的主观价值或是有吸引力的，反之则有消极的主观价值或是无吸引力的。期望－价值预测，积极的主观价值与求职行为呈正相关，Feather 和 O'Brien（1987）的研究结果支持了该假设。Kanfer 等（2001）在元分析（meta–analysis）中也指出，就业价值或就业承诺能预测求职行为和求职结果。

根据期望－价值理论，预期与价值共同决定着人的行动动机。对工作有较高期望的个体（求职期望）以及把工作看作很有吸引力的个体（就业价值），将具有更高的求职动机和更高水平的求职行为。

三、应对理论（stress and coping theory）

应对是指个体对付压力性生活事件时在认知与行为方面的努力（Lazarus and Folkman，1984）。应对通常被分为问题定向的应对（直接明确问题、产生解决办法、消除应激源的努力）和情绪定向的应对（通过回避、缩小化、否定等方法来减缓情绪压力的努力）。Latack 等（1995）也提出类似的两个应对维度：控制定向（以预见性行为特点为主的认知行为策略）和情绪定向（以逃避或回避情境的行为特点为主的策略）。在失业应对方面，控制定向应对包括花时间找工作，想办法省钱，完善个人技能与素质，转移到新的工作领域，参加培训，参加旨在帮助失业人员的社区活动等（Kinicki and Latack，1990；Leana and Feldman，1992）。回避策略的应对指尽量不去想失去工作这件事，或告诉自己失去工作不等于一切都没有希望了（Kinicki and Latack，1990）。有关应激的研究表明，控制定向的应对策略比逃避定向的策略更有利于提高心理健康水平。不过，采用控制还是逃避策略，还要看特定的情境和个人倾向。如果控制定向的应对与更高水平的身心、社会适应调整有关的话，作为控制定向的应对的求职行为就应该与失业过程中较好的心理健康水平有关（如个体感觉自己所做的事会带来再就业）。然而研究表明（Leana and Feldman，1992），在失业个体中，求职行为多的人心理状态反而较差（因为求职过程是不断受挫折的过程）。对于失业群体中不断求职失败的个体，求职行为会对其产生负面的心理冲击。显然，没有求职行为的失业者很难再就业，因此，求职尽管会带来短期的负面影响，但从长期来看，还是有利的影响更多（Leana and Feldman，1992）。Latack 等（1995）也认为，有些应对策略会带来短期的放松，却带来长期的不利结果，如休假放松自己或下岗以后乱花钱等。这些行为会提升短期的心理健康水平，却不利于长期的就业发展和心理健康。由此可见，为了对失业者应对行为进行全面了解，需要获得长期研究的数据以及多方面的考察结果。Latack 等（1995）认为，在应对过程中，人们会从经济、心理、生理以及社会四个方面考察自己所处的位置，对自己的情况做出判断，确定应对目标，并做出应对策略的选择。应对是动态、互动的过程。在这一理论基础上已有很多研究。Wanberg 等（1999）采用问卷的方式进行研究，结果表明主动求职的应对策略与再就业率呈正相关。而回避不良情绪的策略与自认为再就业可能性大的失业者的再就业率呈正相关；对自认为再就业可能性小的失业者来说，回避不良情绪的策略与再就业率呈负相关。

应对理论将认知、情绪、行为策略以及包括社会支持在内的诸多环境因素整合在统一的模型中，这一理论对帮助我们认识失业者的行为反应规律有很重要的价值。取得很大成功的再就业干预研究项目——密歇根州工作来源（michigan job source）项目的设计框架，就是以应对理论为主要依据。应对理论认为，失业者对面临问题、解决办法以及自我的评价，与求职有关的知识技巧一起，形成成功应对的决定因素，求职者通过积极应对（有效的求职行为），会产生较好的应对结果：再就业与心理健康的改善。对求职者的干预要点，就是要提高成功应对决定因素的水平。由此可见，应对理论在再就业领域的价值是很大的。

四、自我效能理论（self-efficacy theory）

自我效能的概念是班杜拉在 20 世纪 70 年代提出的，指个体对其组织和实施达到特定目标所需行为过程的能力的信念。[①] 个体的自我效能是影响个体行动选择过程和行动内容的主体性因素，它并非个体的行为本身，是一种介于个体动机和行为之间的中介因素，具有动机的行为驱动性质，同时又是建立在个体的综合认知评价之上，具有认知性质。因而自我效能

---

① Bandura A. Self efficacy: toward a unifying theory of behavioral change ［J］. Psychological Review, 1997, 84(2): 191–215.

在个体的行为过程中发挥着重要的作用。由于自我效能处在人类自我调节的中心地位，其在教育领域、身心健康领域及职业领域都得到了普遍重视，主要集中在三个方面。①教育领域。该领域内的主要研究集中于教师教学效能与学生学习自我效能，以及对教学水平和学习成绩的影响方面。②身心健康领域。班杜拉认为，自我效能在两个水平上影响人类健康。第一个是在较为基础的水平上，人们对自已处理应激能力的信念会影响到其身心调节系统。第二个水平表现在人们对个人健康习惯及生理老化的直接控制上。研究发现，自我效能与一些临床现象诸如恐惧、沮丧、多种情景压力等相关。③职业领域。自我效能理论在职业领域中的应用研究主要表现在三个方面。第一，自我效能的差异性研究，包括性别差异和文化差异研究；第二，自我效能与职业相关行为的关系研究，如自我效能与择业、求职行为、就业的研究。班杜拉提出的自我效能以及其他社会认知概念，如目标设置、反馈、绩效、对差距的情感反应，可用于对求职的行为分析，以解释在经过一系列挫折后，为什么有些人还坚持求职，而另一些人却放弃努力（Feather，1990）。第三，干预研究。该领域的研究已经证明自我效能是预测绩效的最佳指标之一。

　　根据自我效能理论，自我效能感对行为具有预测作用。个体的求职自我效能越强，表现出的求职频率就越高，从而可以增加成功就业的可能性。

五、人格内外倾性理论（theory of introversive personality）

　　对人格的内外倾研究已经受到世界各国心理学家的关注，正如美国心理学家伯格（Burger J. M.）在《人格心理学》中所说："很少有人格变量像内倾和外倾一样，受到研究者和理论家那么多而持久的关注。"[1]艾森克在其人格类型理论中提到了外倾性，他认为外倾性是一个多层次的人格结

---

　　① 伯格.人格心理学 [M].陈会昌，等译.北京：中国轻工业出版社，2000.

构，外倾性的最表层或最基本的水平是特殊反应水平，其次是习惯反应水平，再次是特质水平，最后是类型水平。典型外倾者好交际，喜欢聚会，有许多朋友，需要与人交谈，不喜欢独自看书和学习。与此相反，典型内倾者则是安静的、不喜欢与人交往的、内省的，他们喜欢书籍胜于喜欢他人。大多数人都位于两极之间，只不过每个人在某一特质上可能多一些或少一些。[1][2] 他还认为，外倾者和内倾者在行为上会有明显差异。伯格提出的"大五"人格中，其中一个因素也是外倾性和内倾性，其特征是"好交际的—不好交际的""喜欢玩笑的—庄重的""感情丰富的—含蓄的"。王登峰提出的中国人的"大七"人格中，也涉及外倾性和内倾性，即"外向活跃－内向沉静"。可见，人格的外倾性对行为的影响具有跨情境的一致性。

根据人格的内外倾性理论，内外倾性决定个体的行为表现。[3] 内倾性的大学生在求职时缺乏自信、害羞、冷漠、寡言，较难适应环境的变化；而外倾性的大学生更重视与外界联系，爱社交、活跃、开朗、自信、勇于进取、兴趣广、易适应环境。与内倾性的大学生相比，外倾性的大学生会表现出更高的求职频率。

六、社会认知职业理论（social cognitive career theory）

社会认知职业理论的主要特色是强调"个人——行为——环境"的交互作用，注重将心理、社会、经济等影响因素加以整合，动态地揭示人们如何形成职业兴趣，如何做出职业选择，如何取得不同的绩效并保持职业的稳定性。[4] 自我效能、结果预期与个人目标是社会认知职业理论强调的

---

① 钱铭怡，武国城，朱荣春，等．艾森克人格问卷简式量表中国版（EPQ-RSC）的修订 [J]．心理学报，2000（3）：317-323.

② 陈仲庚．艾森克人格问卷的项目分析 [J]．心理学报，1983（2）：211-218.

③ 龚耀先．修订艾森克个性问卷手册 [M].长沙：湖南医学院，1986：75.

④ 高山川，孙时进．社会认知职业理论：研究进展及应用 [J]．心理科学，2005,（5）：1263-1265.

三个核心变量。自我效能沿用班杜拉一般社会认知理论的内涵，指的是个体对自己能否在一定水平上完成某一活动所具有的能力判断、信念或主体自我把握与感受（我能做得好吗？）。[①]自我效能通过四种学习经验类型而获得和修正：过去的绩效成就，观察学习，社会劝说以及生理（情绪）状态。结果预期是指个人对从事特定行为的结果的信念（如果我这么做，会发生什么事？）。结果预期通过与自我效能相似的学习经验而获得，如回忆成功的事情，对他人的成功活动的观察学习，对自己活动的关注和对自己活动的影响力的关注等。个人目标指的是个人从事特定活动或取得一定结果的意图（我有多么想做这件事情？）。为了解释在生涯发展过程中一些动态变化过程，社会认知职业理论提出了三个相互关联的模型。①职业兴趣模型。个人的职业兴趣由对特定职业的自我效能与结果预期共同决定。具体来说，如果人们认为自己擅长从事某种职业或预期从事该职业将带来满意的回报，将会形成对该职业的兴趣并坚持下来，进而形成个人目标，从而行动，最终达到一定的工作绩效。最后绩效又会反作用于自我效能和结果预期，形成一个动态的反馈环路。②职业选择模型。职业兴趣形成后，影响个体对职业目标的设定，进而激发个体的职业行动，通过职业行动实现个人目标后，又形成反馈环路。在职业选择模型中，该理论加入了两类环境变量的影响：一是个人背景变量，诸如性别、种族、性格倾向、社会经济地位等，这些因素直接影响个人学习经验的形成；二是与选择行为靠近的环境因素，整个职业选择的环路过程中，环境因素既直接影响着个人目标的设定及职业行为，又能调节兴趣对职业目标所形成的影响，调节职业目标对职业行为的影响。③工作绩效模型。人们的能力、自我效能、结果预期以及绩效目标之间的交互作用共同决定工作绩效。工作

---

① Bandura A. Self-efficacy the corsini encyclopedia of psychology[M]. John Wiley and Sons, Inc, 2010: 1-3.

绩效也会提供一个反馈环路，反作用于自我效能和结果预期。[①]借助三个子模型，社会认知职业理论将个人职业心理特点、社会背景和学习经验联结起来，共同阐释职业的选择、适应和发展过程。[②]社会认知职业理论提出的三个模型，对指导大学生的兴趣形成、职业选择和工作绩效的产生提供了新的视角和思路，为高校职业发展课程的进一步发展提供了宝贵的理论依据。

七、目标设置理论（goal-setting theory）

美国马里兰大学管理学兼心理学教授洛克（Locke）最先提出目标设置理论。[③]他认为目标本身具有激励作用，使人朝着需要的方向努力，并可以随时将自己的行为结果与目标进行比较，通过及时调整，最终实现目标。目标设置理论就是根据目标难度和具体目标，在目标激励的作用下，使人们的行为朝着一定的方向努力，并将自己的行为结果与既定的目标相对照，及时进行调整和修正，从而实现目标并对目标的实现情况进行一定的评价。目标设置理论是一种重要的激励理论。目标设置理论自 1967 年提出以来，许多学者进一步研究了目标设置与绩效水平、激励作用的关系，使目标设置理论的内容日趋丰富，并广泛应用于管理学和心理学领域。[④]

目标设置理论方面的研究认为目标通过四种机制影响成绩。第一，目标具有指引的功能。它引导个体注意并努力趋近与目标有关的行动，远离与目标无关的行动。Rothkopf 和 Billington（1979）发现有具体学习目标的

---

① Hansen J C.The measurement of vocational interests:Issues and future directions[M]// Browns D, Lentr W.Handbook of counseling psychology. New York:Wiley, 1984:99-136.

② Lent W R, Brown, et al. Contextual supports and barriers to career choice: A social cognitive analysis［J］. Journal of Counseling Psychology, 2000, 47(1): 36-49.

③ Locke E A. Toward a theory of task performance and incentives［J］. Organizational Behavior and Human Performance, 1968, 3(2): 157-189.

④ 杨秀君 . 目标设置理论研究综述［J］. 心理科学，2004（1）：153-155.

学生对与目标有关的文章的注意和学习，均好于对与目标无关的文章的注意和学习。Locke 和 Bryan（1968）研究发现，在汽车驾驶任务中成绩得到多方面反馈的个体，在有目标的维度上成绩得到了提高，但在其他维度上成绩并没有得到提高。第二，目标具有动力功能。较高的目标比较低的目标更能驱动较大的努力。第三，目标影响坚持性。当允许参与者控制他们用于任务上的时间时，困难的目标使参与者延长了努力的时间（Laporte and Nath，1976）。第四，目标通过导致与任务相关的知识和策略的唤起、发现或使用而间接影响行动（Wood and Locke，1990）。

第三节　大学生求职行为相关变量

求职行为是人力资源管理、组织行为学、心理学、教育学等多学科交叉研究的热点之一，是大学生成功就业的前提条件。求职行为已被证明是预测就业成功与否的重要变量，因此，探讨大学生求职行为的影响因素和效果，对于有效指导大学生就业实践、促进成功就业有着重要的意义。

在当前我国大学生就业竞争激烈的形势下，探讨大学生的求职心理规律，特别是发现求职行为的作用机制是十分必要的，也是进行干预研究的基础。以下将从人口统计学变量、个体变量、社会变量、行为变量等求职行为的相关变量及研究方法两方面，概述求职行为机制研究的现状。

一、人口统计学变量

1. 年龄

Wanberg 等（1996）对失业人员的研究发现，年龄大的人求职频率低，年龄与求职频率对再就业的可能性还存在交互作用，即小于 40 岁的人求职频率越高，再就业的可能性越大；而 40 岁以上的人则是中等频率的求职行为最有利于再就业。宋照礼（1999）调查了下岗职工求职行为的预测因素，结果表明，年龄与求职行为呈负相关，而且随着年龄的增大，求职行为会减弱。

2. 性别

Wei-Cheng Mau 和 Amie Kopischke（2001）对大学毕业生的求职行为进行了性别比较，结果表明，男生和女生在求职行为方面差异显著。Huffman 和 Torres（2001）研究发现，男性比女性更会利用非正式渠道求职。Ming S. Singer 等（2001）的研究发现，在失业归因方面，男大学生比女大学生更倾向把社会原因看作是失业的决定因素；在失业后果方面，男大学生比女大学生更看重失业后的心理后果和家庭后果。在就业前景方面，女大学生的就业机会要高于男生。还有一些研究表明，女性比男性有更低的就业期望和求职信心。但许多研究并未发现女性与男性在求职行为与再就业之间关系上的差异。

3. 教育程度

Wanberg 等（1996，1997）发现，教育程度与求职频率呈正相关，但研究未证实教育程度与再就业之间存在相关性。

二、求职行为的影响因素

（一）个体变量

1. 求职自我效能

求职自我效能指个体对自身成功完成一系列求职行为应具备能力的信心。研究者们发现，提高自我效能会增强求职者的求职意向从而增加求职活动。尽管以往相关研究发现，自我效能与求职行为之间的关系很弱或不显著，如宋照礼等对北京市西城区的 366 名失业（下岗）人员进行了 8 个月的追踪研究，结果表明，求职自我效能对求职行为无显著的预测作用。但也有实证研究表明，自我效能是预测求职行为的有效指标，只不过自我效能的信念会经由认知的、动机的、情感的和决策的过程引导出个体不同的行为作用。Kanfer 和 Hulin（1985）研究发现，高水平的自我效能与求职行为的增加相联系，而低水平的自我效能与求职活动的减少相联系。

Vinokur 和 VanRyn（1993）使用结构方程分析的方法揭示求职行为、求职意向、求职自我效能等变量在三个时间点上的关系和变化（二测时间在一测后一个月、三测时间在一测后四个月），结果表明，一测和二测的自我效能对求职行为有直接影响，但三测的自我效能对求职行为的预测作用并不显著。Bandura（1986，1995）认为，自我效能是失业人员求职行为最直接的预测指标。Blau（1994）对失业者的调查发现，与求职自我效能类似的、对特定任务的自信较一般性自信能更好地预测求职行为。还有研究认为，自我效能可以预测后继的职业行为和职业选择。Kanfer 等（2001）通过元分析表明，求职自我效能是求职行为重要的预测变量。郭蕾（2005）探讨了自我效能理论在大学生职业生涯规划中的作用，结果也发现，自我效能高的大学生会有积极的求职行为，更容易成功就业。可见，自我效能的提高增加了求职频率和就业的可能性。

2. 求职期望

求职目标是否清晰与求职行为的关系，就业价值观与求职行为的关系以及动机控制与求职行为的关系，均可以用期望－价值理论解释，然而以往实证研究结果却相互矛盾：一些研究表明求职期望对求职行为具有积极预测作用，另一些研究则发现求职期望与求职行为存在负相关。根据期望－价值理论，高期望的求职者比低期望的求职者表现出更高频次的求职行为，但是以往的研究并未证实该假设。如 Feather 和 O'Brien（1987）研究发现，求职期望（控制－乐观）与求职行为呈负相关，不过它们的相关性并不显著。Maarten 等（2005）运用期望－价值理论研究了失业者的就业价值、求职期望与求职行为的关系，结果也发现，就业价值与求职行为呈正相关，而求职期望则与求职行为呈负相关。研究者认为研究结果与理论不相符可能是由以下原因造成的：对求职充满信心的失业人员可能临时选择了生活中的其他事情，如照顾家人、偏向业余爱好等；认为就业市场上有许多工作，不需要频繁求职；对求职非常自信以至于没有任何理由去求职；等等。可见，求职期望对求职行为的影响受现实生活中的很多因素的影响。

本书认为，求职期望受求职目标、求职动机以及自身的就业价值观影响。因此，求职目标清晰与否、动机控制水平以及就业价值观本身对求职行为有一定的影响。

3. 人格

人格的内外倾性一直是学者们关注的焦点。许多研究表明，较多的求职行为可能与人格中的外倾性有关，较高的外倾性能预测求职者在求职时更好地利用社会资源。Linneha 等（1998）研究表明，人格的内外倾与求职行为相关，外倾性人格支持交互的求职行为，而内倾性人格支持分离的求职行为。Burger 和 Caldwell（2000）以大学毕业生为被试，探讨了特质积极效应（trait positive affect）和人格的外倾性对求职行为的预测作用。结果发现，特质积极效应和人格外倾性两者均与求职行为高度相关。Kanfer 等（1985）对求职行为预测因素的元分析表明，个性特征中的外向性和责任感对求职行为有较强的预测作用。可见，人格的外倾性更能预测求职行为。

4. 求职意向

计划行为理论经常被用来预测各种情境中的意志行为，也已被成功地应用于求职研究中。如 Vinokur 和 Caplan（1987）对 297 名失业者进行追踪研究，结果表明，求职意向是求职行为的最强预测因素。Karl 等（1999）对失业者和就业者进行了对比研究，结果也发现，失业者的求职意向能预测求职行为。Wanberg 等（2005）主持了一项研究，他们针对每个被试前后共进行了十个时间点的跟踪研究，集中检验求职态度、主体规范、求职自我效能、求职意向与求职行为之间的关系以及随时间变化的趋势。在为期四个月的调查中，他们发现求职态度、求职自我效能呈现下降趋势，而求职行为则呈现出 U 形变化。通过多层线性模型分析，还发现求职意向与求职频率显著相关，求职意向在主体规范、求职自我效能和求职行为之间起调节作用。

5. 情绪控制

情绪控制是指与求职相关情绪有关的认知、行为与情感。求职行为是一种易受挫折的活动，大学生要维持较高水平的求职行为，需要不断集中精力于求职活动，情绪控制正是这一倾向的体现。时勘等（2001）研究发现，情绪控制直接制约着下岗职工的求职行为，进而影响其再就业的成功率。那么，情绪控制是否也能积极预测大学生的求职行为呢？这有待于进一步验证。

（二）环境变量与求职行为

1. 社会支持

社会支持理论经常被用来预测求职行为和就业状况，研究者大多也是从社会支持与求职行为及社会支持与就业两个方面探讨其关系。第一，社会支持与求职行为的关系。Mallinckrodt 和 Fretz（1988）在对一组较大年龄的男性失业工人的调查中发现，社会支持与求职行为之间有显著相关性（r=0.33）。Wanberg 等（2000）也发现社会支持对求职行为具有预测作用。王晓宇（2005）探讨了下岗职工的社会支持与求职行为的关系，结果发现，社会支持与求职行为有很大关联性。第二，社会支持与就业的关系。Kessler 等（1989）的研究表明，社会支持与再就业呈正相关。Wanberg 等（2000）进一步探讨了利用社会关系网对再就业的影响，结果表明求职中利用社会关系的频率与再就业有显著正相关。赵延东和风笑天（2000）研究表明，社会支持网络对下岗职工能否获得工作岗位具有显著影响。Kanfer 等（2001）对求职行为预测因素的元分析表明，社会支持与求职行为显著相关。时勘等（2001）在下岗职工再就业心理行为及辅导模式的研究中发现，社会支持对再就业具有显著的预测作用，且亲朋好友的鼓励支持与就业状态显著相关。Harris 等（2001）发现，社会支持预测了女性的工作满意度，但无论是对男性还是对女性都没有预测其工作任期。张淑华（2008）探讨了沈阳市失业人员的社会支持与就业的关系，结果发现，支持利用度对工作满意度有显著的预测作用。Manuel Garcia-Ramirez 等（2005）探讨了移民获得的社会支持对就业的影响，结果表明移民获得的社会支持越多，越容易找到工作。可见，社会支持对求职行为和就业都有预测作用。

2. 经济压力

经济压力被视为预测个体求职行为的社会层次变量。经济压力来源于家庭和社会。家庭经济压力会让大学生迫切希望找到工作从而解决家庭经济困难。社会经济压力主要表现为毕业后租房、买房、生活等日常支出的压力。经济压力大的大学生更倾向于与人沟通交流，更能有效利用公共资源，使用求职中介，积极投简历，通过亲戚朋友等求职方式打听可能的工作机会，更懂得如何与潜在的老板沟通等，因而经济压力大的个体更珍惜就业机会，更容易在面试中取胜进而获得工作机会。

三、求职行为的结果变量

以往关于就业的定义通常是将就业看作二元变量，即就业和未就业。就业主要指个体在过去的一个月内积极地寻找工作，并已经找到工作。未就业指个体想工作，但现在还没有找到工作，在过去的一个月内仍在积极地寻找工作。Brasher 等（1999）将一组就业质量的衡量指标作为成功就业的标准，包括工资、职位与教育程度的符合度、工作满意度、离职意向和工作年限。在失业研究中，求职行为的结果变量一般是再就业，再就业的测量一般包括再就业的速度（再就业之前失业多少时间）、再就业的类型（受雇于他人还是自己干）和再就业的质量（再就业的收入、工作时间和工作满意感）。

对于就业和再就业通常采用追踪法测量工作后的心理感受，但对大学生而言，因为他们在毕业离校前一般不工作，难以测量工作满意度和离职意向。因此，本章用就业状况和求职满意度来测量大学生的求职结果。

以上是求职行为的前因变量和结果变量。事实上，求职行为的影响因素还有知觉到的雇主需求、社会心理授权、知觉到的行为控制、就业承诺、态度、动机、归因等，求职行为的结果变量还有心理健康、求职期的长短、获得职位的数量等，但因本章未涉及这些变量，在此不再一一阐述。

四、求职行为研究领域亟待探索的问题

（一）求职行为相关研究方法

目前，求职行为与就业模式研究采用的方法主要有个案法、比较实验法、追踪研究法、问卷法、德尔菲（Delphi）法、配对辅导法（mentoring）、观察法等。

1. 个案法

个案法是对某人进行深入而详尽的观察与研究，以便发现影响某种行为和心理现象的原因。个案法有时需要和其他方法（如观察法）配合使用，这样可以收集更丰富的个人资料。个案法能够提供关于求职者心理、生活的细节描述，如通过个案研究，可以了解不同的社会因素和个体因素对求职行为的影响。这种研究范式的缺点是会导致选择性偏差，使研究结果不具有代表性。

2. 比较实验法

比较（对照）实验法是指通过比较来研究、揭示实验对象的某种特性的实验方法。具体做法是，把两个或两个以上的相似组群进行比较，一个是对照组，作为比较的标准，另一个是实验组，对其进行一些实验操作，然后观察其结果，与对照组进行比较，从而得出这些措施对研究对象所产生的影响。在就业研究领域中，往往选择未就业者为被试，然后分成两

组，其中一组被试作为实验组，另一组被试作为控制组，探讨两者的求职行为差异及与就业的关系。比较实验法的主要缺点是只能证明相关性，但不能证明因果关系。

3. 追踪研究法

在求职行为研究中，通常要进行追踪研究或前瞻性追踪研究。追踪研究是对同一批被试在不同时间进行 2 次以上的观察测量，如对求职者进行多次测量，探讨求职行为的动态变化过程。追踪研究的缺点是耗时长、花费大、被试流失率高等。被试流失还会导致由于流失者与其他被试间的差异而引起样本系统偏差。另外，追踪调查会引起被试的习惯化填答，社会与历史因素也会引起观测量的变动。前瞻性追踪研究指测量是在研究事件发生前后进行。在就业研究领域中，可以在就业发生的前后都进行观察测量。

4. 问卷法

该方法的优势在于既能够根据研究目标的需要，深入挖掘被试的心理行为动因，又能为实证研究提供质化资料，还具有回收率高的特点，是探索我国高校大学生求职行为影响因素的有效方法。

5. 德尔菲法

采用背对背的方式征询专家小组成员的预测意见，成员之间不得互相讨论，不发生横向联系，只能与调查人员进行联系。本书采用了德尔菲法探索大学生的就业模式。

6. 配对辅导法

这是一种以一个高年级的、经验丰富的大学生对某个有较少经验的低年级的大学生提供信息和意见，去帮助他成长和发展的方法。此方法被证明是一种非常有效的行为辅导方法，可用于求职者的辅导中。

7. 观察法

旨在通过对观察结果的分析与归纳，发现大学生的求职行为、求职态度、求职情绪等变量的变化情况。

（二）求职行为研究领域亟待探索的关键问题

国内外学者已围绕求职行为开展了较为丰富、卓有成效的研究。然而，本书认为以往研究还存在以下不足。

1. 研究样本过于偏重下岗失业群体，较少关注大学生群体

以往研究的不足之一在于被试偏重下岗失业群体。失业历来是一个全球性的研究问题，世界各国特别是发达国家，出于国际经济竞争和社会稳定等因素的考虑，都不惜投入大量的人力、物力和财力来资助失业问题的研究。在我国，随着改革向纵深推进和经济结构的战略性调整，失业问题逐渐成为我国学者关注的热点。近几年，随着高校扩招和就业制度的转变，大学生就业不合理或失业会影响我国经济的发展和社会的稳定，大学生就业问题开始得到社会的关注。但是，目前我国的学者更多是从理论上比较宏观地探讨大学生就业难的原因和提出对策建议，很少有学者从实证方面比较微观地探索大学生求职行为的预测因素及与就业的关系。因此，将国外失业心理研究的思路与方法引入到我国大学生就业问题的探讨是可行的，也是必要的。

2. 较少把求职意向作为调节变量来研究

求职自我效能和求职意向对求职行为的预测作用已经得到证实，但是求职意向在求职自我效能和求职行为之间的关系是怎样的呢？以往许多研究证明，求职意向在求职自我效能和求职行为之间起中介作用。但近年来已经有研究表明，求职自我效能与求职意向的相关性很小或不显著，而求职意向与求职行为的相关性显著，这说明求职意向在求职自我效能和求职行为之间可能起调节作用。以往研究很少关注求职意向在求职自我效能和求职行为之间的调节作用。

3. 忽视我国毕业生求职行为的劳动市场达到环境因素

国外关于求职行为的研究比较多，但我国学者关于大学生求职行为

的实证研究比较罕见。由于大学生就业问题与经济发展和文化背景密不可分，它的表现形式和作用机制可能会受到某些社会特点的影响，基于西方社会发展起来的结论未必适用我国的实际情况，因此，开展本土的求职行为研究显得尤为必要和迫切。

第四节　大学生求职行为影响因素调查

社会经济方式的变化导致我国就业方式发生了转变——由传统的"统包统配"到现在的"自主择业"，由此导致的大学生就业行为模式的变化成为改革开放以来我国社会较重要的变革之一，"找工作难"已是摆在大学生面前的一项难题。求职行为是动态的、循环的自我调适过程，是一种有目的且受主观意愿驱动的行为模式，它开始于就业目标的识别，进而为实现就业目标付出努力。基于失业人员求职行为的研究而得出的结论未必适用大学生群体，因此，探讨大学生求职行为的影响因素对于大学生就业辅导和大学生职业生涯规划具有重要的理论和现实意义。

关于求职行为影响因素的研究比较多，归纳起来主要包括两类因素：个人因素和环境因素。个人因素包括人口学变量、人格特质、求职期望、自尊、就业承诺、就业价值观、求职自我效能、动机控制、情绪控制、知觉到的就业机会、就业状况（就业或失业）、职业偏好、培训和个人能力。环境因素包括经济压力、社会支持、主观标准、就业政策和劳动力市场供求状况。以往国内外的实证研究也在尝试验证不同的个人因素和环境因素对求职行为的影响，但研究结果不尽相同。本章在分析文献和访谈的基础上，拟将求职自我效能、求职期望、情绪控制、人格外倾性作为个人因素，社会支持作为环境因素，试图揭示个人因素和环境因素是否对大学生的求职行为产生影响以及相互作用的机理。

一、研究问题与假设

（一）个人因素与求职行为

（1）求职自我效能是指个体能够成功表现特定的求职行为，并获得工作的一种自信（Wanberg, Watt and Rumsey, 1996）。尽管以往相关研究发现，自我效能与求职行为之间的关系很弱或不显著，如时勘等（2001）对北京市西城区的 366 名失业（下岗）人员进行了 8 个月的追踪研究，结果表明求职自我效能对求职行为无显著的预测作用，Vinokur 等（1993）也发现类似的结果。但也有实证研究表明，求职自我效能是预测求职行为的有效指标，只不过自我效能的信念会经由认知的、动机的、情感的和决策的过程引导出个体不同的行为作用。据此，本研究预期，高校毕业生的求职自我效能能够对求职行为产生积极的影响。

（2）求职期望与求职行为的关系受到期望－价值理论的支持，然而以往实证研究结果却相互矛盾：一些研究表明求职期望对求职行为具有积极的预测作用，另一些研究则发现求职期望与求职行为存在负相关。冯彩玲等（2009）首次探讨了我国高校毕业生求职期望与求职行为的关系，也发现求职期望对求职行为有负向的预测作用。为此，本研究假设求职期望对求职行为起负向的预测作用。

（3）情绪控制是指与求职相关情绪有关的认知、行为与情感。求职行为是一种易受挫的活动，大学生要维持较高水平的求职行为，需要不断集中精力于求职活动中，情绪控制正是这一倾向的体现。时勘等（2001）研究发现，情绪控制直接制约着下岗职工的求职行为，进而影响其再就业的成功率。那么，情绪控制是否也能积极预测高校毕业生的求职行为呢？这有待进一步验证。

（4）人格特质被视为预测个体行为的深层次变量，尤其对内外倾的人格特质研究一直受到学者们的关注，研究结果也较为一致。相关研究均表明：外倾性的人更善于与他人沟通交流，更能有效利用公共资源，使用求职中介，积极投简历，通过亲友等求职方式打听可能的工作机会，更懂得如何与潜在的老板沟通等，因而外倾性特质的个体更容易在面试中取胜，进而获得工作机会。鉴于此，本研究预期，人格外倾性有助于增强求职频率。

综上，对于个体因素与求职行为的关系，本研究提出如下假设。

H1：个体因素（求职自我效能、求职期望、情绪控制、人格外倾性）对求职行为具有显著的预测作用。

（二）环境因素与求职行为

诸多实证研究表明，社会支持是求职行为的一个重要的预测源，如Mallinckrodt与Fretz（1988）在对一组较大年龄的男性失业工人的调查中发现，社会支持与求职行为之间有显著相关性；Wanberg等（2000）也发现社会支持对求职行为具有预测作用，但张淑华等（2008）以沈阳失业人员为被试，结果发现社会支持的三个维度（客观支持、主观支持和支持利用度）对求职意向和求职行为的预测作用都不显著，并将部分原因归于"面子文化"。总体来说，在各种社会因素中，社会支持对求职行为和就业都有较强的预测作用。因此，本研究提出如下假设。

H2：环境因素（社会支持）对求职行为具有正向的、显著的预测作用。

H2a：客观支持对求职行为具有正向的、显著的预测作用。

H2b：主观支持对求职行为具有正向的、显著的预测作用。

H2c：支持利用度对求职行为具有正向的、显著的预测作用。

（三）求职意向的中介作用

求职行为研究中最具代表性的理论是Ajzen的计划-行为理论。该理论认为，行为的产生直接取决于行为意向。行为意向表明一个人执行某种特定行为的动机，反映出一个人愿意付出多大努力、花费多少时间去执行某种行为。行为意向又受社会因素（主体规范）与个体因素（态度和感知到的行为控制）影响。该理论经常被用来预测各种情境中的意志行为，也被成功地应用于求职和就业的研究中。有关失业下岗人员的实证研究也验证了该理论模型，即求职意向是求职行为的最强预测因素，求职态度和主体规范是求职意向的决定因素。也有研究发现社会支持对求职意向、求职频率、再就业率都有较强的预测作用，人格特质通过求职意向影响求职行为等。但关于感知到的行为控制对求职意向和求职行为的预测作用却存在争议，因此，未来的研究需要对感知到的行为控制进行更为精确的测量，并验证该因素对意向或行为的预测作用。基于计划-行为理论，本研究提出如下假设。

H3：求职意向在个人因素和求职行为之间起到中介作用。

H4：求职意向在环境因素和求职行为之间起到中介作用。

二、研究方法和取样过程

（一）被试和取样程序

本研究中的求职者——高校毕业生，特指初次进入劳动市场的大学应届本科毕业生，不包括专科毕业生和研究生毕业生。考虑到样本的代表性和研究结论的可推广性，我们在取样时注意到我国高校地区分布的不同、学校类型的不同和专业的不同，选取找工作的、不考研的应届本科毕业生为被试。在地区方面，我们主要从东北、华东、华南和西北4个地区选取沈阳、烟台、南京、广州、西安、兰州6个城市。在学校类型方面，包括综合类院校3所、理工类院校3所、师范类院校2所、财经类院校1所，共9所院校。在专业方面，涉及心理学、教育学、工商管理、经济学、机械设计、电子信息工程、电气工程、交通运输、文学、新闻、医学护理等专业。

（1）预调查。设计求职自我效能、求职期望、求职意向、社会支持等方面的问卷，对某高校100名正在找工作的毕业生进行预测。发放问卷100份，回收问卷98份，有效问卷97份。其中，男52人，女45人。设计就业状况、求职满意度等方面的问卷，对该校100名已经找到工作的毕业生进行预测。发放问卷 100 份，回收问卷 92 份，有效问卷 88 份。其中，男 47 人，女 41 人。

（2）正式调查。共发放问卷 1000 份，回收 878 份，其中有效问卷 836 份，回收率 87.80%，有效率 83.60%。男生 467 人（55.90%），女生 369 人（44.10%）；户籍地方面，城市 344 人（41.10%），乡镇 219 人（26.02%），农村 268 人（32.10%），未填 5 人（0.60%）；政治面貌方面，共产党员 278 人（33.30%），共青团员 471 人（56.40%），群众 76 人（9.00%），未填 11 人（1.30%）。全部数据录入计算机，采用 SPSS 15.0 和 Amos 7.0 进行数据处理。

（二）研究工具

本研究在选择问卷时主要遵循适合性的原则，尽量援用国内外成熟的问卷模型。对于国外的问卷模型，如求职期望问卷和求职意向问卷，采用标准的翻译 - 回译程序。首先采用求职期望问卷进行小样本预测，对数据进行探索性因素分析，根据结果适当地修改项目表述，以确保问卷项目通俗易懂。

（1）求职行为问卷，采用 Blau（1994）编制的求职强度问卷（JSI）在我国的修订版。该问卷直接测量具体求职行为的频率，是求职行为测量中应用最广泛的问卷，有较好的内部一致性系数（e.g. 0.80：Wanberg et al., 1996；0.82 and 0.86：Wanberg et al., 2000）。该问卷共 12 道题，条目如"搜寻报刊或海报中的用人信息""在报纸或公告栏中登载个人求职信息"等。采用利克特 5 分等级量表进行评价，由"1—从不"到"5—非常频繁"。

（2）求职自我效能问卷，采用 Lewen 等（2002）编制的求职自我效能问卷，该问卷只有一个项目，因为一个项目比多个项目有更高的会聚效度（convergent validity）和预测效度。采用利克特（Liket）5 分等级量表进行评价，由"1—信心很小"到"5—信心很大"。一个条目为"你对求职工作顺利的信心有多大？"。

（3）求职期望问卷，采用 Maarten 等（2005）编制的求职期望问卷，采用 7 点计分，由"1—完全不同意"到"7—完全同意"。共 3 道题，其中 2 道采用反向计分，分别是"我对于未来找工作比较乐观""我对未来找工作没有期望"（R）、"我在面试过程中遭到了很多次的拒绝，以至于我不再期望找到工作了"（R）。问卷的 a 系数为 0.60。

（4）情绪控制问卷，采用 Wanberg 等（1999）编制的情绪控制问卷。共 6 道题，如"我容易发火""一想到面试我就担心"。采用利克特 5 分等级量表评价，由"1—没有"到"5—总是"，分数越高代表控制力越弱。统计时将数据反转，分数越高代表情绪控制越强。

（5）社会支持问卷，采用肖水源等（1987）编制的社会支持问卷。测定学生在支持总分、客观支持、主观支持和对社会支持利用度等方面的得分情况。该量表总分为 34.56±3.73，两个月重测总分一致性 R=0.92（P<0.01），各条目一致性 R1–10 在 0.89±0.94 之间，表明问卷有较好的重测信度。本研究结合大学生的实际情况，对量表中的一些项目进行了修订，如第 4 题中的"同事"改为"同学"，第 5 题中的"夫妻"改为"恋人"，同时删除"儿女"一栏，第 6 题、第 7 题的"配偶"改为"恋人"，"同事"改为"同学"。

（6）人格外倾性量表，采用艾森克等人编制、陈仲庚主持修订的成人 EPQ 版本中的 E 分量表。[1]EPQ 是一种有效的人格测量工具，对分析人格的特质或结构具有重要作用，目前已被广泛应用于心理学研究与实际应用、医学、司法、教育、人才测评与选拔等诸多领域。EPQ 是一种自陈式人格量表，E 分量表有 21 个条目，主要测量性格的内外倾性。每一题都对应着"是"或"否"两个备选答案。

---

① 陈仲庚.艾森克人格问卷的项目分析［J］.心理学报，1983（2）：211–218.

（7）求职意向问卷，采用 Vinokur 等（1987）编制的求职意向问卷。该问卷包括 2 道题："下个月您准备花多大力气去找工作？""下个月您有多大可能花很大力气去找工作？"。采用利克特 5 分等级量表进行评价，由"1—不花力气"到"5—花很大力气"。Vinokur 和 VanRyn（1993）测得的该量表一致性系数为 0.80。

三、研究结果

（一）预调查各问卷的探索性因素分析结果

1. 求职期望问卷的探索性因素分析结果

采用主成分分析方法，对求职期望问卷进行探索性因素分析（exploratory factor analysis，EFA），以特征根大于等于 1 为因子抽取的原则并参照碎石图，来确定项目抽取因子的有效数目。探索性因素分析结果表明，求职期望问卷是一个单维的结构，累积方差解释率达到了 58.11%，各个项目在相应因子上具有较大的负荷。具体结果如表 6-2[①] 所示。

表 6-2　求职期望问卷的探索性因素分析结果

项目	因素
	1
项目 2	0.846
项目 3	0.805
项目 1	0.673
解释的方差变异量	58.11%

2. 求职意向问卷的探索性因素分析结果

采用主成分分析方法，对求职意向问卷进行探索性因素分析，以特征根大于等于 1 为因子抽取的原则并参照碎石图，来确定项目抽取因子的有效数目。探索性因素分析结果表明，求职意向问卷是一个单维的结构，累积方差解释率达到了 97.29%，各个项目在相应因子上具有很大的负荷。具

[①]　本书小数点后统一保留两位，第六章至第十章为保持调查数据的精确度，根据各类数据具体情况或保留三位。

体结果如表 6-3 所示。

表 6-3　求职意向问卷的探索性因素分析结果

项目	因素
	1
项目 1	0.986
项目 2	0.942
解释的方差变异量	97.29%

3. 社会支持问卷的探索性因素分析结果

采用主成分分析方法，对社会支持问卷进行探索性因素分析，以特征根大于等于 1 为因子抽取的原则并参照碎石图，来确定项目抽取因子的有效数目。探索性因素分析结果表明，社会支持问卷是一个三维的结构，累积方差解释率达到了 57.93%，各个项目在相应因子上具有较大的负荷。具体结果如表 6-4 所示。

表 6-4　社会支持问卷的探索性因素分析结果

项目	因素		
	1	2	3
项目 3	0.806	–	–
项目 4	0.737	–	–
项目 5	0.446	–	–
项目 1	0.439	–	–
项目 6	–	0.889	–
项目 7	–	0.877	–
项目 2	–	0.678	–
项目 10	–	–	0.865
项目 8	–	–	0.516
项目 9	–	–	0.501
解释的方差变异量	57.93%		

4. 求职行为问卷的探索性因素分析结果

采用主成分分析方法，对求职行为问卷进行探索性因素分析，以特征根大于等于1为因子抽取的原则并参照碎石图，来确定项目抽取因子的有效数目。探索性因素分析结果表明，求职行为问卷是一个三维的结构，累积方差解释率达到了 55.79%，各个项目在相应因子上具有较大的负荷。具体结果如表 6-5 所示。

表6-5　求职行为问卷的探索性因素分析结果

项目	因素		
	1	2	3
项目 4	0.785	–	–
项目 3	0.728	–	–
项目 12	0.672	–	–
项目 5	0.561	–	–
项目 7	0.546	–	–
项目 2	–	0.842	–
项目 1	–	0.619	–
项目 6	–	0.506	–
项目 9	–	–	0.531
项目 10	–	–	0.777
项目 8	–	–	0.697
项目 11	–	–	0.544
解释的方差变异量	55.79%		

（二）正式施测后各问卷的验证性因素分析结果

1. 社会支持问卷的验证性因素分析结果

运用一测时所获得的数据对社会支持的因素结构进行验证，并且比较了一因素模型，即所有项目测的是同一维度；三因素模型，即客观支持、主观支持和支持利用度是三个不同的维度。

表 6-6　社会支持问卷的验证性因素分析结果

模型	χ^2	df	GFI	NFI	IFI	TLI	CFI	RMSEA
虚模型	923.362	21	–	–	–	–	–	–
一因素模型	15494.938	55	0.843	0.826	0.864	0.781	0.862	0.12
三因素模型	384.810	35	0.941	0.975	0.977	0.964	0.977	0.07

从表 6-6 的验证性因素分析结果可以看出，三因素模型的各项拟合指数均达到先定的标准，说明社会支持的三因素结构得到了数据的支持。

2. 求职行为问卷的验证性因素分析结果

运用一测时所获得的数据对求职行为的因素结构进行验证，并且比较了一因素模型，即所有项目测的是同一维度；三因素模型，即求职准备、信息搜集和求职行动是三个不同的维度。

表 6-7　求职行为问卷的验证性因素分析结果

模型	χ^2	df	GFI	NFI	IFI	TLI	CFI	RMSEA
虚模型	23345.875	81	–	–	–	–	–	–
一因素模型	20129.443	78	0.860	0.830	0.860	0.770	0.840	0.18
三因素模型	11.147	54	0.97	0.970	0.973	0.961	0.973	0.08

从表 6-7 的验证性因素分析结果可以看出，三因素模型的各项拟合指数均达到先定的标准，说明求职行为问卷的三因素结构得到了数据的支持。

（三）研究变量的平均数、标准差、相关系数和信度系数

表 6-8 列出的是各研究变量的平均数、标准差、相关系数和信度系数。如表 6-8 所示，本研究所采用的问卷的内部信度系数 a 均在 0.60 以上，基

本可以接受。各变量的平均数均在中等或偏上，说明所调查样本的求职信心较强，求职期望较高，情绪控制较强，人格较外倾，社会支持较多，求职意向较强，求职行为频率较高。从各变量之间的相关性来看，求职行为均与求职自我效能（0.172）、求职期望（–0.104）、情绪控制（–0.180）、人格外倾性（0.161）、客观支持（0.086）、主观支持（0.170）和支持利用度（0.166）存在显著相关，求职意向与求职行为也呈显著相关（0.285），这就满足了我们进行中介效应检验的前提条件。从控制变量与各变量之间的相关性方面看，户籍地与客观支持（–0.082）、支持利用度（–0.094）和求职行为（–0.100）之间存在着显著的负相关（–0.100）；政治面貌与求职自我效能（–0.102）、情绪控制（–0.082）、人格外倾性（–0.085）、支持利用度（–0.124）和求职行为（–0.123）都有着显著的负相关。因此，在采用层次回归分析探讨求职行为的预测因素时，引进上述控制变量是必要的。

从表6–9可见，求职自我效能、求职期望、社会支持对求职行为的预测作用均达到了显著水平。排除控制变量的影响之后，其 ΔR^2 值为0.221。具体而言，求职自我效能对求职行为具有显著的预测作用，其 β 值为0.475（$P<0.001$）；求职期望对求职行为也具有显著的预测作用，其 β 值为–0.194（$P<0.050$）；社会支持对求职行为也具有显著的预测作用，其 β 值为0.257（$P<0.050$）；但人格外倾性却没有显著预测求职行为，其 β 值为–0.028（$P>0.050$）。因此假设一（求职自我效能对求职行为具有正向的、显著的预测作用）、假设二（求职期望对求职行为具有负向的、显著的预测作用）和假设四（社会支持对求职行为具有正向的、显著的预测作用）分别得到了验证，而假设三（人格外倾性对求职行为具有正向的、显著的预测作用）没有得到证实。

表 6-8　各研究变量的平均数、标准差、相关系数和信度系数

变量	均值	标准差	1	2	3	4	5	6	7	8	9	10
求职自我效能	3.354	0.912	—	—	—	—	—	—	—	—	—	—
求职期望	4.939	1.078	0.383**	0.626	—	—	—	—	—	—	—	—
情绪控制	3.326	0.687	0.208**	0.286**	0.773	—	—	—	—	—	—	—
人格外倾性	1.600	0.161	0.311**	0.226**	0.192**	0.622	—	—	—	—	—	—
客观支持	2.558	0.815	-0.020	0.173**	0.023	0.132**	0.633	—	—	—	—	—
主观支持	3.067	0.582	0.051	0.144**	-0.023	0.190**	0.440**	0.683	—	—	—	—
支持利用度	2.570	0.572	0.098*	0.043	-0.115*	0.247**	0.197**	0.324**	0.646	—	—	—
求职意向	3.529	0.945	0.043	0.125**	-0.127**	0.031	0.110**	0.162**	0.121**	0.915	—	—
求职行为	2.939	0.579	0.172**	-0.104**	-0.180**	0.161**	0.086	0.170**	0.166**	0.285**	0.829	
户籍地	1.889	0.861	-0.058	0.034	0.037	-0.062	-0.082*	-0.052	-0.094*	0.040	-0.100*	—
政治面貌	1.787	0.597	-0.102*	-0.044	-0.082*	-0.085*	-0.063	-0.071	-0.124**	-0.050	-0.123**	0.042

注：*$p<0.05$，**$p<0.01$；对角线上的斜体数据是各研究变量的内部信度系数。

表 6-9　个体变量和社会变量对求职行为的预测结果

变量		求职行为	
		第一步	第二步
第一步：人口统计学变量	性别	0.131	0.139
	毕业院校	0.019	0.050
	地区	−0.005	0.010
	家庭	−0.018	0.051
	政治面貌	−0.300**	−0.209*
第二步	求职自我效能		0.475***
	求职期望		−0.194*
	情绪控制		−0.178**
	社会支持		0.257**
F		2.338*	5.082***
R^2		0.107	0.327
ΔR^2		0.107*	0.221***

注：***$p<0.001$，**$p<0.01$，*$p<0.05$。

（四）求职行为影响因素的层次回归分析和中介效应检验

根据 Baron 和 Kenny（1986）的建议，中介效应的存在须满足以下三个条件：①自变量的变化能够显著地解释因变量的变化；②自变量的变化能够显著地解释中介变量的变化；③当控制中介变量后，自变量对因变量的影响应等于零或者显著降低，同时中介变量对因变量的影响仍显著。另外，还有一些学者建议，最好使用 Sobel Test 检验间接效果是否显著，将更能符合中介效果的意义。表 6-10 是采用 Baron 和 Kenny（1986）的中介检验结果，表 6-10 是采用 Sobel Test 的中介效应检验结果。

表6-10　求职行为影响因素的层次回归分析结果

变量		求职意向		求职行为		求职行为		
人口学变量	家庭	0.046	0.060	–0.084*	–0.097*	–0.083*	–0.035	–0.052
	政治面貌	–0.062	–0.053	–0.115**	–0.097*	–0.104*	–0.088*	–0.074*
自变量	求职自我效能	–	0.008	–	–	–	0.226***	0.223***
	求职期望	–	0.116*	–	–	–	–0.202***	–0.233***
	情绪控制	–	–0.168***	–	–	–	–0.191***	–0.146***
	人格外倾性	–	–0.018	–	–	–	0.108*	0.113**
	客观支持	–	0.033	–	–	–	0.032	0.024
	主观支持	–	0.104*	–	–	–	0.118**	0.090*
	支持利用度	–	0.072	–	–	–	0.055	0.035
中介变量	求职意向	–	–	–	0.287***	–	–	0.270***
F		1.699	4.867***	6.609***	23.643***	5.546**	11.968***	16.732***
R^2		0.006	0.071	0.021	0.103	0.019	0.157	0.225
ΔR^2		0.006	0.065***	0.021***	0.082***	0.019***	0.139***	0.068***

注：*$p<0.05$，**$p<0.01$，***$p<0.01$。

如表6-10所示，在求职自我效能、求职期望、情绪控制、人格外倾性和社会支持与求职行为的关系中，在排除了控制变量的影响之后，其$\Delta R^2=0.139$。具体来说，除客观支持和支持利用度对求职行为的影响没有达到显著外，求职自我效能（0.226）、求职期望（–0.202）、情绪控制（–0.191）、人格外倾性（0.108）和主观支持（0.118）对求职行为的预测作用均达到了显著水平，说明求职自我效能、求职期望、情绪控制、人格外倾性和主观支持是求职行为的有效影响因素，因此H1得到完全验证，H2得到部分验证。

在求职自我效能、求职期望、情绪控制、人格外倾性、社会支持与求职意向的关系中，在排除了控制变量的影响之后，求职期望（0.116）、情绪控制（–0.168）和主观支持（0.104）对求职意向的影响均达到显著水平，解释的方差变异量为 6.50%。求职意向对求职行为的影响也达到了显著水平，在排除控制变量的影响之后，求职意向对求职行为的变异量贡献为 8.20%。当同时考虑求职自我效能、求职期望、情绪控制、人格外倾性、社会支持和求职意向时，求职意向对求职行为具有显著的影响，而情绪控制、主观支持的影响虽然依然显著，但它们与求职行为之间的关系已经大为减弱，此结果表明，求职意向在情绪控制与求职行为以及主观支持与求职行为之间均具有部分的中介效果（即中介效应显著），假设 H4 得到部分验证。此外，情绪控制和主观支持分别通过求职意向对求职行为间接的影响也是显著的（见表 6–11，z=2.85，z=3.56，p<0.05），也部分支持 H4 的预测。相比较而言，求职自我效能、求职期望和人格外倾性对求职行为的预测作用仍然显著且都未减弱，没有达到 Baron 和 Kenny（1986）的中介检验标准。然而，如表 6–11 所示，求职期望通过求职意向对求职行为有间接效果的影响（z=2.94，p<0.05），因此，求职意向在求职期望和求职行为之间的中介效果也显著，部分支持 H3 的预测。

表 6–11　求职意向的中介效应检验结果

变量	中介效应	z
求职自我效能 —→ 求职意向 —→ 求职行为	0.008	1.08
求职期望 —→ 求职意向 —→ 求职行为	0.02	2.94*
情绪控制 —→ 求职意向 —→ 求职行为	−0.029	2.85*
人格外倾性 —→ 求职意向 —→ 求职行为	0.03	0.74
主观支持 —→ 求职意向 —→ 求职行为	0.043	3.56*

注：*p<0.05。

四、讨论与结论

（一）个体因素和环境因素对高校毕业生求职行为的影响

第一，个体因素（求职自我效能、情绪控制、人格外倾性和求职期望）对求职行为有显著的影响。本研究发现，个体因素对求职行为有显著的影响，即求职自我效能、情绪控制、人格外倾性对求职行为均具有显著的正向影响，而求职期望则对求职行为具有显著的负向影响。在当今我国经济转型的变革时期，随着高校扩招和就业市场对用人标准的日益提高，大学生之间的竞争越来越激烈，就业压力也越来越大。面对日益复杂的就业环境，部分大学生在求职时可能屡试不中，连受挫折，对找工作失去信心，求职消极被动；相反，对找工作充满信心的大学生，对工作期望值较高，情绪控制较强，心理承受力较好，求职行为更积极主动。因此，职业心理辅导和干预对于提高大学生的求职自信心、保持情绪稳定、促进积极求职非常重要。本研究还发现，人格外倾性也能有效预测求职行为，这与以往研究结果一致。人格外倾的大学生更具社会性——开朗乐观、精力充沛、友好自信、善于与人沟通，从而获得更多的求职信息，产生积极有效的求职行为。求职期望对求职行为有显著的负向影响，研究结果与期望-价值理论不符，但与 Maarten 等（2005）的研究结果一致。在文献总结和访谈的基础上，我们认为该研究结果与期望-价值理论不符可能是由以下原因造成的：对就业非常自信认为没必要求职，临时选择了其他事情而没有时间找工作（如考研、考公务员等）；就业市场上有许多工作不需要频繁地求职，在等待工作时机；工作动机不强，自身比较懒惰被动，不知道如何求职；现实与期望不符，期望过高难以实现；等等。

第二，主观支持对求职行为有正向影响，而客观支持和支持利用度对求职行为没有影响。在环境因素方面，主观支持对求职行为具有正向的预测作用，而客观支持和支持利用度对求职行为没有显著的预测作用，表明求职行为作为一个易受挫折的活动，大学生更需要心理上的情感支持而非物质援助。主观支持是求职行为的重要预测源，来自家人、朋友、同学等的主观支持越多，求职心态就越积极，求职频率也越高。这点也可以通过社会资本理论来解释。Burt（1984）认为社会资本是指朋友、同事和更普遍的联系，通过他们获得了使用资本的机会，它是竞争成功的最后决定者。转型时期我国劳动力市场的特殊性给了社会资本更大的发挥空间，大学生就业市场上信息的复杂性和竞争的激烈性，为社会资本发挥作用提供了条件。社会资本在高校毕业生求职中的重要作用已经被验证：谁拥有更多的社会资本，谁就有可能表现出更多的求职行为，也更容易找到工作，谋得更满意的职位。

（二）求职意向在个体因素、环境因素和求职行为之间的中介作用

揭示求职行为影响机制的"黑箱"一直是心理学、社会学和管理学关注的重点。求职是一种针对就业的有计划的行为，因此可以用计划行为理论来解释整个求职过程。根据计划行为理论，个体的态度、主体规范越积极，感知到的行为控制力越强，则执行某种行为的意向越强，而这种意向越强，则越可能最终执行某种行为。本研究表明，求职意向在求职期望和求职行为、情绪控制和求职行为、主观支持和求职行为之间的中介效果均显著，说明计划行为理论在我国高校毕业生群体中得到了部分验证，个体可以根据个体因素（自身期望、情绪控制）和环境因素（主观支持程度）调整求职意向的强弱，进而实施求职行为，促进就业成功。但求职意向在求职自我效能和求职行为之间的中介效果不显著，该结果与计划行为理论不吻合的原因可能是：求职意向调节求职自我效能和求职行为的关系，对就业非常自信觉得没必要花力气去找工作等。本研究还发现，求职意向在人格外倾性和求职行为之间的中介效果也不显著，说明外向的大学生善于与人打交道，无形中获得了较多的面试信息，在面试过程中善于沟通交流，面试成功的可能性较高。

本研究探讨了高校毕业生求职行为的个体因素和环境因素及其作用机制，尚未探讨关于劳动力市场对求职行为的影响（目前尚没有劳动力市场因素与求职行为之间关系的研究），但我国劳动力市场对于促进大学生就业起着重要的作用，因此，未来我们将进一步深入揭示劳动力市场因素对于求职行为和就业的影响机制。

（三）结论

（1）求职自我效能、求职期望、情绪控制、人格外倾性和主观支持是求职行为的有效影响因素。具体来说，求职自我效能、情绪控制、人格外倾性和主观支持对求职行为有正向的、显著的预测作用，而求职期望则对求职行为具有负向的、显著的预测作用。

（2）求职意向在求职期望和求职行为、情绪控制和求职行为、主观支持和求职行为之间的中介效果均显著，在求职自我效能和求职行为以及人格外倾性和求职行为之间的中介效果不显著。

（3）求职意向在求职自我效能和求职行为之间起增强变量的调节作用，无论是对低求职意向水平还是对高求职意向水平而言，随着求职自我效能的增加，求职行为都随之增加。

第七章 大学生求职自我效能、求职期望、求职意向与求职行为

近年来，随着高校的扩招和就业制度的转变，大学生就业问题已经引起了社会各界的关注。然而，国内的大多数学者在研究毕业生的就业现象时，往往把重心放在了就业上，却忽视了就业前的求职过程，而且大多都是理论描述，很少有关于大学生求职行为的实证研究。另外，求职行为作为预测就业的重要变量[①]，目前已被国外的许多学者所采用并应用到下岗失业群体中，也取得了大量的成果，但基于国外下岗失业人员求职行为的研究而发展起来的结论，未必适用于我国大学生群体的实际情况。因此，在我国社会主义市场经济条件下，从心理学视角开展大学生求职行为的本土化研究，显得尤为必要和迫切。

自 20 世纪 80 年代以来，求职行为（job-search behavior）问题已成为人力资源管理和组织行为领域越来越关注的焦点之一，然而，其定义目前尚无定论。本章中求职行为的概念采用 Kanfer 等（2001）提出的定义，即求职行为是动态的、循环的自我调适过程，是一种有目的的且受主观意愿驱动的行为模式，它开始于就业目标的识别，进而为实现就业目标付出努力。该定义强调求职行为是一种指向目标的活动，目的是缩小目前状态与就业目标之间的差距，并将求职行为看作是走向成功就业的行为过程，因此它的内涵更广，也被许多研究者所采用。

[①] Quint E D, Kopelman R E. The effects of job search behavior and vocational self-concept crystallization on job acquisition: is there an interaction? [J]. Journal of Employment Counseling, 1995, 32(2): 88-94.

求职自我效能指个体对自身成功完成一系列求职行为应具备能力的信心。研究者们发现，提高求职自我效能会增强求职者的求职意向并增加其求职活动。期望－价值理论认为，高期望的求职者比低期望的求职者表现出更高频次的求职行为。计划行为理论也表明，行为的产生直接取决于行为意向（behavioral intention）。可见，求职自我效能、求职期望和求职意向在一定程度上会影响求职行为，但它们是如何影响的呢？这将是本章所探讨的问题。

本章借鉴国内外相关研究成果，在问卷调查资料的基础上，对大学生求职自我效能、求职期望、求职意向和求职行为之间的关系进行实证研究，以揭示求职自我效能、求职期望和求职意向对求职行为的影响过程。只有把握求职行为的有效预测因素，才能开发有效的求职技能培训模式，帮助毕业生成功就业。

第一节　研究问题与假设

自我效能的概念是班杜拉在 20 世纪 70 年代提出的，指个体对其组织和实施达到特定目标所需行为过程的能力的信念。个体的自我效能是影响个体活动选择过程和活动内容的主体性因素，它并非个体的行为本身，而是一种介于个体动机和行为之间的中介因素，具有动机的行为驱动性质；同时又建立在个体的综合认知评价之上，具有认知性质。因而自我效能对个体的行为起着重要的作用。

Kanfer 和 Hulin（1985）研究发现，高求职自我效能与求职行为的增加相联系，而低求职自我效能与求职行为的减少相联系。VanRyn 等（1992）运用结构方程分析的方法揭示求职行为、求职意向、求职自我效能等变量在三个时间点上的关系和变化（二测时间在一测后 1 个月、三测时间在一测后 4 个月）。结果表明，一测和二测的求职自我效能对求职行为有直接的影响，但三测的求职自我效能对求职行为的预测作用并不显著。Bandura（1995）认为，求职自我效能是预测失业人员求职行为的最直接的指标。还有研究认为，求职自我效能可以预测后继的职业行为和职业选择。Kanfer 等（2001）通过元分析表明，在失业研究中，求职自我效能是预测求职行为的重要变量。据此，本章预期，大学生的求职自我效能能够对求职行为产生积极的影响。

假设 1：求职自我效能对求职行为具有正向的、显著的预测作用。

期望-价值理论中的期望涉及两种不同的含义：一是效能-期望（efficacy-expectation），即个体能够成功地执行某种行为以达到结果的信念；二是结果期望（outcome-expectation），即个体估计特定的行为会产生某一结果。例如，一个失业者高度预期他能够在面试时表现良好，即能够达到成功面试的要求（如恰当地回答面试问题），他还可能预期面试的成功会带来积极的结果（如找到工作）。通过期望-价值理论能够预测，高期望的求职者比低期望的求职者表现出更高频次的求职行为。

然而以往的研究结果却不尽相同。一些学者认为，求职期望对求职行为具有预测作用；另一些学者则发现，求职期望与求职行为存在负相关。如 Feather 等（1987）发现，求职期望（控制-乐观）与求职行为呈负相关，不过它们的相关性并不显著。Maarten 等（2005）研究了失业者的就业价值、求职期望与求职行为的关系。结果表明，就业价值与求职行为呈正相关，而求职期望则与求职行为呈负相关。他们认为，研究结果与理论不符有其他原因。为此，本章假设求职期望对求职行为起负向的预测作用。

假设 2：求职期望对求职行为具有负向的、显著的预测作用。

计划行为理论经常被用来预测各种情境中的意志行为，也被成功地应用于求职研究中。如 Vinokur 和 Caplan（1987）对 297 名失业者进行追踪研究，结果表明，求职意向是求职行为的最强预测因素。Wiener 等（1999）对失业者和就业者进行了对比研究，结果也发现，失业者的求职意向能预测求职行为。Wanberg 等（2005）主持了一项研究，他们对每个被试前后共进行了十个时间点的跟踪研究，集中检验计划行为理论中的求职态度、主体规范、求职自我效能、求职意向和求职行为之间的关系及其随时间变化的趋势。在为期四个月的调查中，他们发现，求职态度、求职自我效能呈现下降趋势，而求职行为则呈现出 U 形变化。通过多层线性模型分析，他们还发现求职意向与求职频率显著相关，求职意向在主体规范、求职自我效能和求职行为之间起调节作用。美国和荷兰的一些研究也发现，求职意向与求职行为之间存在很强的相关性，但求职意向与求职自我效能之间的关系很弱或不显著。这说明求职意向在一定程度上影响了求职自我效能和求职行为之间关系的强度，即当求职意向增强时，求职自我效能与求职行为之间关系的强度减弱；当求职意向减弱时，求职自我效能与求职行为之间关系的强度会增强，求职意向在求职自我效能和求职行为之间起调节作用。

假设 3：求职意向在求职自我效能和求职行为之间起调节作用。

本章求职自我效能、求职期望、求职意向和求职行为的关系假设结构图如图 7–1 所示。

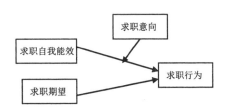

图 7–1　求职自我效能、求职期望、求职意向和求职行为的关系假设结构图

第二节　研究方法

一、研究对象

考虑到样本的代表性和研究结论的可推广性，我们在取样时注意到我

国不同的地区、不同类型的学校和不同的专业背景，然后选取找工作的、不考研的应届本科毕业生为被试。在地区方面，我们主要从我国东北、华东、华南和西北 4 个地区选取沈阳、烟台、南京、广州、西安、兰州 6 个城市。在学校类型方面，选取综合类院校 3 所、理工类院校 3 所、师范类院校 2 所、财经类院校 1 所，共 9 所院校。在专业方面，涉及心理学、教育学、工商管理、经济学、机械设计、电子信息工程、电气工程、交通运输、文学、新闻、医学护理等专业。

为保证每所学校的取样质量，我们在每个学校选择一位辅导员或教师或研究生为主试。在调查前，先通过电话和电子邮件对主试（代理调查者）进行了培训，并给他们提供了培训材料（包括指导语、施测的注意事项、问卷的难点和关键点等）；我们通过电话和邮件了解主试对问卷的熟悉程度；然后，请主试在本校找一位符合取样要求的被试填写问卷；我们再通过电话和邮件审核问卷的质量，并解答问卷填写过程中出现的问题。最后，使得接受培训的 9 所学校的 9 名主试均符合要求。由于每年的 3～4 月份是毕业生找工作比较频繁的阶段之一，我们于 3 月底至 4 月初完成取样工作。

本次共发放问卷 1000 份，回收 878 份，其中有效问卷 836 份，回收率 87.80%，有效率 83.60%。男生 467 人（55.86%），女生 369 人（44.14%）；城市 344 人（41.14%），乡镇 219 人（26.19%），农村 268 人（32.06%），未填 5 人（0.59%）；共产党员 278 人（33.25%），共青团员 471 人（56.34%），群众 76 人（9.09%），未填 11 人（1.32%）。全部数据录入计算机，采用 SPSS 26.0 进行数据处理。

二、研究工具

本章在选择问卷时主要遵循适合性的原则，尽量援用国内外成熟的问卷。对于国外的问卷，如求职期望问卷和求职意向问卷，采用标准的翻译－回译程序。采用求职期望问卷进行小样本预测，对数据进行探索性因素分析，根据结果适当地修改项目表述，以确保问卷项目通俗易懂。

（1）求职行为问卷，采用 Blau（1994）编制的求职强度问卷在国内的修订版。该问卷直接测量了具体求职行为的频率，是求职行为测量中应用最广泛的问卷，有较好的内部一致性系数（e.g. 0.80：Wanberg et al.，1996；0.82 and .086：Wanberg et al.，1999）。该问卷共 12 道题，如"搜寻报刊或海报中的用人信息""在报纸或公告栏中登载个人求职信息"等。采用利克特 5 分等级量表进行评价，由"1—从不"到"5—非常频繁"。

（2）求职自我效能问卷，采用 Lewen 等（2002）编制的求职自我效能问卷，该问卷只有一个项目，因为一个项目比多个项目有更高的会聚效度和预测效度。采用利克特 5 分等级量表进行评价，由"1—信心很小"到"5—信心很大"。题目为"你对求职顺利的信心有多大？"。

（3）求职期望问卷，采用 Maarten 等（2005）编制的求职期望问卷，采用 7 点计分，由"1—完全不同意"到"7—完全同意"。该问卷共 3 道题，其中 2 道采用反向计分，分别是："我对于未来找工作比较乐观"、"我对未来找工作没有期望"（R）、"我在面试过程中遭到了很多次的拒绝，以至于我不再期望找到工作了"（R）。问卷的 a 系数为 0.60。

（4）求职意向问卷，采用 Vinokur 等（1987）编制的求职意向问卷。该问卷包括 2 道题，包括"下个月您准备花多大力气去找工作？""下个月您有多大可能花很大力气去找工作？"。采用利克特 5 分等级量表进行评价，由"1—不花力气"到"5—很大力气"。Vinokur 和 VanRyn（1993）测得的量表一致性系数为 0.80。

（5）控制变量，在所有的统计分析中，控制了毕业生的性别、户籍地、政治面貌等变量。

第三节 研究结果

一、预测结果

采用主成分分析方法，分别对求职期望问卷和求职意向问卷进行探索性因素分析，以特征根大于等于1为因子抽取的原则并参照碎石图，来确定项目抽取因子的有效数目。探索性因素分析结果表明：求职期望问卷是一个单维的结构，累积方差解释率达到了73.64%，各个项目在相应因子上具有较大的负荷；求职意向问卷是一个单维的结构，累积方差解释率达到了92.18%，各个项目在相应因子上具有很大的负荷，因此保留两个分问卷中的所有条目。具体结果如表7-1所示。

表7-1　求职期望分问卷和求职意向分问卷的探索性因素分析结果

求职期望分问卷	因素
	1
项目2	0.845
项目3	0.826
项目1	0.673
累积方差解释率	73.64%
求职意向分问卷	因素
	1
项目1	0.960
项目2	0.960
累积方差解释率	92.18%

二、问卷内部信度和变量之间的相关分析

表7–2　各研究变量的平均数、标准差、相关系数和信度系数（有效样本数 N=836）

序号	变量	平均数	标准差	1	2	3	4	5	6
1	求职自我效能	3.354	0.912	–	–	–	–	–	–
2	求职期望	4.939	1.078	0.383***	0.72	–	–	–	–
3	求职意向	3.529	0.945	0.043	0.125**	0.92	–	–	–
4	求职行为	2.939	0.579	0.172***	-0.104**	0.285***	0.83	–	–
5	性别	1.43	0.495	-0.112**	-0.01	0.063	0.01	–	–
6	户籍地	1.89	0.861	-0.058	0.034	0.040	-0.10*	-0.094*	–
7	政治面貌	1.79	0.597	-0.102**	-0.044	-0.05	-0.123**	-0.034	0.042

注：*$p<0.05$，**$p<0.01$，***$p<0.001$；对角线上的斜体数据是各研究变量的内部一致性系数。

表7–2列出的是各研究变量的平均数、标准差、相关系数和信度系数。如表7–2所示，本章所采用的问卷的内部信度系数 a 均在0.70以上，都大于可以接受的最小信度值0.70。求职自我效能、求职期望、求职意向和求职行为的平均数分别是3.354（SD=0.912）、4.939（SD=1.078）、3.529（SD=0.945）、2.939（SD=0.579），说明所调查的大学生的求职信心、期望、意向和行为频率均在中等以上。从各变量之间的相关性来看，首先，在控制变量与自变量及因变量之间的相关性方面，性别与求职自我效能之间存在着显著的负相关（–0.112）；户籍地与求职行为之间存在着显著的负相关（–0.10）；政治面貌与求职自我效能和求职行为都有着显著的负相关（–0.102，–0.123）。因此，在采用回归分析探讨求职自我效能、求职期望、求职意向与求职行为之间的关系时，引进上述控制变量是必要的。

三、求职自我效能、求职期望对求职行为的回归分析

本章采用回归分析法检验求职自我效能、求职期望对于求职行为的预

测效果，结果如表 7-3 所示。

表 7-3　求职自我效能、求职期望对求职行为的预测作用分析结果

变量		求职行为	
		第一步	第二步
人口统计学变量	性别	−0.002	0.028
	城乡	−0.092*	−0.069
	政治面貌	−0.120**	−0.104**
求职自我效能		−	0.242***
求职期望		−	−0.213***
F		5.042**	11.852***
R^2		0.024	0.087
ΔR^2		0.024**	0.063***

注：***p<0.001，**p<0.01，*p<0.05。

（一）求职自我效能、求职期望对求职行为的预测作用

从表 7-3 可见，求职自我效能、求职期望对求职行为的预测作用均达到了显著水平。排除控制变量的影响之后，其 ΔR^2 值为 0.063。具体而言，求职自我效能对求职行为具有显著的预测作用，其 β 值为 0.242（P<0.001），求职期望对求职意向也具有显著的预测作用，其 β 值为 −0.213（P<0.001）。因此假设 1 和假设 2 均得到了验证。

（二）求职意向在求职自我效能和求职行为之间的调节作用分析

如表 7-4 所示，在求职意向对求职自我效能与求职行为间的调节作用检验中，在排除了控制变量的影响之后，求职自我效能对求职行为的影响达到了显著水平。当同时考虑求职自我效能、求职意向以及交互作用时，发现交互作用达到显著水平，可以推断求职意向在求职自我效能与求职行为之间具有调节作用。

表 7-4　求职意向在求职自我效能和求职行为之间的调节作用分析结果

变量		求职行为		
		第一步	第二步	第三步
人口统计学变量	性别	−0.012	0.011	−0.009
	家庭	−0.088*	−0.076	−0.088*
	政治面貌	−0.116**	−0.097*	−0.083*
自变量	自我效能	-	0.159***	−0.214
调节变量	求职意向	-	-	−0.081
交互作用	自我效能 * 求职意向	-	-	0.535**
F		4.545**	7.422***	16.459***
R^2		0.022	0.046	0.139
ΔR^2		0.022**	0.024***	0.093***

注：***p<0.001，**p<0.01，*p<0.05。

为更清晰地说明调节变量的本质，我们将求职意向划分为不同的水平。由于求职意向是连续变量，需要先将其转化为可以起到分类作用的间断变量，即将求职意向分成高、中、低三组："高求职意向组"代表毕业生的求职意向较高，"中求职意向组"代表毕业生的求职意向处于中等水平，"低求职意向组"代表毕业生的求职意向较低。分组时参照 Aiken 和 West（1991）对分组的建议，将低于求职意向平均分 1 个标准差的划分为"低求职意向组"，平均分正负 1 个标准差之间的划分为"中求职意向组"，而高于 1 个标准差的为"高求职意向组"。然后绘制交互作用图，见图 7-2。

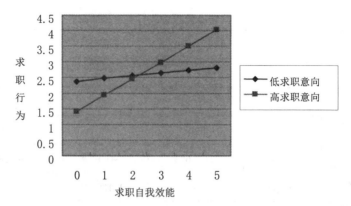

图 7-2   求职意向在求职自我效能和求职行为之间的调节作用示意图

从图 7-2 可以发现,求职意向起到增强变量的调节作用。无论是对低求职意向水平还是对高求职意向水平而言,随着求职自我效能的增加,求职行为也随之增加,然而高求职意向组的斜率更大,说明对于高求职意向组而言,求职时的自我效能感越强,求职的行为频率也越高。可见,在求职自我效能方面,求职意向对求职自我效能和求职行为起到增强变量的调节作用。因此,假设 3 得到了完全验证。

第四节   讨论与结论

本章探讨了求职行为的预测因素。结果表明,求职自我效能对求职行为起到正向的、显著的预测作用,这一结果与国内外的研究结果比较一致,也使得计划行为理论在我国毕业生群体中得到了有效的验证。该结果同时也说明,毕业生在求职时要提高自信心,遇到挫折不要灰心,积极求职;高校就业指导机构要采取有效的培训措施,如就业前的心理指导等,帮助毕业生提高求职自我效能感。

结果还表明,求职期望对求职行为起到负向的、显著的预测作用,这也与以往的部分研究结果一致。毕业生的求职期望值越大,其求职行为反而越少,这可能与毕业生的自身能力、社会网络、家庭背景、毕业院校等因素有关。

本章还发现，求职意向在求职自我效能和求职行为之间起到增强变量的调节作用，即无论是对低求职意向水平还是对高求职意向水平而言，随着求职自我效能的增强，求职行为也随之增加。然而高求职意向组的斜率更大，说明对于高求职意向组而言，求职时的自我效能越强，求职的频率越高。该研究结果在我国毕业生求职行为的研究中是一个新的发现，因为目前国内关于就业或失业的研究中，多数学者将求职意向作为中介变量，而本书则将求职意向作为调节变量，并得到了完全验证，表明求职意向在个体求职过程中起到非常重要的作用。

本研究的不足主要表现在以下三点。第一，在样本的代表性方面，本研究选取了沈阳、烟台、南京、广州、西安、兰州 6 个城市 9 所高校的大四毕业生为被试，没有选取研究生毕业生，也因为条件所限没有选取北京、上海等地区的毕业生，这在一定程度上限制了研究结果向其他群体和地区的推广应用。第二，进行统计分析时，控制了性别、户籍地和政治面貌等人口统计学变量，但在实际中，年龄、文化程度、专业、学校类型等因素，都可能影响毕业生的求职自我效能、求职期望、求职意向和求职行为的相关程度。而个体内其他因素（如知觉到的雇主需求、社会心理授权、知觉到的行为控制、就业承诺、态度、情绪控制、动机、归因、人格等）和外部环境因素（如经济压力、社会支持、就业机会等）也可能影响求职行为，这些都需要开展进一步的研究和检验。第三，关于求职行为与就业的关系，未来研究会继续关注大学生求职行为的干预实验研究，评估干预效果，从而探索在实践中推广干预方法的社会、组织策略。这对于缓解当前我国大学生就业难的局面，构建和谐稳定的社会具有重要的现实意义。

第八章　社会支持对求职行为和求职满意度的影响

　　大学生的就业问题已成为人力资源管理的研究热点。国内关于就业的研究大多都是重宏观、轻微观，重理论、轻实证，很少有探讨就业的影响因素和就业后的态度之间关系的实证研究。而社会支持和求职行为作为预测就业的重要变量，已被国内外许多学者所采用，并取得了大量的成果，但基于我国大学生群体的社会支持、求职行为与就业关系的研究尚不多见。因此，在我国大学生就业竞争日益激烈的情况下，从组织行为学视角开展大学生就业的实证研究，显得尤为必要和迫切。

　　社会支持指个体在情感上所受到的关心和支持。父母、配偶、子女以及周围人情感上的关心和支持都属于社会支持，朋友、同事和集体是社会支持的来源。一般认为，社会支持从性质上分为两类。一类是客观支持，这类支持是客观的、可见的或实际的支持，包括物质上的直接援助以及社会网络、团体关系的存在和参与，后者指稳定的关系（如家庭、婚姻、朋友、同事等），或不稳定的社会联系（如非正式团体、暂时性的社会交际等），这类支持独立于个体的感受，是客观存在的现实。另一类是主观支持，这类支持是个体体验到的或情感上感受到的支持，指的是个体在社会中受尊重、被支持、被理解而产生的情感体验和满意程度，与个体的主观感受密切相关。对这两类支持的重要性，不同的学者有不同的看法。多数学者认为可感受到的主观支持比客观支持更有意义，虽然可感受到的主观支持并不是客观现实，但是被感知到的现实却是心理的现实，正是心理的现实作为实际的变量影响人的行为和发展，如个体在求职过程中，来自家庭、恋人、朋友、同学等主观的支持比来自学校、党团工会等客观的支持对求职行为的影响更大。可见，社会支持在一定程度上会影响求职行为和就业。

求职满意度（job-search satisfaction）是指个体对所找工作的总体满意程度，包括对工作本身、薪酬、人际关系和工作环境等的主观反应和初步感受，是衡量个体就业态度的指标。它发生在找到工作之后，正式参加工作之前。求职满意度与工作满意度的本质区别是：前者是个体尚未进入工作时的主观感受，而后者是个体进入工作中的实际感受。

本章借鉴国内外相关研究成果，在调查问卷资料的基础上，对大学生社会支持、求职行为和求职满意度之间的关系进行追踪研究，以揭示各个变量之间的相互关系，从而探索毕业生成功就业的有效模式。

第一节　研究问题与理论假设

社会支持理论经常被用来预测求职行为和就业状况，研究者大多也是从社会支持与求职行为以及社会支持与就业两个方面探讨其关系。第一，社会支持与求职行为的关系。Mallinckrodt 与 Fretz（1988）在对一组较大年龄的男性失业工人的调查中发现，社会支持与求职行为呈显著相关。Rife 和 Belcher（1993）调查了 54 名失业人员的社会支持在求职过程中的作用，发现社会支持是求职强度的一个重要预测源。Wanberg 等（1999）也发现社会支持对求职行为具有预测作用。第二，社会支持与就业的关系。Kessler（1987）的研究表明，社会支持与再就业呈正相关。Wanberg 等（1999）进一步探讨了利用社会关系网对再就业的影响，结果表明求职中利用社会关系的频率与再就业呈显著正相关。赵延东等（2000）的研究

表明，社会支持网络对下岗职工能否获得工作岗位具有显著影响。Kanfer
等（2001）对求职行为预测因素的元分析表明，社会支持与求职行为呈
显著相关。时勘等（2001）在下岗职工再就业心理行为及辅导模式的研
究中发现，社会支持对再就业具有显著的预测作用，且亲朋好友的鼓励
支持与就业状态显著相关。Harris 等（2001）发现，社会支持预测了女性
的工作满意度，但无论是对男性还是对女性都没有预测其工作任期。张
淑华（2008）探讨了沈阳市失业人员的社会支持与就业的关系，结果发
现，支持利用度对工作满意度有显著的预测作用。Manuel Garcia-Ramirez
等（2005）从社会护卫（convoy）模型的角度探讨了移民获得的社会支持
对就业的影响，结果表明移民获得的社会支持越多，越容易找到工作。社
会支持理论认为，一个人所拥有的社会支持网络越强大，就能够更好地应
对各种来自环境的挑战，从而达到既定目标。个人的社会支持网络包括正
式社会网络和非正式社会网络，正式社会网络主要是指政府、企业、学校
等社会正式组织；非正式社会网络指的是亲人等亲缘关系，同学、教师等
业缘关系，邻里等地缘关系及朋友等私人关系。[①]个体的求职活动往往耦
合于社会关系网络中，社会关系网络越强大，个体获得的社会支持越多，
求职行为越频繁，个体求职成功的机会就会越多。[②]社会支持对个体求职
行为具有显著的预测作用[③]，来自劳动部门、学校等源头的正式支持和来自
父母、朋友等源头的非正式支持，都对求职行为有正向影响。[④]依托社会
关系网络，可以为个体建立全面高效的就业服务体系，不同的社会网络提

————————
　　① 贺寨平.国外社会支持网研究综述［J］.国外社会科学，2001（1）：76-82.

　　② 赵延昇，周汝.大学毕业生社会支持与求职行为的关系研究——基于职业决策自我效
能、主动性人格和社会资本的作用机制［J］.北京航空航天大学学报（社会科学版），2015，28
（5）：63-70.

　　③ 冯彩玲，时勘，张丽华.高校毕业生求职行为的影响机制研究［J］.心理科学，2011，
34（1）：181-184.

　　④ 徐晓丽，于春，陈跃.高校毕业生职业社会支持与求职行为的关系——生涯适应力的中
介作用［J］.中国农业教育，2022，23（4）：39-47+61.

供不同的情感支持、物质支持与信息支持，为个体求职行为提供个人"定制"的就业指导与服务。[①] 社会支持能为个体求职不同阶段提供所需的资源，不仅可以维持个体良好的情绪体验，降低对压力与求职失败的感知，易于个体保持心理健康[②]；而且能很好地预测求职与就业的相关变量，提供一定的个体所需物质与信息的支持，如职业规划相关的信息和建议、求职过程中的物质经济支持以及其他可获取的各类资源。[③] 社会支持作为保护性因素，能够增强个体克服困难的能力，成为克服生涯阻碍的潜在资源，个体可以借助社会支持发展职业兴趣、形成生涯目标并采取行动，在个体获得职业成功的过程中发挥重要作用。[④] 可见，在各种心理社会因素中，社会支持对求职行为和就业都有较强的预测作用。可见个体得到的社会支持越多，求职机会越多，求职频率也越高。

H1：社会支持对求职行为具有正向的、显著的预测作用。

以往大部分研究已经证实了社会支持对求职行为的预测作用，也有研究验证了求职行为对就业的预测作用，如 Quint 等（1995）以大学毕业生和职业发展部门的员工为被试，探讨了两个不同群体的求职行为和职业自我概念固化对就业的影响，结果发现求职行为与就业成功的可能性呈正相关，高水平的求职行为与就业后的工作满意感呈显著正相关，等等。这一结论同样也可以推广到大学生群体中，但是哪种支持对就业的影响更大呢？

不同的学者有不同的看法，多数学者认为感受到的支持比客观支持更

---

① 葛昕明.社会支持视域下的独立学院贫困生就业扶助［J］.黑龙江高教研究，2018（1）：87–89.

② 张阳，王友明.大学生弱势群体就业社会支持网络缺失的影响因素与对策研究［J］.北京青年研究，2016，25（2）：46–53.

③ 王丽萍，曾祥龙.农业高校大学生农村就业意愿研究［J］.高教探索，2021（6）：121–128.

④ 侯志瑾，白茹，姚莹颖.大学生生涯社会支持量表的编制［J］.中国临床心理学杂志，2010，18（4）：439–442.

有意义，虽然感受到的支持并不是客观现实，但是被感知到的现实却是心理的现实，正是心理的现实作为实际的变量影响人的行为和发展，如个体在求职过程中，来自家庭、恋人、朋友、同学等主观的支持比来自学校、党团工会等客观的支持对求职行为影响更大。

H2a：社会支持对求职满意度具有正向的、显著的预测作用。

H2b：与客观支持和支持利用度相比，主观支持更能预测求职满意度。

大学生在就业过程中，由于无法达到或实现就业目标时，会产生如焦虑等一系列消极就业情绪。社会支持作为一种支持性来源或者行为，对维护和保持良好情绪状态具有重要作用，良好的社会支持系统是个体社会交往程度和质量的体现。[①] 社会支持在就业领域的一种表现，通常指的是个体在就业情景过程中，获得来自社会各方面的精神或物质帮助，例如家人、亲戚、同学、朋友或老师等。[②] 已有研究指出，社会支持与个体的就业焦虑等负面情绪呈显著的负相关，并且能够负向显著预测就业焦虑，个体获得就业社会支持越多，就业焦虑水平越低，心理健康状况越好。[③] 社会支持对个体有保护作用，在个体就业情景过程中扮演消极情绪缓冲器的角色[④]，可以有效地减少就业过程中带给个体负面的影响。全面高效的就业服务体系具有较强的实践性、开放性和社会性，是一个复杂的系统，个体自身资源十分有限，需要依托个体社会关系网络形成有效的社会支持体系，通过政府、社会、家庭、学校等多方支持主体的合作，从就业政策、

① 王扬，刘珂旬，孙也程.大学生主流意识形态认同的心理机制研究[J].学校党建与思想教育，2024（2）：80-83.

② 范俊强，黄雨心，徐艺敏，等.就业焦虑：毕业前大学生心理压力及其纾解[J].教育学术月刊，2022（9）：75-82.

③ 陈维，黄梅，赵守盈.就业社会支持对大学应届毕业生就业焦虑的影响：一个有调节的中介模型[J].中国特殊教育，2020（5）：84-89.

④ 刘芷含.大学生就业压力与主观幸福感：双向中介效应[J].中国临床心理学杂志，2019，27（2）：378-382.

资金、职业培训、就业信息服务等多方面提供个体所需的资源支持。[①]政府支持在正式社会支持网络中起着至关重要的作用，就业政策的顶层设计、完善大学生就业服务体系、搭建透明化的就业信息发布平台、资金支持以及失业政策等方面，离不开各级政府行政力量的推动。学校和企业可以为个体提供见习、实习、实训等个性化就业服务与指导，全面提升个体的就业能力。此外，社会支持为个体提供就业信息支持，针对个体情况提供就业指导与岗位信息，在个体求职过程中起到重要的桥梁作用。

社会支持、求职行为和求职满意度的关系如图 8-1 所示。

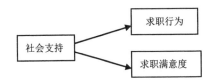

图 8-1　社会支持、求职行为和求职满意度的关系假设结构图

第二节　研究方法

一、研究对象

在地区方面，我们主要从我国东北、华东、华南和西北 4 个地区选取沈阳、烟台、南京、广州、西安、兰州 6 个城市。在学校类型方面，选取综合类院校 3 所、理工类院校 3 所、师范类院校 2 所、财经类院校 1 所，共 9 所院校。在专业方面，涉及心理学、教育学、工商管理、经济学、机械设计、电子信息工程、电气工程、交通运输、文学、新闻、医学护理等专业。为追踪研究，前后测间隔时间为 2 个月。由于每年 3 月份是毕业生找工作比较频繁的阶段，我们于 3 月底至 4 月初完成第一次取样工作，探讨社会支持和求职行为的关系；2 个月后（5 月底至 6 月初）进行第二次

① 孔青，蒋保伟. 大学生返乡就业创业的社会支持要素研究 [J]. 中州学刊, 2018（12）：85–89.

测试，追踪第一次调查的被试，探讨求职行为对求职满意度的预测作用，通过前测和后测 2 次测量，揭示本章中各变量之间的相互关系。

在进行正式测试之前，我们采用社会支持问卷和求职行为问卷，对 60 名正在找工作的毕业生进行预测，采用求职满意度问卷对 60 名已经找到工作的毕业生进行预测，对数据进行探索性因素分析，根据结果适当地修改项目表述，以确保问卷项目通俗易懂。

第一次测试共发放问卷 1000 份，回收 878 份，其中有效问卷 836 份，回收率 87.80%，有效率 83.60%。男生 467 人（55.86%），女生 369 人（44.13%）；城市 344 人（41.15%），乡镇 219 人（26.19%），农村 268 人（32.06%），未填 5 人（0.59%）；共产党员 278 人（33.25%），共青团员 471 人（56.34%），群众 76 人（9.09%），未填 11 人（1.31%）。

第二次测试总共发放 711 份问卷，实际回收 674 份，有效问卷 665 份，回收率 94.79%，有效率 93.53%。男生 372 人（55.93%），女生 293 人（44.06%）；城市 279 人（41.95%），乡镇 164 人（24.66%），农村 221 人（33.23%），未填 1 人（0.15%）；共产党员 212 人（31.88%），共青团员 428 人（64.36%），群众 25 人（3.76%）。

全部数据录入计算机，采用 SPSS 26.0 进行数据处理。

二、取样程序

为保证每所学校的取样质量，我们在每个学校选择一位辅导员或教师为主试。在调查前，先通过电话和电子邮件对主试（代理调查者）进行了培训，并给他们提供了培训材料（包括指导语、施测的注意事项、问卷的难点和关键点等）；我们通过电话和邮件了解主试对问卷的熟悉程度；然后，请主试在本校找一位符合取样要求的被试填写问卷；我们再通过电话和邮件审核问卷的质量，并解答问卷填写过程中出现的问题。最后，使得接受培训的 9 所学校的 9 名主试均符合要求。

问卷通过邮寄的方式进行，主试召集大四毕业生开会后或课后抽出时间填写，被试填完之后当场回收问卷。部分问卷由班长带回填写，统一收回后交给主试。在调查之前，事先告知被试调查结果会完全保密，调查结果仅用于学术研究。由于是追踪测试，为防止被试流失，每所学校的主试分别负责追踪 50～100 名被试。

三、研究工具

本章在选择问卷时主要遵循适合性的原则，尽量援用国内外成熟的问卷。对于国外的问卷，如求职期望问卷和求职意向问卷，采用标准的翻译–回译程序。

（1）社会支持问卷，采用肖水源等（1987）编制的社会支持问卷。测定学生在支持总分、客观支持、主观支持和对社会支持利用度等方面的得分情况。该量表总分为 34.56±3.73，2 个月重测总分一致性 R=0.92（P<0.01），各条目一致性 R1–10 在 0.89±0.94 之间，表明问卷有较好的重测信度。本章结合大学生的实际情况，对量表中的一些项目进行了修订，如第 4 题中的"同事"改为"同学"；第 5 题中的"夫妻"改为"恋人"，同时删除"儿女"一栏；第 6、第 7 题的"配偶"改为"恋人"，"同事"改为"同学"。

（2）求职行为问卷，采用 Blau（1994）编制的求职强度问卷在我国的修订版。该问卷直接测量了具体求职行为的频率，是求职行为测量中应用最广泛的问卷，有较好的内部一致性系数（e.g. 0.80：Wanberg et al.，1996；0.82 and 0.86：Wanberg et al.，1999）。该问卷共 12 道题，如"搜寻报刊或海报中的用人信息""在报纸或公告栏中登载个人求职信息"等，采用利克特 5 分等级量表进行评价，由"1—从不"到"5—非常频繁"。

（3）求职满意度问卷，问卷由 Cammann 等（1983）编制的通用工作满意度量表修订而来，采用 7 点量表计分，共 3 道题，问卷的 a 系数从0.67–0.95。本章结合大学生的实际情况，对问卷中的一些项目表述进行了修订，分别是"总的来说，我对这份工作比较满意""大体来说，我不喜欢这份工作"和"大体说来，我喜欢这份工作"。

（4）就业状况，采用Tsui，Egan和O'Reilly（1992）编制、宋照礼等人修订的中文版就业状况问卷。该问卷共4道题，如"你目前的工作状态""你每周工作的时间"等。该问卷的克隆巴赫系数了（Cronbach's alpha）系数为0.79。

（5）控制变量，在所有的统计分析中，控制了毕业生的性别、政治面貌等变量。

第三节　研究结果

一、预测结果

采用主成分分析方法，对社会支持问卷、求职行为问卷和求职满意度问卷分别进行了探索性因素分析，以特征根≥1为因子抽取的原则并参照碎石图，来确定项目抽取因子的有效数目。探索性因素分析结果表明，社会支持问卷是一个三维的结构，累积方差解释率达到了57.93%，各个项目在相应因子上具有较大的负荷；求职行为问卷也是一个三维的结构，累积方差解释率达到了55.79%，各个项目在相应因子上具有较大的负荷；求职满意度问卷是一个单维的结构，累积方差解释率达到了69.67%，各个项目在相应因子上也具有较大的负荷。具体结果如表8–1所示。

表8–1　社会支持、求职行为和求职满意度问卷的探索性因素分析结果

社会支持问卷	因素		
	1	2	3
项目3	0.806	–	–
项目4	0.737	–	–
项目5	0.446	–	–

续表

社会支持问卷	因素		
	1	2	3
项目 1	0.439	–	–
项目 6	–	0.889	–
项目 7	–	0.877	–
项目 2	–	0.678	–
项目 10	–	–	0.865
项目 8	–	–	0.516
项目 9	–	–	0.501
解释的方差变异量	57.93%		

求职行为问卷	因素		
	1	2	3
项目 4	0.785	–	–
项目 3	0.728	–	–
项目 12	0.672	–	–
项目 5	0.561	–	–
项目 7	0.546	–	–
项目 2	–	0.842	–
项目 1	–	0.619	–
项目 6	–	0.506	–
项目 9	–	–	0.531
项目 10	–	–	0.777
项目 8	–	–	0.697
项目 11	–	–	0.544

续表

社会支持问卷	因素		
	1	2	3
解释的方差变异量	55.79%		

求职满意度问卷	因素
	1
项目 3	0.869
项目 1	0.868
项目 2	0.742
解释的方差变异量	69.67%

二、正式施测后的验证性因素分析结果

运用一测时所获得的数据对社会支持和求职行为的因素结构进行验证，并且比较了一因素模型和三因素模型，结果如表 8-2 和表 8-3 所示。从表 8-2 的验证性因素分析结果可以看出，三因素模型的各项拟合指数均达到了先定的标准，说明社会支持的三因素结构得到了数据的支持。从表 8-3 的验证性因素分析结果可以看出，三因素模型的各项拟合指数均达到了先定的标准，说明求职行为问卷的三因素结构也得到了数据的支持。

表 8-2 社会支持问卷的验证性因素分析结果

模型	χ^2	df	GFI	NFI	IFI	TLI	CFI	RMSEA
虚模型	923.362	21	–	–	–	–	–	–
一因素模型	15494.938	55	0.843	0.826	0.864	0.781	0.862	0.12
三因素模型	384.810	35	0.941	0.975	0.977	0.964	0.977	0.07

表 8-3　求职行为问卷的验证性因素分析结果

模型	χ^2	df	GFI	NFI	IFI	TLI	CFI	RMSEA
虚模型	23345.875	81	–	–	–	–	–	–
一因素模型	20129.443	78	0.86	0.83	0.86	0.77	0.84	0.18
三因素模型	11.147	54	0.97	0.970	0.973	0.961	0.973	0.08

三、高校毕业生就业状况描述性统计结果

在第二次追踪调查中，有 562 名毕业生已找到工作，还有 96 名毕业生尚未找到工作。对已找到工作的毕业生进行描述统计，结果如表 8-4 所示。

表 8-4　高校毕业生就业状况统计表

变量		人数	百分比（%）
工作类别	受雇于他人	514	91.46
	自己干	27	4.80
	其他	21	3.74
变量		平均数	标准差
周时		41.94	8.73
工资		1351.45	841.28

如表 8-4 所示，在工作类别方面，大部分毕业生都是受雇于他人，约占 91.46%，只有少数人选择自己干（4.80%）；在每周工作时间方面，平均周时为 41.94，符合《中华人民共和国劳动法》规定的工时；在月工资方面，平均工资为 1351.45 元，符合我国毕业生就业的实际情况，但毕业生的月工资差别较大，这可能与性别、地域、专业、学校类别、市场需求等因素有关。

四、问卷内部信度和变量之间的相关分析

如表8-5所示,本章所采用的问卷的内部信度系数 a 均在 0.70 以上,都大于可以接受的最小信度值 0.70。社会支持、求职行为和求职满意度的平均数分别是 2.82(SD=0.49)、2.94(SD=0.58)、3.93(SD=0.78)。说明所调查的大学生的社会支持、求职频率、对求职结果的满意程度均在中等以上。

从各变量之间的相关性来看,社会支持与求职行为呈显著正相关(r=0.19.p<0.01),与求职满意度也呈显著正相关(r=0.24.p<0.01)。另外,在控制变量与自变量及因变量之间的关系方面,性别除与社会支持(−0.16)呈显著的负相关之外,与客观支持(0.15)、主观支持(0.11)和支持利用度(0.12)均呈显著的正相关;政治面貌与社会支持(−0.10)、支持利用度(−0.12)和求职行为(−0.12)均呈显著的负相关。因此,在采用回归分析探讨社会支持、求职行为和求职满意度之间的关系时,控制上述变量是必要的。

五、社会支持、求职行为和求职满意度的回归分析

从表8-6可以看出,社会支持对求职行为的影响达到了显著水平,在排除了控制变量的影响后,社会支持对求职行为解释的方差变异量为3.90%。具体而言,社会支持对求职行为具有显著的预测作用,其 β 值为0.182(P<0.001),H1 得到完全验证。社会支持对求职满意度的影响也达到了显著水平,在排除了控制变量的影响后,社会支持对求职满意度解释的方差变异量为5.30%,即社会支持对求职满意度具有显著的预测作用,其 β 值为 0.245(P<0.001),H2a 得到完全验证。

表8-5 各研究变量的平均数、标准差、相关系数和信度系数

序号	变量	平均数	标准差	1	2	3	4	5	6	7
1	社会支持	2.82	0.49	0.72	–	–	–	–	–	–
2	客观支持	2.55	0.82	0.73**	—	–	–	–	–	–
3	主观支持	3.07	0.58	0.89**	0.44**	—	–	–	–	–
4	支持利用度	2.57	0.57	0.56**	0.20**	0.32**	—	–	–	–
5	求职行为	2.94	0.58	0.19**	0.09*	0.17**	0.16**	0.83	–	–
6	求职满意度	3.93	0.78	0.24**	0.11*	0.23**	0.21**	0.08	0.73	–
7	性别	1.43	0.495	-0.16**	0.15**	0.11**	0.12**	0.09**	0.08**	–
8	政治面貌	1.79	0.597	-0.10**	-0.06	-0.07	-0.12**	-0.12**	-0.03	-0.05

注：*p<0.05，**p<0.01，***p<0.001；对角线上的斜体数是各研究变量的内部一致性系数。

表8-6   社会支持、求职行为和求职满意度的回归分析结果

变量		求职行为		求职满意度	
		第一步	第二步	第一步	第二步
人口统计学变量	性别	−0.005	−0.034	0.023	−0.014
	政治面貌	−0.108**	−0.090**	−0.025	−0.008
自变量	社会支持	–	0.182***	–	0.245***
F		3.486	8.596***	5.072	8.952***
R2		0.012	0.008	0.001	−0.004
ΔR2		0.044	0.039***	0.060	0.053***

注：***p<0.001   **p<0.01   *p<0.05。

六、客观支持、主观支持、支持利用度与求职满意度的关系

对客观支持、主观支持、支持利用度与求职满意度之间的关系进行回归分析，结果如表8-7所示。

表8-7   客观支持、主观支持、支持利用度对求职满意度的预测作用分析

变量		求职满意度	
		第一步	第二步
人口统计学变量	性别	0.036	0.002
	政治面貌	−0.034	−0.012
自变量	客观支持	–	0.001
	主观支持	–	0.218***
	支持利用度	–	0.079
F		2.01	5.049***
R^2		0.022	0.085
ΔR^2		0.022	0.063***

注：***p<0.001   **p<0.01   *p<0.05。

如表8-7所示，主观支持对求职满意度的预测作用达到了显著水平。排除控制变量的影响之后，其 ΔR^2 值为0.063。具体而言，主观支持对求职满意度具有显著的预测作用，其β值为0.218（P<0.001）。而客观支持和

支持利用度对求职满意度均没有显著影响，因此 H2b 也得到了证实。

第四节　讨论与结论

一、理论意义

本章的目的是探讨社会支持对求职行为和求职满意度的影响。由于我国大学毕业生是一个特殊的群体，首先，我们对所研究的 3 个概念（社会支持、求职行为和求职满意度）的测量量表中一些条目进行了删除或修正；其次，用预测研究的样本数据对各个概念的量表进行了探索性因素分析，探讨了各个量表的结构；最后，用正式研究的样本数据对各个概念的量表进行了验证性因子分析，验证了各个概念各自的结构效度。所有这些工作，都是为下一步分析 3 个概念的关系所做的必要准备。回归分析的结果表明，本章所提出的 3 个假设都得到了很好的验证。

本章结果表明，在控制了性别和政治面貌的影响后，社会支持与求职行为呈显著的正相关，且社会支持显著影响求职行为，这一结果与大多数学者的研究结果一致，说明无论是失业群体还是毕业生群体，社会支持作为求职行为的重要预测源已经得到验证；同时也说明毕业生在求职过程中获得的社会支持越多，求职心态越积极，求职频率也越高。本章发现，社会支持也与求职满意度呈显著正相关，且社会支持也对求职满意度起到正向的、显著的预测作用。这与以往的研究结果比较一致，说明毕业生获得的社会支持越多，对所找的工作越满意。

社会支持中的主观支持对求职满意度也起到正向的、显著的预测作用，这恰与社会支持理论相吻合，说明家人、朋友、同学等的支持对求职满意度的影响较大。也提醒我们，毕业生在求职时要获得尽可能多的社会支持，尤其是主观支持，这样在亲朋好友的鼓励支持下，保持平和的求职心态，对所找的工作也会更加满意。

二、实践意义

本章以我国大学毕业生群体为研究对象，对社会支持、求职行为和求职满意度这 3 个变量的关系做了实证性研究。研究被试所在的学校涉及综合类、理工类、师范类、财经类等各类院校，专业方面也涉及心理学、工商管理、经济学、机械设计、电气工程、交通运输、文学、医学护理等各类专业，这说明本章的结论能普遍适用于我国高校就业指导的实践。同时，正式研究中符合条件的样本总数较多，样本量较大，能充分保证结果的稳定性。另外，本章从两个时间点上追踪测量这 3 个变量，进一步探索了各变量之间的因果关系。

尽管国内外一些学者已经研究下岗失业群体的求职和就业问题，但是他们的理论和实证研究结果能否用来指导大学毕业生群体的就业问题，还需要在特定的情境中进行验证。而且，关于社会支持、求职行为和求职满意度关系的研究目前应该说还是一个空白。因此，本章的理论意义就在于将求职行为理论应用于大学毕业生群体，进一步丰富了求职行为理论；现实意义在于指导大学生如何建立社会支持网络，扩大就业机会，提高求职成功率。

三、局限性和未来研究展望

本章的不足主要表现在共同方法变异的存在，也就是研究中的社会支持、求职行为与求职满意度都是来自同一个人回答的，因而会造成虚假相关（spurious correlations），不仅可能隐藏了 3 个变量的真实关系，而且会干扰自变量与因变量之间的关系。虽然有研究证明共同方法变异并不足以使研究的结论变得无效，但我们认为，未来的研究有必要对不同的变量选取不同的数据来源，从而克服共同方法变异可能带来的问题。

未来需要从以下三方面丰富大学生就业方面的研究。其一是求职行为的前因后果变量。个体内其他因素（如知觉到的雇主需求、社会心理授权、知觉到的行为控制、就业承诺、态度、情绪控制、动机、归因等）和外部环境因素（如经济压力、就业机会等）也可能影响求职行为，这些都需要展开进一步的研究和检验。其二是关于求职行为与就业的关系。未来的研究会继续关注大学生求职行为的干预实验研究，并评估干预效果，从而探索在实践中推广干预方法的社会、组织策略。其三是关于求职满意度与工作满意度、工作绩效等因变量之间的关系。通过追踪设计，深入揭示各变量之间的因果关系。

第九章 大学生就业干预辅导实验研究

第一节 研究目的与假设

一、研究目的

调整和改变高校大学生的求职态度、情绪、压力和行为，是提高大学生就业满意度和未来职业发展的关键。本章以目标设置理论、态度改变理论、自我效能理论、情绪控制理论、压力应对理论为基础，选取 60 名大四准毕业生，运用准实验设计法进行团体辅导，试图探讨高校大学生求职行为干预辅导效果的改变。

二、研究假设

（一）辅导的内涵

关于辅导（mentoring）的研究在国外已有 40 多年的历史，如今辅导已职业化，除了学术领域的研究外，咨询组织和私人开业者也都对辅导进行了广泛的研究。回顾以往文献，关于辅导的研究主要分为两类。第一，传统性观点，主要是基于 Levinson 等（1978）的开创性研究，这也是过去大部分研究所采用的观点，他们认为辅导是由辅导者与组织内的被辅导者双方建立的发展性支持，即强调单一的双向关系（Huggins and Kram, 2001）。第二，发展性观点，是基于 Kram（1985）的观点发展而来的，认为个体在他们的生涯发展性支持上不仅依赖一个个体，而且依赖多元个体，即关系群（relationship constellations），也就是把辅导看成是一种多元发展关系现象。Huggins 和 Kram（2001）对此进行系统总结，认为辅导可以建立在社会网络理论基础上（social network theory），并提出了发展性网络理论（developmental network thoery）。

简言之，传统观点认为辅导是由组织内部个体间提供的单一双向的关系，旨在提供组织或工作相关的生涯发展。而新近的发展性网络观点认为辅导是由组织内外部的个体提供的多元网络关系，旨在提供生涯或个人相关的职业和心理支持。

（二）辅导的有效性

一般来讲，无论是传统性辅导还是发展性辅导，都是由较多经验和知识的个体为较少经验和知识的个体提供建议、资讯、反馈和帮助的过程，是人与人之间的一种价值交换关系，职业辅导的目的是提高被辅导者的职业发展功能和心理功能，如分享工作以后的职业发展、工作支持、友谊、接纳等。被辅导者在求职、支持、保护、人际交往和工作分配的挑战中获得帮助，从而为未来的组织生活和工作机会做准备，是辅导的职业功能。帮助被辅导者建立自我效能感，为其提供情感支持，保持其稳定的求职情绪，缓解其求职压力，是辅导的心理功能。

辅导在理论界和实践界得到了广泛的关注，已被应用于企业管理者、专家学者还有其他工作者的发展，这种辅导的有效性得到了大量研究的证实。辅导会影响个体的社会化、学习、职业发展、心理健康，受过辅导的个体会有较高的工作满意度和求职灵活性。辅导还可以降低离职率和工作疏离感。

一些研究表明，接受过辅导的个体不仅来自组织内部，也可能来自组织外部更广范围的社会系统，如同学、家庭、朋友、非工作组织、社区等。辅导已被引入失业干预领域（Flude，2000）。计算机辅助选择与评价心理测验（computer aided selection and evaluation psychometric test，CASEPT）计划是针对欧洲长期失业的年轻人（18~24岁）进行的以人为中心的干预计划，这个干预计划是以"第三种方式（the third way）"为哲学基础理念（Plant，1998），即把显性的"过程和任务"和隐性的"参与和信任"融合在一起，基于心理测验技术进行诊断的干预计划，其中采用了辅导的干预技术。在这个计划的实施过程中，邀请来自社区的辅导员（mentor）给失业者提供"感情和价值观"支持，这样有助于失业者的长期改变。研究结果证明了辅导的有效性（Flude，2000）。近年来，组织培训中采用的辅导方式，证明了辅导在改变被辅导者的社会心理与行为，增加其自我效能，帮助其获得工作机会方面是有效的（时勘 等，2001）。时勘等（2001）的研究也表明了辅导是有效的。

（三）求职目标清晰度的干预辅导

目标是个体在特定时期特定情境下通过努力要完成的事情（Grant and Dweck，1999）。洛克（Locke）于 1967 年最先提出"目标设置理论"（goal setting theory），认为目标能引导活动指向与目标有关的行为，使人们根据难度的大小来调整努力的程度，并影响行为的持久性。个人目标应该提供生活目的、结构和意义（Cantor，1990；Cantor and Zirkel，1990；Klinger，1977），同时个体对目标的评价会影响个体的行为方式。

Brunatain（1993）的研究证明了目标评价的三个维度，分别是目标承诺、目标清晰度（job search clarity）和对目标进展的感知，解释了个体之间对幸福的感知和判断的差异。Brunatain 发现，个体对目标承诺的强烈意识与达成目标的有利条件相关，可以使个体在实现目标过程中很快进步，反过来这种进步促进个体心理健康。相反，对达成目标不利的条件，表现为在追求目标的过程中缺少机会，缺乏清晰的目标，缺乏控制和支持，会削弱个体进步，并降低个体的心理健康水平。

目标本身有助于个体直接实现目标。目标有两个最基本的属性：明确度和难度。从明确度来看，目标可以是模糊的，如"我要努力去找工作"；目标可以是明确的，如"我要在 3 个月内找到工作"。明确的目标可使人们更清楚要怎么做，付出多大的努力才能达到目标。个体也希望了解自己行为的认知倾向，所以设定明确的目标，有利于评价个体的能力，清楚地了解行为目的和结果也能减少个体行为的盲目性，提高行为的自我控制水平。模糊的目标具有较大的灵活（Mento，1992），如"尽力做得最好""尽最大努力去做"，而不利于引导个体的行为和评价，模糊目标的不确定性容易产生多种可能的结果。研究者发现，个体对于明确的、有挑战性的目标完成得较好，而对于模糊的、有挑战性的目标则会降低结果水平。Locke和Latham（1990）进行了88种不同的任务实验，近4万名被试参加了目标设置研究，涉及不同领域、不同文化背景的人群，上述结论在现场研究中都得到了一致的重复和验证，表明目标设置理论的研究结果可以适用于不同的文化环境中的求职行为研究。

H1：接受辅导的大学生比没有参加辅导的大学生的目标清晰度要高。

（四）求职自我效能的干预辅导

自我效能是美国心理学家班杜拉在社会学习理论中提出的一个核心概念。它是以对个体全部资源的评估为基础的，包括能力、经验、训练、过去的绩效、关于任务的信息等，是个体对自己能否在一定水平上完成某一活动所具有的能力判断、信念或主体自我把握与感受（Bandura，1986）。自我效能是个体在行动前对自身完成该活动有效性的一种主观评估，这种主观估计影响个体对行为的选择、面对困难时的坚持性和努力程度，还会影响个体的情绪状态。自我效能通过选择过程、认知过程、动机过程和情绪反应这四种方式作用于主体。

自我效能影响个体对行为的选择。一方面影响目标的设置，自我效能是个体自身潜能的最有影响力的主宰，它在个体做出选择决定时发挥了核心作用——激发个体为达到目标付出持久的努力，勇于面对各种挑战，不怕困难和失败，力图实现成就目标。当对某个任务的自我效能强的时候，个体对这个目标的承诺就会提高。这是因为高自我效能有助于个体长期坚持在某一个活动上，尤其是当这种活动需要克服困难、战胜阻碍时。当个体面对一个任务时，个体对自己完成该任务的能力评价较低时，一般不会采取行动或者只是选择一个较容易的目标。另一方面，自我效能对个体的行为方式有影响，个体在做事情时总是选择一种最有成功可能的方式。自我效能影响个体面对困难时的坚韧性和努力程度，高自我效能的人所付出的努力与任务难度成正比，低自我效能的人所付出的努力则与任务难度成反比。自我效能会影响个体的情绪，当一个人认为做某件事成功的可能性很大时，他往往会有一个乐观积极的心态，情绪饱满，主动性也更高。自我效能高的人会更有兴趣从事某一活动，在行动的过程中他们会更加主动地去寻找解决问题的方法，对外界的信息会更加积极地进行加工，从而更有可能获得好的结果，好的结果又能起到强化作用，提高个体的自我效能。自我效能高的人在解决问题之前，往往会从积极的方面去考虑问题，形成正向预期；遇到问题时，也会以一个乐观的心态看待它，较少产生焦虑。

求职与自我效能是密切相关的（Dov Eden and Arie Aviram，1993），求职自我效能很大一部分来自找工作的体验中。一些失业研究者认为，随着失业个体自尊水平降低了（Jahoda，1982；Kelvin and Jarrett，1985；Shamir，1986；Warr and Jackson，1985；Winegardner，Simonetti，and Nykodym，1984），自我效能也降低了，失业者不再相信自己能够再次被雇佣，找到工作可以帮助个体恢复自我效能。在激发大学生找工作的过程中，自我效能起着非常重要的作用。求职过程中面对的各种挫折和压力会使大学生遭受打击，陷入情绪沮丧的恶性循环中，会使他们失去自尊和自我效能，从而使他们逐渐失去找到满意工作的动力。低自我效能持续的时间越长，找工作付出的努力就会越少（Dov Eden and Arie Aviram，1993）

近年来，辅导的策略在组织内员工的培训中被证明，辅导能有效提高员工的社会心理与行为，增加其自我效能、工作机会中的有效性（时勘 等，2001）。辅导过程中辅导员向被辅导者提供情绪支持，帮助其提高自我效能水平。辅导者通过语言传授经验，提供的角色模型发挥榜样的作用——替代性经验，这些有助于提高被辅导者的自我效能水平。自我效能水平提高了，被辅导者有了较高的自信水平，这就会促进他们求职行为的健康发展。

H2：接受辅导的大学生比没有参加辅导的大学生的求职自我效能水平要高。

（五）压力应对方式的干预辅导

应对是对加重个体能力负担或超越个体能力的外在和内在需求进行管理时，不断变化的认知和行为努力（Folkman and Lazarus，1985）。应对方式指的是个体为消除环境内产生压力的各种因素（stressor）或减小这些因素的影响而做的努力。应对方式一般分为两类，即以问题为中心的应对和以情绪为中心的应对。问题应对也称为积极应对，包括通过直接改变环境而对压力进行的控制或管理。情绪应对包括个体为控制由压力情境引起的情绪反应及为降低压力情境的影响而做的努力。

社会压力和经济压力会给大学生求职造成情绪困扰。目标引导活动指向与目标有关的行为，引导个体根据目标难度的大小来调整努力的程度。有效地应对压力还会影响行为的持久性，使个体在遇到挫折时也不放弃，直到实现目标。当这些直接的方式还不能够实现目标时，个体就需要寻找一种有效的应对方式。尤其是当个体求职受挫和陷入困境时，仅有努力、注意力和持久性是不够的，还需要有恰当的应对方式。

H3：接受辅导的大学生比没有参加辅导的大学生情绪控制水平要高。

H4：接受辅导的大学生比没有参加辅导的大学生压力应对水平要高。

H5：接受辅导的大学生与没有参加辅导的大学生在求职满意度上的差异，可以由他们在求职目标清晰度、求职自我效能、情绪控制及应对压力水平上的差异来解释。

H6：接受辅导的大学生与没有参加辅导的大学生在求职行为上的差异，可以由他们在求职目标清晰度、求职自我效能、情绪控制及应对压力水平上的差异来解释。

H7：接受辅导的大学生与没有参加辅导的大学生在就业状况上的差异，可以由他们在求职目标清晰度、求职自我效能、情绪控制及应对压力水平上的差异来解释。

综合上述研究假设，本章的概念框架如图 9-1 所示。

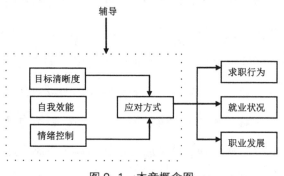

图 9-1　本章概念图

第二节　研究方法与过程

一、样本

从山东某高校随机抽取 60 名正在找工作的、不考研的大四毕业生（实验组和控制组人数均等，实验组和控制组各 30 人）。第一次调查发放 60 份问卷，回收有效问卷 60 份。第二次调查仍然是第一次调查的被试，发放 60 份问卷，回收有效问卷 56 份，有效率 93.30%，其中实验组和控制组各 28 份有效问卷。

被试的分布情况如表 9-1 所示。

表 9-1　被试基本信息一览表

变量	类别	人数	百分比（%）
性别	男	30	53.57
	女	26	46.43
户籍地	城市	21	37.50
	乡镇	15	26.79
	农村	20	35.71
政治面貌	共产党员	16	28.57
	共青团员	38	67.86
	群众	2	3.57
就业状况	未就业	5	8.90
	就业	51	91.10
年龄		平均数	标准差
		22.82	1.24

（一）辅导者的选择

选择有一定的求职经历、克服困难成功求职的、愿意帮助别人的已经就业的人员。通过招生就业处联络上某届已经毕业的学生。

（二）被辅导者的选择

选择在前一个月表现出有求职行为、愿意做出改变的、有求职意愿的大四准毕业生，从第六章中的被试中选择。

（三）辅导流程

1. 对辅导者和被辅导者的培训

（1）对辅导者培训，介绍辅导流程、辅导的内容。

（2）辅导说明会（mentor and protege），简单介绍辅导的目的、内容、时间、形式、辅导员和被辅导者的任务和要求。

2. 团体辅导

辅导者与被辅导者建立 QQ 群，在群里交流求职经验。两周开展一次见面会，辅导者和被辅导者之间交流经验，持续 5 个月。

3. 辅导时间

1月、2月分别进行一次辅导，之后3月、4月、5月每周辅导一次，每次辅导2个小时左右（固定时间、固定地点），共辅导14次。

二、实验设计

（一）实验过程

本实验采用单因素随机分组实验设计，用以检验辅导模式的有效性。第一次调查仍然是12月底完成取样。间隔5个月后，于次年6月初完成第二次调查取样工作。二测期间实验组共进行14次辅导（寒假期间1月和2月各进行一次辅导，3月、4月、5月每周进行一次辅导），每次辅导时间约2小时，辅导的内容包括职业生涯管理、目标管理、求职自我效能管理、情绪管理、压力管理、求职渠道、简历制作、面试技巧等。控制组不参加辅导。在辅导前，对实验组和控制组分别进行前测，测量求职目标清晰度、求职自我效能、压力应对方式、求职行为，然后开始实施辅导。辅导实施5个月后再对实验组与控制组被试同时实施第二次测验，包括就业状况、求职满意度和职业发展情况。详见表9-2、图9-2。

表9-2   高校大学生求职行为干预辅导的有效性实验设计

组别	前测	辅导	后测1
实验组	X1	O	Y1
控制组	X2	–	Y2

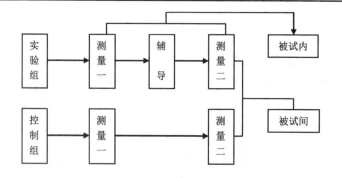

图9-2   高校大学生求职行为干预辅导的有效性实验设计

（二）结果处理

对实验组和控制组被试的求职目标清晰度、求职自我效能、情绪控制、压力应对、求职行为进行比较，检验实验组和控制组的差异。再对实验组第一次测量和第二次测量的结果做被试内比较，分别比较 2 次测试的差异，检验实验组辅导前后的变化。此外，本章采用 SPSS 26.0 进行数据分析。

（三）实验工具

（1）求职目标清晰度问卷，同第十章，采用由 Côté 等（2006）开发的 3 道题来测量求职目标清晰度。

（2）求职自我效能问卷，同第六章，采用 Lewen 等（2002）的求职自我效能问卷。

（3）情绪控制问卷，同第六章，采用 Wanberg 等（1999）编制的问卷，共 6 个道题。

（4）求职行为问卷，同第六章，采用 Blau（1994）编制的求职强度问卷的中文修订版。

（5）压力应对问卷，采用解亚宁（1998）编制的简易应对方式问卷，共 20 道题，包括两个维度——积极应对和消极应对，积极应对共 12 道题，消极应对共 8 道题。

（6）求职满意度问卷，参考 Cammann（1983）等编制、冯彩玲等修订的通用工作满意度量表，共 3 道题，7 点计分。问卷的 a 系数范围为 0.67～0.95。3 道题分别是"总的来说，我对这份工作比较满意""大体来说，我不喜欢这份工作"和"大体说来，我喜欢这份工作"。

（7）就业状况问卷，采用 Tsui、Egan 和 O'Reilly（1992）编制、宋照礼等人修订的中文版就业状况问卷（冯彩玲，2008），共 4 道题，如"你目前的工作状态""你每周工作的时间"等。该问卷的 Cronbach's alpha 系数为 0.79。

（8）职业发展问卷，采用由 Bedeian 等（1991）开发的 2 道题来测量大学生未来职业发展状况，代表性题目如"我目前的工作与我的职业成长和职业发展有关系"，本章的一致性信度系数为 0.805。

第三节　研究结果与分析

一、研究问卷的探索性因素分析结果

（一）求职满意度问卷的 EFA 结果

采用主成分分析方法，对求职满意度问卷进行探索性因素分析，以特征根 ≥1 为因子抽取的原则并参照碎石图，来确定项目抽取因子的有效数目。EFA 结果表明，求职满意度问卷是一个单维的结构，累积方差解释率达到了 71.86%，各个项目在相应因子上具有较大的负荷。具体结果如表 9-3 所示。

表 9-3　求职满意度问卷的 EFA 结果

项目	因素
	1
项目 3	0.878
项目 1	0.851
项目 1	0.775
解释的方差变异量	71.86%

（二）压力应对问卷的 EFA 结果

采用主成分分析方法，对压力应对问卷进行探索性因素分析，以特征根 ≥1 为因子抽取的原则并参照碎石图，来确定项目抽取因子的有效数目。EFA 结果表明，压力应对问卷是一个单维的结构，累积方差解释率达到了 63.16%，各个项目在相应因子上具有较大的负荷。如表 9-4 所示。

（三）职业发展问卷的 EFA 结果

采用主成分分析方法，对职业发展问卷进行探索性因素分析，以特征根 ≥1 为因子抽取的原则并参照碎石图，来确定项目抽取因子的有效数目。EFA 结果表明，职业发展问卷是一个单维的结构，累积方差解释率达到了 69.42%，各个项目在相应因子上具有较大的负荷。如表 9-5 所示。

表9-4　压力应对问卷的 EFA 结果

项目	因素	因素
	1	2
项目 10	0.862	–
项目 2	0.847	–
项目 8	0.826	–
项目 7	0.819	–
项目 9	0.783	–
项目 1	0.772	–
项目 5	0.754	–
项目 11	0.721	–
项目 3	0.672	–
项目 6	0.667	–
项目 4	0.683	–
项目 13	–	0.627
项目 15	–	0.611
项目 18	–	0.587
项目 20	–	0.562
项目 13	–	0.548
项目 14	–	0.527
项目 16	–	0.513
项目 15	–	0.483
解释的方差变异量	–	63.16%

表9-5　职业发展问卷的 EFA 结果

项目	因素
	1
项目 1	0.838
项目 2	0.782
解释的方差变异量	69.42%

二、高校大学生就业状况分析结果

1.大学生经历面试的次数

经历 4 次面试的人数最多，占总人数的 31.00%，次之是经历 5 次面试的学生，占总人数的 29.00%，经历 3 次面试的占 21.00%，经历 1 次和 2 次面试的分别占 12.00% 和 7.00%，详见图 9-3。

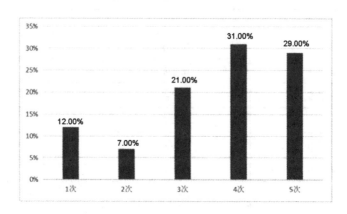

图 9-3　大学生经历面试次数的统计

2.大学生获得工作机会的数量

根据调查结果，获得 1 次、2 次、3 次、4 次、5 次工作机会的比例各占 35.00%、27.00%、25.00%、10.00%、3.00%，详见图 9-4。

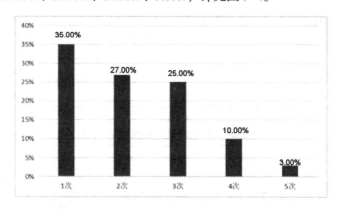

图 9-4　大学生获得工作机会的数量统计

表 9-6　研究变量的描述统计

序号	变量	M	SD	1	2	3	4	5	6	7	8
1	求职目标清晰度	3.68	0.52	–	–	–	–	–	–	–	–
2	求职自我效能	3.73	0.67	0.378***	–	–	–	–	–	–	–
3	情绪控制	3.05	0.58	0.121	0.113	–	–	–	–	–	–
4	积极应对	3.77	0.61	0.256**	0.362*	0.315*	–	–	–	–	–
5	消极应对	1.86	0.75	-0.134*	-0.126	-0.134	-0.326*	–	–	–	–
6	求职行为	2.89	0.51	0.186*	0.486***	0.293**	0.241*	-0.315*	–	–	–
7	求职满意度	3.52	0.53	0.143	0.117	0.164	0.008	-0.213*	0.008*	–	–
8	职业发展	3.96	0.71	0.213**	0.254*	0.047	0.213**	-0.165*	0.213***	0.584**	–
9	性别	1.62	0.44	-0.035	-0.058	0.256*	-0.227*	-0.214	-0.227*	-0.048	-0.027

注：**p<0.01　*p<0.05。

三、研究变量的描述性统计结果

从表9-6可以看出，求职目标清晰度、求职自我效能、情绪控制、积极应对、求职行为、求职满意度、职业发展的平均数均达到一般以上，说明被调查者的目标较清晰，自我效能较强，情绪控制水平较高，能够积极应对压力，求职频率较高，对所找的工作比较满意，未来职业发展较明确。从控制变量与各变量之间的相关性方面看，性别与情绪控制呈显著的正相关（0.256），与积极应对、求职行为呈显著的负相关（均为 –0.227）。因此，在采用层次回归分析探讨求职目标清晰度、求职自我效能、情绪控制、积极应对、消极应对与求职满意度和职业发展之间的关系时，控制性别是必要的。此外，求职目标清晰度（0.186）、求职自我效能（0.486）、情绪控制（0.293）、积极应对（0.241）、消极应对（–0.315）对求职行为均有显著的影响。

四、辅导前后的组间组内差异性检验结果

（一）辅导前的组间差异性检验结果

辅导前一周，我们对实验组和控制组各进行了以下调查：求职目标清晰度、求职自我效能、情绪控制、积极应对、消极应对和求职行为，结果发现，实验组和控制组之间均无显著的差异，见表9-7。

表9-7　辅导前实验组（N=30）和控制组（N=30）的均值、标准差和 T 检验结果

序号	变量	实验组（M/SD）	控制组（M/SD）	T检验
1	求职目标清晰度	3.47（0.54）	3.31（0.49）	1.32
2	求职自我效能	3.68（0.62）	3.36（0.64）	3.17
3	情绪控制	3.23（0.51）	3.28（0.56）	−0.83
4	积极应对	3.85（0.54）	3.72（0.63）	1.47
5	消极应对	1.92（0.72）	1.89（0.77）	−0.26
6	求职行为	3.14（0.53）	3.01（0.57）	1.19

注：**$p<0.01$　*$p<0.05$。

（二）辅导后的组间差异性检验结果

辅导后，请被辅导者回顾过去 5 个月求职的经历，被试间比较结果发现：辅导后，实验组的求职目标清晰度、求职自我效能、情绪控制、积极应对、消极应对和求职行为都有了显著的变化。表明辅导在改变大学生求职态度、求职情绪和求职行为过程中有显著的效果，见表 9-8。

表 9-8　辅导后实验组（N=30）和控制组（N=30）的均值、标准差和 T 检验结果

序号	变量	实验组（M/SD）	控制组（M/SD）	T 检验
1	求职目标清晰度	4.21（0.57）	3.25（0.52）	4.15**
2	求职自我效能	3.97（0.58）	3.39（0.67）	2.16**
3	情绪控制	3.86（0.47）	3.13（0.53）	1.92*
4	积极应对	4.14（0.62）	3.81（0.67）	1.86*
5	消极应对	1.67（0.41）	2.37（0.65）	−1.31*
6	求职行为	4.28（0.46）	3.03（0.51）	1.26**

注：**$p<0.01$　*$p<0.05$。

（三）辅导后实验组组内差异性检验结果

如表 9-9 所示，辅导后实验组在求职目标清晰度、求职自我效能、情绪控制、积极应对、消极应对、求职行为方面均有了显著的提高，说明实验组的被试经过辅导后有了良好的效果。

表 9-9　辅导前后实验组的均值、标准差和 T 检验结果

序号	变量	辅导前实验组（M/SD）	辅导后实验组（M/SD）	T 检验
1	求职目标清晰度	3.47（0.54）	4.21（0.57）	−4.26***
2	求职自我效能	3.68（0.62）	3.97（0.58）	−2.28***
3	情绪控制	3.23（0.51）	3.86（0.47）	−3.39**
4	积极应对	3.85（0.54）	4.14（0.62）	−2.71**
5	消极应对	1.92（0.72）	1.67（0.41）	2.42**
6	求职行为	3.14（0.53）	4.28（0.46）	−3.73**

注：***$p<0.001$；**$p<0.01$；*$p<0.05$。

（四）辅导后控制组组内差异性检验结果

如表9-10所示，没有经过辅导的控制组在求职目标清晰度、求职自我效能、情绪控制、积极应对、消极应对、求职行为方面没有显著的变化。

表9-10　辅导前后控制组的均值、标准差和T检验结果

序号	变量	辅导前实验组（M/SD）	辅导后实验组（M/SD）	T检验
1	求职目标清晰度	3.31（0.49）	3.25（0.52）	0.09
2	求职自我效能	3.36（0.64）	3.39（0.67）	−0.07
3	情绪控制	3.28（0.56）	3.13（0.53）	1.21
4	积极应对	3.72（0.63）	3.81（0.67）	−0.36
5	消极应对	1.89（0.77）	2.37（0.65）	−1.62
6	求职行为	3.01（0.57）	3.03（0.51）	−0.38

五、求职行为对求职满意度和职业发展的影响

运用一测和二测的数据进行统计分析，如表9-11所示。结果表明，求职行为对求职满意度和未来职业发展有着显著的正向影响。

表9-11　求职行为对求职满意度和职业发展的影响

变量		结果变量	
		求职满意度	职业发展
第一步：人口统计学变量	性别	−0.084	0.022*
第二步：自变量	求职行为	0.02*	0.218*
F		1.105*	2.219*
R^2		0.048	0.215
ΔR^2		0.016*	0.046*

注：***$p<0.001$，**$p<0.01$，*$p<0.05$。

六、对策启示

（一）大学生应提高求职目标清晰度

首先，大学生需要了解自己的兴趣、技能和潜力，并在此基础上制订适合自己的职业规划。通过自我分析和职业咨询，确定职业方向和目标，明确自己想要从事哪种职业，并了解相关行业的发展趋势和就业前景。树立正确的择业观、就业观，意味着要怀有平实之心，综合考虑自身条件和社会需求，增强就业和创业能力以及职业转换能力。只有以正确的择业观、就业观引导就业预期，才能科学把握就业方向和职业目标，为将来走上工作岗位后摆正工作态度、提升工作业绩打下坚实基础。其次，积极参加实习和兼职，通过实习和兼职，可以更深入地了解自己所感兴趣的行业，同时积累工作经验，提升自己的职业素养和实践能力，在实干中不断明确就业目标。不断学习提升自己，不论是通过自我学习还是参加相关培训、考试等，只要是有助于提升自己的知识和技能的活动，都要积极参与。最后，除了技能方面，还需要拓宽自己的视野和思维方式，提升自己的人文素养和社交能力等方面的综合素质。

（二）大学生应提高求职自我效能

大学生可以在校内外参加一些职业生涯规划的课程或活动，如职业规划讲座、职业咨询会、实习等，有助于明晰自己的职业目标和职业方向，提高求职自我效能。大学生在校期间应该尽可能地参加实习、调研、社会实践等活动，通过亲身经历，提高自己的专业知识水平和实践能力，增强面对职业挑战的信心。大学生应该学会自我评价和自我反思，不断总结自己的经验和教训，积极发现自己的优点和长处，以此来增强求职自我效能和职业竞争力。大学生可以寻找成功人士或职业导师，向他们请教、学习，倾听他们的经验，从他们身上吸取有用的经验和知识，不断地积累经验、实践能力和成果，以此增强自己的职业自我效能。

（三）大学生应保持稳定的求职就业情绪

大学生应树立正确的就业观念，意识到严峻的就业形势，为自己创造更多就业机会，调整好求职心态，不在焦虑与感慨中浪费时间和精力，而是更积极地准备面对未来的挑战，学习更多的技能，提升自己的综合素质。学校可以为即将毕业的学生提供详细的就业指导，告诉学生如何制订求职计划、如何撰写简历和掌握面试技巧等，帮助学生掌握就业技能，提升就业竞争力。面对就业压力，很多学生可能会感到焦虑、沮丧等，这时候学校可以提供心理疏导服务，让他们更好地理解并接受现实，缓解负面情绪压力，保持积极向上的态度，增强求职的信心。学校可以及时向学生提供各种就业信息，包括招聘会、就业讲座、招聘信息等，让学生了解就业市场变化，及时把握机遇，增加成功就业的机会。同时，学校也可以开设创业指导等相关课程，鼓励学生积极创业。学校也可以建立关注机制，将毕业生纳入关注名单之中，关注他们的求职情况，给他们提供帮助和支持。同时也可以建立校友网络，让毕业生与校友资源建立联系，从而获得更多的帮助和指导。

第十章　大学生求职行为与职业
发展追踪研究

　　求职目标清晰度作为社会认知职业理论的一个重要组成部分，正逐渐被引入求职行为研究领域。社会认知职业理论强调职业发展中起作用的三种个人变量之间的相互影响，即自我效能、结果预期及个人目标。自我效能指个体对组织和实施所要得到的行为结果的能力的信念，如求职者对求职工作是否顺利的信心。自我效能与具体的活动领域有关，其形成与改变主要取决于四种信息来源：过去的绩效、观察学习、社会劝说以及身心状态等。结果预期指个体对从事特定行为结果的信念，如求职者可能认为他们目前所找的工作与未来的职业成长和职业发展有关系。个人目标是个人从事特定活动或取得一定结果的意图，如求职者认为目前所找的工作能够实现未来的职业目标。社会职业认知理论中的3个核心变量与个体的其他人口变量相辅相成，共同影响着求职、择业和未来职业发展。此外，社会认知职业理论将职业选择分成三个基本过程：①初步的选择或目标；②行动；③行动结果，即后来的完成情况。该理论在目标和行动之间做了区别，强调职业选择是个动态而非静态的行为。因此，基于社会认知职业理论，本研究拟聚焦于职业相关活动，如求职目标、求职自我效能、情绪控制、求职行为和未来职业发展，试图挖掘求职目标清晰度对未来职业目标的影响机理。

第一节　理论回顾和研究假设

一、求职目标清晰度与求职行为

求职目标清晰度是当前求职相关研究文献中尚未引起重视的重要构念之一。求职目标清晰度反映了求职者是否有清晰的求职目标以及对想要从事什么工作的清晰想法（Wanberg，Hough and Song，2002）。尽管有学者指出，求职目标能够促进个体表现出更多的求职行为（Kanfer et al.，2001），但很少有研究实际测量了求职目标。Wanberg，Hough and Song（2002）用求职目标清晰度来表征求职目标，研究发现，缺乏清晰求职目标的求职者可能要花费更多的时间来尝试不同的想法并思考未来，因此可能会降低求职行为，而高求职清晰度的个体可能有更强的求职意向并朝着目标努力，从而表现出更多的求职行为。Côté 等（2006）发现求职目标清晰度与求职行为呈正相关。求职者若有清晰的目标，就会知道自己想要什么类型的工作、如何去找工作并做好找工作的时间计划。因此，本研究假设：

H1：求职目标清晰度对求职行为有显著的正向影响。

二、求职自我效能在求职目标清晰度与求职行为之间的中介作用

社会认知职业理论强调职业目标设置的重要性，即个体对实施某种行为以及达成某种结果而设置目标的估量。与求职活动相关的求职自我效能会对求职行为产生重要的影响，与求职自我效能一致的求职目标会提高求职活动的发生频次。Bandura（1991）认为，目标设置是个体朝着目标努力的自我评价反应。以往研究（Latham，2001）也表明，设置目标时要确保求职者看到"正在做的"与"期望结果"之间的关系，要明确从事某种特定行为可能会相应地得到某种结果的信念，这样会促进个体积极求职，从而增强求职者对求职行为的承诺以及对未来职业发展的憧憬。求职目标对整个求职过程有重要的导向作用。有了清晰的目标，求职者就会对未来的

求职过程更加自信，就会把精力集中于实现目标最有益的活动。反之，凭着感觉或者漫无目的地找工作，求职挫败感也会逐渐将求职者当初的自信消磨殆尽。因此，有清晰且具体目标的个体比没有清晰目标的个体，会更有信心去找自己理想的职业，并愿意付出更多的行动和努力，求职路上遇到挫折时会更有耐力，最终大概率会找到自己满意的工作。因此，本研究假设：

H2：求职自我效能在求职目标清晰度与求职行为之间起到一定的中介作用。

三、情绪控制在求职目标清晰度与求职行为之间的调节作用

情绪控制是指与求职情绪有关的认知、行为与情感。求职行为是一种易受挫折的活动，大学生要维持较高水平的求职行为，需要不断集中精力于求职活动，情绪控制正是这一倾向的体现。关于情绪控制在求职目标清晰度和求职行为之间的调节作用，我们可以用社会认知职业理论来解释。社会认知职业理论强调，个体的社会认知，如对求职就业的看法，能影响求职者的态度、情绪、行为等。该理论强调那些能影响职业选择和行为的活动，比如对求职结果的期望、兴趣、目标等。高山川和孙时进（2005）的研究指出，目标指引行为，两者又受到情境因素的缓冲作用。根据社会认知职业理论，情绪控制水平较高的个体如果有清晰的求职目标，会对这些目标做出承诺而不会在遇挫后轻易放弃，从而表现出更多的求职行为；反之，情绪控制水平较低的个体，如果求职目标模糊不清，求职行为也会比较低。因此，本研究假设：

H3：情绪控制调节了求职目标清晰度和求职行为之间的正向关系，即个体情绪控制水平越高，越会增强求职目标清晰度和求职行为之间的正向关系。

四、求职行为与职业发展的关系

职业发展反映了个体目前所找的工作是否能够实现未来的职业目标，

以及目前所找的工作与未来职业成长和发展是否有关系。蔡佩琼（2009）通过质化研究发现，第一份工作可能会影响未来的工作方向。求职的过程是让个体了解行业、了解单位、了解职位的过程，也是在相互比较中明确个人职业兴趣的过程。求职活动较多的个体能够熟悉不同单位不同工作的基本情况，并能根据自己的职业兴趣规划未来的职业发展方向，而求职活动较少的个体对各种工作的了解、体验较少，大多凭他人言语而主观臆断，就会对未来的职业发展缺乏合理的分析而造成职业发展方向偏颇。因此，本研究假设：

H4：求职行为对职业发展有着显著的、正向的影响。

综合上述研究假设，本章的概念框架如图10-1所示。

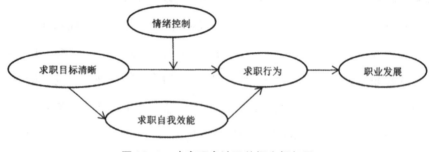

图10-1　本章研究涉及的概念框架图

第二节　研究方法与程序

一、被试和取样程序

本研究的调查对象为高校应届本科毕业生。从山东东部沿海城市抽取3所高校，其中综合类院校2所、财经类院校1所。在专业方面，涉及经济学、公共事业管理、国际贸易、旅游管理、电气工程及自动化、计算机科学与技术、心理学等专业。本研究为追踪式研究，第一次调查是在2014年11—12月，这是找工作的高峰期和关键期。第一次问卷调查包括求职目标清晰度、情绪控制和求职行为等变量。共发放问卷 400 份，回收有效问卷 386 份，回收有效率为 96.50%。受访者中男生占 43.90%，女生占 56.10%；城镇占 31.90%，农村占 64.40%，未填占 3.70%。第二次调查是在 2015 年 3—4 月完成，中间间隔约 6 个月，主要测量大学生的求职结果，即求职满意度和职业发展情况，共发放 386 份问卷，实际回收 352 份，有效率为 91.20%。

二、研究工具

（1）求职目标清晰度问卷，采用 Côté 等（2006）编制的问卷，共 3 道题，如"我清楚地知道我想去哪里工作"等，采用利克特 5 分等级量表评价。本研究的内部一致性系数 a 为 0.761。

（2）求职自我效能问卷，采用 Lewen 等（2002）编制的求职自我效能问卷，该问卷只有一道题，因为一道题比多道题有更高的会聚效度和预测效度，采用利克特 5 分等级量表进行评价，由"1—信心很小"到"5—信心很大"。题目为"你对求职工作顺利的信心有多大"。

（3）情绪控制问卷，采用 Wanberg 等（1999）编制的情绪控制问卷，共 6 道题，如"我容易发火"等。本研究采用利克特 5 分等级量表评价，由"1—总是"到"5—没有"，分数越高代表控制力越强。

（4）求职行为问卷，采用 Blau（1994）编制的求职强度问卷中文修订版。该问卷直接测量了具体求职行为的频率，是求职行为测量中应用最广泛的问卷，有较好的内部一致性系数。该问卷共 12 道题，采用利克特 5 分等级量表进行评价，由"1—从不"到"5—非常频繁"。

（5）职业发展问卷，采用 Bedeian 等（1991）编制的问卷。该问卷包括 2 道题，"我目前的工作与我的职业成长和职业发展有关系"等，采用利克特 5 分等级量表进行评价。在所有的统计分析中，控制了毕业生的户籍分布情况和政治面貌。

（6）控制变量，以往研究表明，性别会影响求职行为和求职结果，本研究在分析数据前首先将性别作为控制变量来处理。

第三节　研究结果

一、描述统计、相关分析和信度分析

各研究变量的描述统计、相关系数和信度系数如表 10–1 所示。

表 10–1　变量的描述统计、相关系数和信度系数

序号	变量	M	SD	1	2	3	4	5
1	求职目标清晰度	3.45	0.77	*0.761*	–	–	–	–
2	求职自我效能	3.55	0.73	0.351**	*0.847*	–	–	–
3	情绪控制	2.93	0.65	0.117	0.104	*0.793*	–	–
4	求职行为	2.69	0.64	0.179*	0.475**	0.282**	*0.870*	–
5	职业发展	3.67	0.78	0.213*	0.254*	0.047	0.213*	*0.805*
6	性别	1.56	0.49	–0.042	–0.058	0.243**	–0.227**	–0.027

注：*$p<0.05$，**$p<0.01$；对角线上的斜体数据是各变量的内部一致性系数 a。

二、求职目标清晰度对职业发展的影响机制研究

关于求职自我效能和求职行为分别在求职目标清晰度和职业发展之间起中介效应，本章根据 Baron 和 Kenny（1986）的建议，当中介变量满足下列条件时，即存在①自变量对中介变量的变化有显著影响；②中介变量对因变量的变化有显著影响；③当自变量对中介变量的影响以及中介变量对因变量的影响都受到控制的时候，自变量和因变量的关系显著降低。排除了控制变量的影响后，求职目标清晰度对求职自我效能有显著的影响（ΔR^2=0.114），求职自我效能对职业发展也有显著的影响（ΔR^2=0.024），当同时加入求职目标清晰度和求职自我效能时，求职目标清晰度对求职行为的影响不再显著，但是求职自我效能仍然有显著的影响效果。因此，求

职自我效能在求职目标清晰度和求职行为之间起到完全中介的作用。排除了控制变量的影响后，求职行为对职业发展也有显著的影响（$\Delta R^2=0.08$），因此，H1、H2 和 H4 分别得到验证。

如表 10-2 所示，在控制性别的前提下，求职目标清晰度对求职行为有显著的影响，情绪控制对求职行为也有显著的影响，求职目标清晰度和求职行为的交互效应也达到了显著水平（$\Delta R^2=0.212$），说明情绪控制在求职目标清晰度和职业发展之间起到一定的调节作用。如图 10-2 所示，当个体的情绪控制水平较高时，随着求职目标越来越清晰，个体的求职行为也越来越多。反之，当个体的情绪控制水平较低时，即使求职目标比较清晰，个体仍然会表现出较少的求职行为。因此，H3 也得到验证。

表 10-2　求职目标清晰度对职业发展的影响机制研究结果

变量		求职自我效能	求职行为	求职行为	职业发展	求职行为
人口统计学变量	性别	−0.045	−0.200***	−0.304***	−	−0.304***
自变量	求职目标清晰度	0.351***	−	−	−	0.168*
中介变量	求职自我效能	−	0.646***	0.46***	−	−
	求职行为	−	−	−	0.218**	−
调节变量	情绪控制	−	−	−	−	0.147*
交互作用	求职目标清晰度 * 情绪控制	−	−	−	−	0.262*
F		21.035***	27.866***	18.464***	7.422***	8.117**
ΔR^2		0.114**	0.266***	0.266***	0.08***	0.212**

注：***p<0.001，**p<0.01，*p<0.05。

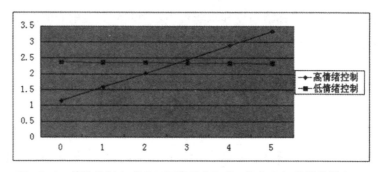

图 10-2   情绪控制在求职目标清晰度和求职行为之间的调节效应图

第四节　结论与讨论

本章基于社会认知职业理论，探讨了高校毕业生求职目标清晰度对职业发展的影响机制，对于帮助求职者合理设置求职目标和职业目标，增强求职信心，提高求职行为，有效实施求职干预，促进职业发展有一定意义。

第一，求职目标清晰度与求职行为之间的关系。结果显示求职目标清晰度能显著影响求职行为。对职业目标明确的大学生倾向于表现出更多的求职行为，而那些职业目标模糊的大学生求职活动则较少。目标设置理论认为，一个人的行为方式由其潜意识的目标和目的决定，具有一定挑战性的、具体的、有吸引力的目标，比容易的、模糊的且没有吸引力的目标更能激发个体的行为，从而促进其达到高水平的绩效。因此在设置目标过程中，要确保大学生的结果期望，要让他们看到"正在做的"与"期望的结果"之间的关系，这样会增强他们对求职结果的承诺。高校就业指导机构也应对大学生进行合理的求职干预，帮助他们设置合理的求职目标和职业目标，这将有益于促进大学生就业。

第二，求职自我效能在求职目标清晰度和求职行为之间起到完全中介的作用，即求职目标清晰度通过求职自我效能影响求职行为。这与社会认知职业理论保持一致。根据该理论，求职自我效能会直接影响求职行为。有清晰求职目标的个体对未来的求职过程会更加自信，从而表现出更多的求职行为，如搜寻报刊或海报中的招聘信息，给用人单位发送个人简历，参加用人单位的招聘面试等。而求职目标模糊、不坚定、不合理的大学生，求职自我效能较低，表现在求职活动上的动力不足，其求职行为较少。班杜拉的自我效能理论认为，个体对行为的决策是主动的，个体的认知变量如期待、评价等在行为决策中起着重要的作用。大学生通过观察他人的行为而获得的信息，对自我效能也有重要的影响，比如看到与自己水平差不多的同学在积极找工作，就会增强自身的求职自我效能。因此，应采取相应的求职干预措施，激发大学生的求职自我效能，使他们对自己的求职过程充满信心。

第三，情绪控制在求职目标清晰度和求职行为之间起到一定的调节作用。当情绪控制水平较高时，个体的求职目标越清晰，表现出的求职行为也越多。当情绪控制水平较低时，即使个体的求职目标比较清晰，但表现出的求职行为却越来越少。该结果可以用弗鲁姆（Vroom，1964）的期望理论来解释。期望理论认为，个体的行为取决于3个因素：行为期望、实现手段和效价。期望表示做好一件事与实际执行结果之间的关系，类似于自我效能。实现手段代表行为与结果的关联，如控制自己的求职情绪。效价代表对结果的评价，如大学生对求职结果的评价。可见，大学生能否表现出较强的求职行为，取决于是否有清晰的目标和良好的情绪控制能力。加强大学生的目标管理能力和情绪稳定性，对于促进大学生积极求职非常关键。

第四，求职行为与职业发展的关系。研究结果表明，求职行为能够正向影响职业发展。大学生的求职行为越多，实现未来职业目标的可能性就越大。期望－价值理论把个体的动机水平与对达到特定目标所抱有的预期和主观价值联系起来（Feather，1990）。该理论强调能不能做到特定的行为以及行为结果所产生的影响，例如，大学生可能预期成功的面试会带来积极的结果，如能拿到工资、未来的职业有发展等。对未来工作有较高期待的个体以及把未来工作看得很重要的个体，将具有更高水平的求职行为，并能决定其未来的就业状态。此外，社会认知职业理论也认为，个体的行动对行动结果如未来职业发展有影响。因此，大学生就业指导部门要加强对大学生求职技能的培训，积极拓宽其求职渠道，增加其求职频率，提高大学生就业质量。

本研究结论具有重要的实际意义。首先，求职目标对职业发展影响机制的研究，提供了实证研究结果，丰富了社会认知职业理论。其次，拓展了求职目标与求职行为的关系，将调节变量（情绪控制）纳入模型更符合现实情况。求职是易受挫折的活动，稳定的求职情绪有利于大学生调整就业心态，增强求职抗逆力，在求职活动中不断明确职业目标和兴趣，可以提高求职的有效性和人岗匹配度。

第三篇　大学生就业模式与对策

第十一章　大学生就业模式

就业模式的内涵很丰富，不仅包括劳动力资源的配置方式、劳动力的就业方式，还包括政府促进就业所采取的一系列手段的总和。一般情况下，不会只存在一种就业模式，多种就业模式会同时存在，不同的就业模式适应不同的就业人群，而且随着社会与经济的发展，就业模式也会不断变化，以适应新的发展阶段。不同就业模式并存不但有助于就业制度的完善，而且可以根据实际经济发展阶段、就业情况灵活选择合适的就业模式，鼓励相应就业模式的发展，从而有利于扩大就业。从国家宏观角度来看，有"统包统配""供需见面，双向选择"和"自主择业"三类就业模式；从高校以及大学生就业模式多元化发展的角度看，有学校主导型、就业实习基地、学生自主型、订单式四种就业模式。在当前就业模式的多元背景下，基于大学生求职行为与就业调查研究，进一步优化就业指导服务体系，提升就业指导服务水平，对于教育引导大学生提高求职行为，实现更高质量、更加充分的就业有重要意义。

第一节　国家宏观层大学生就业模式

从纵向的历史发展来看，大学生就业体制改革经过长期的理论和实践探索取得了根本性进展，大学生就业模式伴随着经济体制的变化而不断演变，从新中国成立到现在经历了三种不同的模式。

一、"统包统配"模式

从新中国成立到 20 世纪 80 年代中期，在计划经济体制下，经济建设是首要任务，大学毕业生作为社会主义经济建设的新生力量，由国家统一调配，就业于国民经济最需要的工业领域及其他行业。我们通常把计划经济体制下，大学或中专毕业生就业按国家下达指标进行统一安排的就业制度称为"统包统配"就业模式。这种就业模式就是大学生就业由国家负责，按照计划统一分配，其特征是国家以行政命令手段实行强有力的宏观调控，包办到底，并动员毕业生到国家需要的基层就业。

"统包统配"就业模式的产生是由当时的基本国情决定的。新中国成立之初，经济一穷二白，生产力水平低下，恢复国民经济，进行社会主义改造成为当时党和国家的首要任务，这就需要国家培养专业人才。教育由国家来办，能够发挥国家集中力量办大事的优势，培养经济建设所需的人才，有利于促进不同地区间的经济、文化和教育事业的发展。同时国家宏观调控人才流向，缓解了各地区人才资源的不平衡。这种就业模式与我国当时高度集中的、以产品经济为基本模式的经济体制相适应，在社会发展方面发挥了重要的作用，适应了社会主义生产资料公有制的基本要求。

大学生培养的费用由国家财政承担，培养出来的人才由国家统一调配，弊端是在"包"与"分"过程中容易造成人才配置与岗位不适应，没有充分实现人尽其才、物尽其用。首先，人才资源配置不合理，限制了个人的积极性和创造性。每个学生的兴趣和志愿与毕业后的去向不符，国家用数额分配的方式将毕业生分配到地方，容易出现"用非所长""用非所学"的人才浪费和积压现象。同时，影响了人才的合理流动，限制了人才的积极性和创造性。其次，用人单位失去了对毕业生择优选拔的自主权。在计划经济体制下，国家的行政计划、命令使得用人单位没有自主权，供求双方的活跃性降低。第三，影响了学校办学和学生学习的积极性，制约了高等教育的发展。"统""包"的制度，割断了学校与社会的联系，造成用人单位、学校及毕业生三方信息的闭塞，不利于课程的设置，不利于教学质量的提升，毕业生质量难以得到社会的检验，毕业生的质量好坏与否也无法反馈给学校；对于毕业生个人来讲，一进校门就捧上铁饭碗，成了当然的"国家干部"，毕业即就业，因而缺乏学习动力，毕业时处于被分配的被动地位，不能根据自己的能力、特长和爱好选择合适的工作。

二、"供需见面，双向选择"模式

随着我国经济体制改革的深入、社会主义市场经济的发展，劳动制度和人事制度的改革，旧的分配制度越来越不适应形势发展的要求，与新的经济运行机制越来越不协调。因此，必须改革当时的高等学校毕业分配制度。1985年，《中共中央关于教育体制改革的决定》提出了毕业生分配在国家方针政策指导下，由学生本人选报志愿，学校推荐，用人单位择优录用的双向选择就业办法。这项决策打破了过去毕业生由国家"统包统配"的计划分配制度，为毕业生就业制度改革奠定了基础，逐步形成了"供需见面，双向选择"的就业模式。

这种就业模式使国家对大学生就业不再一包到底，而是赋予大学生自主选择的权利，也扩大了用人单位的自主权。一方面，高校办学自主权得到实现，竞争机制引入高校，使高校能够根据市场需求制订人才培养计划、设置课程，这样培养出来的毕业生才能够满足市场对人才的需求。另一方面，高校毕业生择业自主权得到实现，可以根据自己的偏好来选择未来的职业，每个学生积极培养自身优势，增强自身核心竞争力以便主动择业，更明确了高校在就业工作中的责任。

由"统包统配"就业模式向"供需见面，双向选择"模式转变，实际上是一种收益更高的制度对原来收益较低的制度的替代过程。然而，就业模式在转变过程中，衍生出了一个新问题——供求失衡，主要是结构性失衡和个人偏好性失衡。大学生作为一种高层次的人力资源，由于结构性失衡和偏好性失衡，经济因素成为大学毕业生择业时优先考虑的因素，大多数人希望到一线大城市和中外合资企业，这使得这些城市和行业的毕业生供大于求，造成大学生就业层次降低，从而出现"人才高消费"现象。相反，一些城市由于地理位置不佳、经济发展相对落后，则难以求到人才，阻碍了当地社会经济的发展，造成区域发展不平衡。

三、"自主择业"模式

从 20 世纪 90 年代开始，我国社会主义市场经济体制改革进一步深入，在高校实行扩招，毕业生人数逐年递增，政府机构人员精减，国有企业体制改革等背景下，大学生就业矛盾凸显。大学毕业生就业观念发生改变，毕业生要成为劳动力的供给方，进入毕业生就业市场，相关部门利用市场机制对毕业生的劳动资源进行基础性的配置，成为适应经济体制改革的必然。为此，相关部门进行了政策的调整，渐渐建立了以"自主择业"为主要特征的就业制度。

1999 年，教育部颁布的《面向 21 世纪教育振兴行动计划》规定，从 2000 年起，我国要建立比较完善的毕业生就业制度，并取消了向毕业生发放"派遣证"的做法，改向毕业生发放"报到证"，这标志着我国大学生就业制度结束了"计划、分配、派遣"的历史，转向了以市场为导向。

2002 年召开的党的十六大指出，要引导全社会转变就业观念，推行灵活多样的就业形式，鼓励自谋职业和自主创业。2002 年 3 月，国务院办公厅转发了教育部等四部委《关于进一步深化普通高等学校毕业生就业制度改革有关问题的意见》，该意见指出："高校毕业生就业工作要以'三个代表'重要思想为指导，紧紧围绕促进国家经济发展和社会稳定的大局，采取积极有效的措施，进一步转变高校毕业生就业观念，建立市场导向、政府调控、学校推荐、学生与用人单位双向选择的就业机制，努力实现高校毕业生的充分就业。"[①] 这一阶段的显著特点是计划调控，市场引导，加强管理，拓宽渠道，自主择业，鼓励创业。可以说鼓励大学生创业是自主择业模式中的一种创新，标志着我国大学生就业模式进入了以市场为导向的

---

① 关于进一步深化普通高等学校毕业生就业制度改革有关问题的意见 [EB/OL].（2002–03–02）[2024–09–02].https://www.gov.cn/gongbao/content/2002/content_61373.htm.

自主择业阶段的新时期。在这种背景下，高校为确保培养的学生顺利毕业，更多发挥了求职就业的主导作用，做了更多就业指导服务工作，以教育引导学生主动求职、积极就业。

以上三种是我国在不同历史时期所采用的就业模式。总的来讲，我国的大学生就业市场要经历一个从不规范到逐步规范、从不成熟到相对成熟的发展过程，大学生的就业模式也在不断演变。随着经济的发展、教育的改革，我们越来越深刻地认识到，就业不是政府单方面可以解决的，在就业模式中，个人和企业这两个维度也应该参与其中，调动各方面的有利条件来促进就业，这将大大减少政府的压力，完善市场化的就业模式。不能否认的是，目前我国的就业模式还存在一些问题，由于经济体制改革与教育体制改革之间的内在矛盾，学校课程设置与经济发展和产业结构不协调，大学生就业指导机制不完善，毕业生自身能力与素质的欠缺，造成大学生就业的供需失衡，包括一些毕业生求职行为的偏差，个人的期望、要求、兴趣、爱好等偏离或高于岗位的现实而不愿意就业，就业信息的不充分，以及地方需求抑制带来的就业市场萎缩，等等。所以我们要处理好高校、用人单位、大学生和政府之间的关系，发挥好高校的主导优势和大学生的主体作用，以期达到动态的平衡。

第二节　高校微观层大学生就业模式

大学生就业制度的演变也是一个由计划到市场的过程，是随着社会主义市场经济体制的改革而不断变化的，只有适应经济的发展，才能积极引导大学毕业生成功就业，逐步解决我国大学生就业难的问题。

一、学校主导型就业模式

学校主导型就业模式是以学校为主导力量引导大学生就业。在这种模式中，学校的主要职责是内强学生素质，外拓学生就业市场。内强学生素质是指在人才培养过程中，学校从优化课程结构、提高教学水平和教学方法等方面去提高学生的综合素质，作为学校教育的目标，尤其体现在对学生就业指导的加强上。外拓就业市场是指学校主动开拓就业市场，考察用人单位，提供就业信息，推荐毕业生，促进双向选择并达成就业协议，帮助学生办理就业手续，进行跟踪调查，反馈就业信息，按照用人单位的需求调整优化人才培养模式，促进毕业生就业。

高校要以服务为宗旨，以就业为导向，办人民满意的高等教育。高校实行就业"一把手工程"，党政一把手负总责，一级抓一级，层层抓落实。学校主导型就业模式在学生就业过程中发挥着重要的作用。近几年，高校无论是实行教学改革、产学研结合、半工半读、工学结合，还是在学生教育管理方面，都以就业为切入点，使学生在学校不仅学到科学的理论知识，同时提高适应社会的实践能力、就业能力，引导学生毕业即就业。但是，这几年大学生就业基本集中在东部地区和经济发达地区，造成基层人才匮乏，如任其发展，将加剧西部地区和基层人才结构不合理的状况，严重制约西部和基层经济社会和各项事业的发展。学校主导型就业模式有利于引导和鼓励大学生面向基层到艰苦的地方就业，可以加强对学生及学生家长的就业引导，转变就业观念，积极引导和鼓励大学生到基层、到国家最需要的地方去工作。

二、就业实习基地模式

大学生就业实习基地作为用人单位和大学生就业间的桥梁，对就业的促进作用日益突出。学校与用人单位建立不同形式的学生就业实习教学基地，可以加强与用人单位的沟通，调整教学计划进程，合理安排学生就业实习的时间，充分利用大三寒暑假，把毕业设计（论文）与就业实习相结合。第一，发挥专业教师和校友资源来推动就业实习基地的建设。第二，深入了解分析毕业生的就业期望，及时做好总结沟通工作，引导和培养毕业生保持良好的就业心态、就业意识，及时调整就业策略，鼓励参加就业实习的学生与实习的用人单位签订就业协议。第三，学校与用人单位建立长期良好的合作关系，形成定期互访机制，在实习基地的基础上建立产学研、教师实践、为企业培养人才和培训员工等多方合作的模式，最终实现企业、学校、教师、学生等多赢局面。

三、学生自主型就业模式

学生自主型就业模式是通过学生自己或者自己的人缘地缘、媒体、中介、网络、人才市场等渠道联系就业的模式。这种就业模式中毕业生的主体地位更加突出。由于国家就业政策的导向，大学生就业的社会化、市场化的环境逐渐形成，学生对自己就业负责的意识越来越浓。大学生根据自身条件设计、规划自己将来的就业目标，根据所设定的目标，加强能力的锻炼，发展职业能力和职业素养，注意收集各类就业信息，优选就业信息，根据掌握的信息选择自己的就业方向。大学生及家长要转变就业观念，克服对学校和国家的依赖思想，走出校园，了解社会需求，明确角色定位，面向基层，培养自主、自立、创业的能力。随着就业指导工作的深入开展，也就出现了新型的学生自主型就业模式。

四、订单式就业模式

订单式就业模式是学校和用人单位合作培养的就业模式，学校以用人单位订单为导向，确定培养要求和教学计划并实施教学活动。学校和用人单位共同组织教学、学生选拔、参加技能比赛、了解企业文化、考核上岗等一系列教学活动。订单式教育模式的优势：①培养学生的实践技能，提高学生的应用能力；②积累学生的实践工作经验；③使毕业生就业与岗位需求实现零距离对接；④有利于促进大学生高质量地就业。

订单式就业模式针对性、实用性和经济性较强，成为高校大学生就业能力培养和顺利实现就业的新途径，该模式进一步贴近了市场需求，扩大了学生就业空间，是解决大学生成功就业的新案例。学生参加以实战项目为主的职业技能培训，在寒暑假、专业实习期间到用人单位实习实训，经用人单位全面考核，可直接与用人单位签订正式劳动合同，不再需要经历试用期，有效地缩小学校人才培养与用人单位人才需求间的差距，实现实习与就业一体化。订单式就业模式使实习、实训与就业三者捆绑，使学生在毕业前积累实际工作经验，提升就业竞争力。校企双方相互渗透、双向介入，使教学与生产紧密结合，优势互补，资源共享，实现了人才培养模式的多元化、就业选择的多样化，达到了用人单位、学校、学生及家长的多赢效果。

目前，这四种就业模式并存，共同指导、引导学生就业求职，这是由我国经济社会发展、劳动力市场和大学生就业体制及运行机制的状况决定的。当前情境下，我国采取计划与市场调控相结合的方式，但在供需市场建设方面，主要限于举办一些毕业生招聘会、供需见面会，尚未形成统一、规范、专门的大学生就业市场。另外，在学校内部体制和机制方面，学校对学生尚未形成专业化、职业化的就业指导，就业指导本身也尚未达到全方位、全过程的指导，而是停留在政策性、应急性、个别性的程序化阶段，切实为学生服务的实质性作用也没有真正发挥。随着社会主义市场经济和劳动力市场的不断完善，毕业生及市场需求的变化，毕业生就业理念的转变，就业职能的变化，就业工作目标的变化，就业指导形式和手段的变化，就业模式一定会发生新变化，对此，应建立多种就业模式联动，协同推进求职辅导和就业指导，推动大学生求职、就业步入规范化轨道。

第十二章　大学生就业对策

　　高校毕业生求职就业是一项复杂的社会系统工程，离不开政府、高校、家庭、全社会以及求职者个人自身的共同努力。当前的就业模式、用人理念、学生的择业观念以及人事制度与大学生求职就业的形势不相适应，对大学生就业工作提出了新的要求，新的社会发展形势要求尽快完善目前的大学生的就业模式。面对不断发展的社会形势，更好地解决大学生的就业问题，应当构建立足于我国国情，契合学生求职行为的，由政府、高校、大学生和家庭协同参与的多维互动就业工作体制机制，以政府和学校为主导、学生为主体，多措并举，多管齐下，形成促进大学生求职就业的强大合力。

一、政府要加强宏观调控和政策引导，促进多元就业

　　中国特色社会主义进入新时代，在新的时代背景下，要进一步构建和完善我国大学生就业政府责任，使之与促进大学生就业新需求相适应。政府要发挥主导作用，切实履行好调控、服务、引导的责任。一是要正确处理政府和市场的关系，树立以人为本的就业政策理念，实施积极的就业激励支持政策；二是要强化高校就业服务，促进大学生就业的主体意识，提升优质就业服务供给能力，构建有效协调的大学生就业服务机制；三是要创新制度供给，扩大高校自主权，提升高等教育质量和大学生人才培养质量，促进更高水平的高等人才供需动态平衡，引导全社会关心和支持大学生就业工作。

（一）突出政策优势，加强宏观调控

　　当前我国大学生就业机制是市场导向、政府调控、学校推荐、双向选

择、自主择业。在促进大学生就业方面，政府要变管理为服务，化具体管理为宏观调控，尽快制定促进大学生人才市场良性发展的法律法规、就业政策，尽快建立规范统一的就业市场和就业保护机制，对大学生就业工作进行引导和规范，具体包括树立以人为本的就业政策理念，提升就业政策的针对性、前瞻性和长效性，加强就业政策制度化建设，提高大学生就业政策的运行效率；建立健全毕业生就业保障制度，将大学生就业纳入社会就业规范管理体制，保证毕业生最基本的利益，推动公平竞争；完善人才流动置换机制，采取行政调配和市场引导相结合，合理调控毕业生流向，鼓励大学生到特定地区、特定企业、特定岗位就业，通过有效的政策促进劳动力市场均衡发展；明确大学生人才市场中介组织的条件和审批程序，界定其业务范围，逐步完善大学生人才市场中介组织的功能；建立和完善举办大学生招聘会的审批制度，明确举办大学生招聘会的条件和审批程序，提高大学生招聘会的实际效果；加强对毕业生招聘的管理，明确《全国普通高等学校毕业生就业协议书》的法律地位，制止乱收费、性别歧视以及毕业生随意违约等行为，建立良好的市场运行秩序，从而使毕业生就业工作有章可循，并逐步达到规范化、法治化。同时，要深入完善创业扶持政策，鼓励大学生自主创业，加强对参加基层就业大学生的指导、管理和服务。

（二）强化服务职能，搞好就业服务

各级政府要着力强化服务职能，为大学生求职就业提供全方位优质服务。要结合大学生就业的新特点新需求，强化高校就业服务，促进大学生就业的主体意识，改进和更新大学生就业服务理念，改革就业服务模式，增强大学生就业服务供给能力，构建与高校就业服务有效协同的大学生就业服务机制。要强化就业推介服务，及时掌握企事业单位毕业生需求情况，与用人单位建立供求信息联动机制，并根据用人单位性质、特点及经营情况定期到相关单位推介对口大学生，服务上门，也可采取与上级部门、高校联办或自办的方式，定期举办各种形式、各具特色的毕业生就业双选活动，引导和鼓励各类人力资源服务机构积极开展针对大学生的就业服务，为大学生就业降低成本、提供方便，为大学生就业搭建交流平台。组织类型多样的大学生网上专场招聘活动，实现线上线下相结合、有形无形相结合，为大学生就业求职创造更便捷的条件。同时，要以就业为导向，适应当前用人单位需求多样化、用工形式多样化、大学生就业形式多样化的特点，根据就业市场的需求和大学生的实际情况，积极与各类培训机构、相关院校、企事业单位加强联系，为大学生和用人单位搭建方便、快捷、覆盖面广、内容丰富的信息服务平台，整合现有资源，拓展服务领域，联合开展大学生求职技巧、就业技能培训活动，提升大学生就业能力。要建立与完善大学生人才市场中介机构，明确规定大学生人才市场中介服务组织可从事的业务及其服务对象，实行许可证制度，公开服务内容和程序，公布收费项目和标准，并建立从业人员资格管理制度，学习借鉴外资人才市场的先进理念，增强国内人才市场实力，打造人才经营的知名品牌，构建人才市场经营体系。要建设专业化、职业化就业服务师资队伍，开展全程化大学生生涯教育，将职业生涯规划与就业需求直接衔接，实施大学生职业化与学术化明确分流，清晰定位大学生培养目标，从而提高大学生就业质量。要以人为本、突出教育性与创新性的就业指导服务，在生涯规划的基础上，立足大学生个人职业兴趣和方向，激发大学生内在要求，提高其核心就业竞争力的积极性和主动性，更加注重大学生在校期间的实际就业能力培养。

（三）强化教育引导，促进多元就业

要建立健全大学生就业服务体系，逐步建立全国统一的大学生就业市场信息网络，建立和完善大学生就业市场大数据分析制度，建立大学生就业教育支撑体系，为大学生就业教育提供健全的政策保障。强化教育和宣传，充分发挥新闻媒体和其他渠道的作用，积极宣传党和国家促进大学生就业的方针政策，总结宣传做好大学生就业工作的成功经验，宣传大学生到基层、到祖国最需要的地方工作的典型，宣传大学生自主创业的典型，形成有利于大学生充分就业的舆论导向和社会氛围。加强对大学生的教育，引导他们树立正确的人生观、价值观和择业观，教育大学生立志自主创业成才，把自身理想与社会需要结合起来；引导大学生到基层就业，制定优惠政策，鼓励大学生到乡镇（街道）和农村（社区）基层工作，增强吸收接纳大学生就业的能力。实行倾斜政策，对到边远地区、贫困地区基层就业的大学生，政府财政全额负担其工资福利与社会保险待遇，并享受相应的补贴。对具有基层工作经历的大学生在国家及各级统一组织的考录活动中，实行优先录用或定向招录等优惠政策。鼓励大学生到各类中小企业、非公有制企业就业，要充分挖掘这类企业吸纳大学生就业的潜力。鼓励支持大学生自主创业，建立完善大学生创业的工作体系，进一步梳理大学生自主创业优惠政策，通过健全创业培训体系，搭建创业孵化平台，建立创业资金，优化大学生自主创业环境，实现创业带动就业。同时，政府要对宣传媒体进行有效的规范，充分发挥媒体的宣传导向作用，使其配合政府和高校开展就业宣传教育工作，引导用人单位树立正确的用人观，树立科学、合理的人才观，引导大学生客观对待就业形势，树立正确的就业选择观念。

二、高校要转变理念，加强就业指导系统化、专业化、信息化建设

高校在大学生就业指导服务体系中居于基础地位。大学生就业率是高校人才培养质量最直观的体现，是高校办学成败的关键所在，关乎高等教育的持续健康发展。对高校来说，要把促进就业作为头等大事，主动适应社会需求和就业市场的变化，进一步整合和优化教育资源，实现由人才供给导向型向社会需求导向型的转变；全面落实就业"一把手"工程，健全就业工作体系，把大学生就业指导贯穿到大学生学习的全过程，通过实施针对性分类指导，力争实现大学生就业指导全程化、系统化和个性化目标，努力提高大学生的就业竞争力和社会适应力。

（一）优化学科专业设置，提高人才培养质量

人才培养是一项系统工程。在人才培养过程中，要有综合教育的理念，加强专业的融合，强调文理科的互相渗透，强调人文精神和科学精神的统一和并重，重视人才综合知识、综合能力和综合素质的培养，努力培养具有创新性、应用型、多元化的综合性人才。要重视专业结构调整的市场逻辑，结合社会经济发展形势，设置以市场需求为导向，与企业岗位接轨的专业和人才培育计划，建立适应社会需求的人才培养方案，搭建广阔的基础知识和专业技能平台，加强"第二课堂"建设，鼓励学生参加实践与创新活动，提升其知识技能水平，提高其抗压适应能力，培养符合社会发展的综合型人才。通过建立高校毕业生就业反馈机制获取毕业生就业率，以及就业与专业相关性等人才流向信号，通过建立劳动力市场需求信息分析机制获取人才市场供求信号，并根据两类信号做出人才需求预测。坚持社会需求导向，着力打造一系列有效的专业设置、调整和淘汰机制，保证专业建设能对接市场和社会的需求。设置专业时，必须充分调研社会需求，科学研判人才需求，确定专业规模。专业建设中，要建立定期开展就业市场人才需求分析和预测机制，加强人才市场动态调研，随时掌握岗位新变化新要求，不断更新专业人才培养方案。建立毕业生就业跟踪调查机制，积极搜集社会和市场对专业建设、人才培养的反馈信息，及时汇总毕业生就业后的入职体验和建议，并及时将反馈信息吸纳进专业建设之中。教育行政部门要不断优化高校专业动态评估机制，对那些就业率低、社会需求不足的专业要逐步限制招生乃至取消。坚持校企合作、产教融合培养，创新人才培养模式，及时把企业对人才的需求纳入专业建设、课程建设中来，真正建立起契合市场需要、契合岗位需求的人才培养模式，为学生高质量充分就业打好专业基础。

（二）更新教育思想，树立需求为导向的就业工作理念

要适时转变教育思想和体制，切实按照社会需求来塑造培养人、教育人。要面向人才市场需求，建立科学合理的专业结构体系。要重视就业市场的信息反馈，要依据市场需要来预测专业、人才的数量，并动态调整招生专业设置；培养计划要有预见性，学科设置应注重面向市场、面向学生、面向未来。要建立专业预警机制以应对时代变化，并有计划地调整和压缩一部分与社会发展脱节的专业和课程，增加新专业和新课程，同时要狠抓教学质量，以质量来提高学校和学生在就业市场中的竞争力。要推进教学改革，完善课程设置。要以学生个性和特点为基础，以社会对人才的需求为导向科学合理地安排课程。一是要提高教学质量，专业课程要鼓励打造精品课，向学生输送最前沿的专业化知识；二是要调整课程设置，多开设全校公共选修课，鼓励学生进行跨专业选修，开阔学生的知识视野，完善知识结构；三是要增设与各专业相适配的、生涯规划有关的指导课程，直接指导学生对自身职业发展进行规划；四要加强与企业的合作，建立产学研结合的人才培养模式。要协调培养目标、专业设置、课程体系、培养途径、师资水平、对学生的职业指导和培养评价等要素，协调开发提升大学生就业能力的机制。

（三）完善工作机制，加强就业指导体系建设

就业指导服务部门要把大学生就业指导作为中心工作来抓，建立健全大学生就业指导服务体系，科学、系统、有计划地进行就业指导服务工作，将就业指导服务工作贯穿于大学教育的始终，指导学生根据自己的特长、兴趣、爱好以及自身的综合素质选择专业，并依据社会需求来为学生进行职业生涯设计，这既有利于学校个性化教育和创新性教育的开展，又能使学生更好地发展自己的个性、发挥潜能、学其所好。

要注重就业指导的全程化、专业化、信息化，把就业指导课纳入学生的必修课，纳入人才培养方案中，与专业教育有机结合，将求职就业指导

渗透在学生在校期间学习生活的过程中，渗透在学生思想、行为的养成过程中。根据专业类别、年级时段和学生发展需要，有针对性地开展职业指导、服务和培训培养工作，要引导学生做好职业定位，培养学生实操技能和综合素质，培训学生所需的求职择业技巧，引导其树立正确的就业观。构建以生涯发展为核心的就业指导课程体系，设置阶段性的年级分类指导课程，即一年级入学教育、二年级社会实践、三年级技能培训、四年级求职择业指导。要广泛挖掘校友资源，积极拓宽就业市场，加大毕业生推荐力度，积极与地方企事业单位合作，邀请用人单位举办招聘会，并通过网络资源，采用就业信息网、QQ、微博、微信等新兴网络媒介，方便快捷地传递信息和交流互动，提高求职效率，将网络求职的相关知识纳入就业指导课程体系，建立以求职就业为主的全程化、全方位的就业指导体系。

（四）加强队伍建设，实现就业指导专业化发展

要组织培养职业化、专家化的就业指导工作队伍，建设专家型、学习型的管理团队。要选拔一批专职就业指导教师代替专职辅导员的就业指导职能，同时也要聘请校外就业指导专家来校做报告，交流经验，组织就业指导教师资格培训，优化基层就业指导工作，做到就业指导有针对性、有实效性。专职就业指导教师要积极向就业指导机构反映工作中出现的问题，配合就业指导机构开展具体性工作，接受就业指导机构的培训和指导，同时要与毕业班辅导员进行明确合理的工作分工又要适时进行沟通和交流，了解学生思想发展状况，定期和学生交流，帮助学生进行职业生涯规划，积极开拓与本专业相关的就业渠道和就业市场，收集有关就业信息，总结工作经验和其他就业指导教师进行交流等。此外，制定考核机制，确定指标，改变考核方法，加大考核力度，根据考核结果进行奖惩，将就业落实率和就业质量作为考核就业指导部门工作的指标对其定期进行考核，这些外部奖惩机制也可以促进就业指导队伍整体素质和水平的提高。

（五）提供个性化就业服务，引导大学生做好职业生涯规划

当今大学生的职业生涯规划、求职意向、求职技能、发展需求等方面呈现出多元化与个性化的特征，学校应建立业务素质过硬、专兼职相结合的就业指导队伍，同时要转变工作理念，调整方法，引入生涯发展理论为大学生求职就业提供专业化与个性化的指导服务。在引导求职就业与指导职业生涯规划时，要兼顾学生个体差异和社会需求，重视学生性格特征和职业适应性，帮助学生了解自己的兴趣爱好、态度需求、能力倾向、气质性格和特长，分析各种职业对个性心理倾向和能力特长提出的要求，帮助学生通过专业化的系统训练，完成自我探索，规划职业生涯，培养职业素质，加强分类指导，积累人力资本，从提高求职竞争力、就业能力和职业素养的角度出发，积累核心竞争力，提高毕业生求职成功率。

（六）发挥教育指导优势，引导大学生树立科学合理的就业价值观

有目的、有计划、有组织地对学生进行系统的职业价值观教育，对学生就业价值观、职业观的塑造具有重要作用。首先，要适应社会发展的现实需要，以市场为导向设置专业，以就业为重点调整专业课程，有针对性地调整课程计划，加强教育引导，努力提高毕业生的实践能力。其次，要针对学生实际情况突出就业指导的针对性与有效性，不断创新教育指导方式，强化就业指导，培养就业能力，努力培养学生价值判断能力与价值选择能力。再次，要加强思想教育，加强学生诚信和道德自律教育，培养社会需要的德才兼备的合格人才。最后，加大对学生就业心理健康教育的宣传力度，使广大教师了解和参与就业心理健康教育，并针对不同学生的就业心理问题进行有针对性的咨询与辅导。

（七）发挥家庭优势，构建家校共促就业机制

要引导家长摒弃传统教育观念，牢固树立学校、社会和家庭"三位一体"共同助力学生成长成才、成功择业就业的教育理念，引导家长树立与时俱进的就业观，适时更新就业预期，对子女设置合理的就业期望值，形

成家校合力，使家庭就业观教育与学校就业观教育同心同力，共同教育引导学生顺利择业，成功就业。高校作为主导力量，要积极利用各种资源，拓宽有效沟通渠道，推进家校合作经常化、规范化。要通过成立家长委员会，或通过组织新生家长座谈会，与家长建立多种形式、多渠道的联系制度，保证家校之间能够经常联系、互动，促进家长与学生的交流，有效引导学生就业期望更加贴近现实；或者利用家长资源，为学生提供社会实践及实习就业的机会，提高职业素养，为下一步融入社会、步入职业化岗位做好准备。

（八）发挥网络优势，构建就业信息网络

要加强就业工作信息化，充分发挥网络新媒体的优势，建立就业指导的网络平台，建立网上就业市场，开展网络就业指导，完善学生和用人单位信息库等。要建立学生一体化系统，将大学生的学业成绩、实践活动、学籍生源、就业信息、综合测评等，与精准就业创业指导、招聘信息共享、就业进程跟踪、就业信息反馈等网络就业服务一体化，形成一个整体化的动态数据库。要加强高校就业指导服务与全国大学生就业信息网络化平台的有效衔接和互动。加强网上就业市场建设，不断完善就业信息网，及时发布就业信息，提高就业指导服务的信息化程度。加强就业信息网建设，实现信息共享、政策发布、网上招聘、指导咨询等有效衔接的就业指导模式。要以校园网为依托，构建以微信、微博等为载体的立体化就业信息共享网络，提高就业指导服务的信息化、科学化。开展毕业生就业情况跟踪调查，建立健全就业质量双向反馈机制。

三、大学生要强化职业发展意识，提高自我求职行为

大学生是自己行为的主体，对于自身全面发展的目标有着重要的主导作用。大学生能否顺利地完成从学校到工作单位的角色转换，受个体所拥有的心理资源的影响。心理资源是指个体在生涯转换过程中拥有的内部资源和障碍，具体包括五方面的内容：①准备性，指个体是否愿意付出实际

的努力以达到自己的生涯目标；②自我效能，指个体是否相信自己能够成功地完成生涯转换；③控制感，指个体认为生涯转换的过程和结果是自我可控的，还是受外部的不可控的因素的影响；④社会支持，指个体所能觉察到的来自身边人的社会支持；⑤决策独立性，指个体在转换过程中做出决策时，是更多依据自我的生涯期望和需要，还是更多依据"重要他人"的期望和需要。综合前面章节的调查研究，本章将从社会支持、求职自我效能、求职期望、情绪管理、求职核心竞争力、就业价值观等角度进行分析、探讨大学生个体求职对策。

（一）提升人力资本和社会资本

社会网络理论认为，大学生求职期社会支持系统由近到远分别是亲属圈、友情圈和义务圈。研究证明，社会支持资本对大学生求职具有正向的显著作用，由此可见社会资本所提供的就业信息对大学生求职结果具有显著的积极作用。学校作为一个特殊机构，具有自己的社会网络，在收集就业信息方面具有规模优势与成本优势，所提供的就业信息越多，学生就业求职的成功率就会增加。高校可以通过自身的社会网络，及时完善和丰富学校的信息网络，构建以亲属圈为主、义务圈为辅的支持系统，学校有关部门、教师、家人、朋友、同学等义务圈可以在大学生求职前期提供较多的指导和支持，帮助大学生收集整理就业信息，为其提供就业招聘会安排的信息，帮助大学生对就业信息进行分析和鉴别。同时，学校应构建完善的就业网络平台，为学生提供及时快捷的就业咨询指导，提高大学生求职效率。大学生本人也要积极开发人力资源，充分构建社会资本，用好各种就业政策，增强自身就业本领，这样才能在竞争性就业市场中找到自己的立足之地。

首先，大学生要充分认识到人力资本在就业中的重要作用并加强人力资本积累。人力资本可以负向影响就业压力，人力资本理论认为，个体通过接受教育、职业培训积累知识、经验、技能，可以提高其就业竞争力。

大学生在校期间除了学好理论知识外，需要在实践中不断提高自身的专业技能水平，不仅要提高综合成绩，如学习外语、计算机、办公软件等，更要积极参加各类竞赛，担任学生干部，丰富专业实习经历。同时，在积累人力资本时要以全面发展为目标，注重多元化发展，提高人际交往能力和抗压能力，需要在学习交流、社团活动、干部工作和竞赛实习中提高自身综合素质，增强自身就业竞争力，为顺利就业提供保障，进而降低就业压力。其次，注重社会资本积累，构建人脉圈。我国社会以关系型为主，正如费孝通提出的人际关系"差序格局"，由内向外扩展。如果大学生社会资源较丰富，可以降低择业中的信息不对称，减少择业困难。社会资本越高，就业渠道越多，就业压力越轻。对于大学生自身而言，他们不应该局限于自己狭小的交际圈，应该在日常学习生活中与老师、同学保持良好的人际关系，在各类讲座论坛中与校友、校外人士等建立人际联系，在校外实习、校企实践中与企业人员构建社交网络等，通过多渠道多途径扩大人脉圈，增加社会资本，获取更多的就业信息。此外，大学生应积极提升职业生涯规划能力，提升求职过程中的自信心。当自身就业竞争力提升并且对未来有清晰规划时，大学生的就业压力会降低。搭建职业和生涯规划平台，可以帮助大学生更充分地认识自己，找到喜欢并适合自己的职业，明确自身优势与不足，将人力资本与社会资本聚焦到实践层面，从综合成绩、外语水平、技能证书、奖项荣誉、竞赛实习等方面有侧重、有针对性、有规划地提升自己，清晰的职业选择和科学的潜能开发方法可以提升求职自我效能，在竞争日益激烈的就业市场中减轻自身压力。

（二）增强求职自我效能

自我效能理论认为，个体活动中直接的行为经验对其自我效能有重大影响。在求职过程中，自我效能低的大学生会降低努力程度，甚至产生无助和抑郁情绪，进而影响就业态度和求职信心，最终影响求职行为和求职结果。在构建社会支持网络的同时，争取社会、学校、家庭等多方面的支持和帮助之外，大学生要端正心态，合理定位自己，增强自信心，主动应对，提高求职自我效能。要依据职业的要求和自身的定位来构建恰当的职业选择目标体系，设置分目标和终极目标，并选取适合自己所需要的行动计划、实施方式及途径，在不断实现分目标的过程中丰富自身的工作经验达到自我满足。要积极参加社会实践，增加实践经验，提高求职自我效能。要不断汲取他人典型的成功经验，吸收正能量，激发内在自我潜力，肯定自己，树立信心。

（三）合理定位就业期望与职业目标

职业期望作为影响大学生就业满意度的重要主观因素，其合理与否直接关系大学生的就业质量好坏，其成功与否的关键也在于所选职业是否适合自己。因此，大学生要结合环境形势，运用SWOT分析法，客观全面地评价自己，找准自身能力和社会需求的切合点，及早进行职业生涯规划，明确职业发展方向，以务实的态度对待职业选择。同时，要树立良好的求职心态，正视挫折和失败，适时调整自己的知识结构，提高个人与职业的匹配度，合理调整职业期望值，培养自己主动搜集和运用信息的能力，以取得更多的优势资源和主动权，提高自我认知效能感水平。要正确看待就业理想与就业现实的关系，根据现实情况采取分步达标和自我调整的方法来不断调整择业期望值，力求达到最佳。可先就业再择业，积累工作实践和经验，在此基础上寻求更高的职业目标，实现最佳目标。对家庭而言，首先要提供心理辅导，主动关心大学生择业就业过程，发挥家庭情感的积极作用，消除大学生就业中遇到的烦恼、焦虑、抑郁等情绪，切不可给予过高期望。其次，要及时打消不良想法。就业压力存在性别和地域差异，如何消除性别和地域差异进一步对家长提出了要求，要为孩子创造轻松愉快的家庭氛围，开导孩子将注意力更多地集中在自身能力提高上，积极拓展个人综合能力。大学生更多还是依赖家庭的社会资本，家长需要利用自身优势积极搜寻就业信息，降低孩子就业过程中的信息搜寻成本和交易成本，提高求职成功率，初次踏入职场的大学生，起薪不会太高，家长可以提供力所能及的帮助，减少孩子就业时的恐惧和压力。

（四）构建情绪引导的调节机制

自我调节理论认为，个体对情绪、在任务中的努力程度、对目标追求的反应，以及对成功和失败的感知等都会进行自主调节，自我调节能力即为帮助个体在整个时间进程中、面对不断变化的情境时自主引导指向目标的行为的能力。情绪管理能力强的个体情绪稳定性好，能够正视压力，并能很快调整自己的情绪和行为，使之尽快恢复到正常状态，因此，大学生要具备并保持良好的情绪控制能力，及时克服矫正与求职相关的焦虑、恐惧，及时从紧张的应激状态转换为正常状态；要努力刻苦学习，构建自己完备的知识结构，树立正确的世界观、积极向上的人生观，坚定人生目标与生活信念，并利用课外时间广泛涉猎，培养兴趣和爱好，扩大眼界，形成积极乐观、好学向上的生活态度；要强化自身心理素质，增强抗挫折能力，坚持自强自立，正确对待失败与挫折，善于总结、吸取经验和教训，并不断完善自身综合实力；要具备时时刻刻监察情绪变化的能力，能够对自己的情绪进行剖析，自我感受、自我评价、自我判断、自我识别，并学会如何控制自己的情绪，懂得管理情绪，成为情绪的主人；要学会自我激励，增强自信心，激发自身潜力和动力，不畏惧困难与失败，不轻言放弃，始终以最饱满的热情和积极乐观的心态去面对工作和学习，积极热情地投入到工作和学习中去。

（五）提高求职就业核心竞争力

大学生对自我成长负有主体责任，要切实发挥主观能动性，提高自己的专业能力、实践能力、社会适应能力，自觉接受就业能力教育，科学塑造就业人格结构，积极参与就业市场竞争。要对求职充满信心，拓展就业宽度，正确分析自身情况，合理定位，树立正确的就业观念，合理规划职业生涯，根据市场需求和自身能力，降低就业期望值，务实地选择工作岗位；要树立竞争意识，积极参与到就业市场的竞争中去，向用人单位展现自己的能力；要注重个人简历的制作，简洁有效地向用人单位展示自己；认真准备面试，注意面试技巧，在用人单位面前展示自身良好形象，积极寻求学校就业部门的支持与帮助，通过就业指导部门获取信息与求职技能，保持与用人单位的密切联系，表现出对求职的期望与热情，并与之进行沟通，积极获取用人单位的相关信息。要提高自身反馈能力，根据反馈信息适时改进学习方法，提高个体的自我效能和动机水平，认真客观的自我观察和自我评价可以对目标完成的过程进行有效监督和控制，对未来目标的完成提供经验和改进依据，从而促进成就行为升华为自身的内在动机。

（六）树立科学合理的就业价值观

大学生个体要转变就业观，明确自身定位，构建全面准确的理性认知，树立科学合理的求职观和就业观。就业观对大学生求职具有直接的影响，它是一项系统、长期、连续的教育实践活动，由于其影响因素的复杂性，既要大学生主导自我就业价值观，还要发挥其他教育主体间的作用。政府要继续推动经济有序健康发展，采取积极有效的措施营造良好的外部环境，引导社会舆论进行正向宣传；用人单位要为高校学生提供充足的实习实践机会，当前各用人单位对高素质人才的需求迫切，大学生只有在实际岗位上得到锻炼，才能及时发现问题，完善自身能力；家庭要充分认识到新的就业形势，调整心态与预期；大学生自身应该主动接受就业观教育，了解就业现状，探索就业目标，深入分析自身能力不足之处，不断提升职业素养与综合能力。

参考文献

鲍春雷.在高质量发展中创造就业新机会［J］.人民论坛，2024（12）：19-23.

卞晶晶，吕莉敏，马建富.市民化背景下新生代农民工职业培训现状及对策——基于常州市的调查［J］.职教通讯，2015（10）：52-55.

布迪厄.文化资本与社会炼金术：布尔迪厄访谈录［M］.包亚明，译.上海：上海人民出版社，1997.

布格.浅谈馆员专业化与人文素质的培养［J］.现代经济信息，2015（1）：105+107.

蔡佩琼.第一份工作任期与客观性职涯成功之关系探讨——以台湾为例［D］.广州：暨南大学，2009.

蔡中华，王苏南.劳动经济学视角下的我国大学生就业困难问题研究［J］.现代商业，2014（29）：271-272.

曹建琴.自我效能感对学生学习活动的影响及培养策略［J］.西北医学教育，2010，18（2）：274-276.

曹殊."十一五"期间高等学校毕业生就业展望［J］.中国大学生就业，2006（6）：8-10.

常雪亮.大学生从学校到工作转换的研究［J］.出国与就业（就业版），2011（13）：127-128.

陈纯槿，郅庭瑾.博士毕业生就业能力的影响机理及发展路径［J］.研究生教育研究，2024（4）：98-105.

陈丽荣.高校网络思想政治教育工作新探［J］.学校党建与思想教育，

2018（24）：63–64+71.

陈俐.大学生自我效能感与毕业取向的关系研究［D］.南京：南京师范大学，2004.

陈美华，范敏华.人工智能时代中国就业变革：问题与路径［J］.福建论坛（人文社会科学版），2023（4）：99–109.

陈秋英，杨洪鑫."00后"大学生人格特质与创业自我效能感及创业意向实证研究［J］.教育观察，2022，11（29）：22–27.

陈群.浅议中职学校班主任自我效能感的提升［J］.科技视界，2014（27）：195+220.

陈晓萍，徐淑英，樊景立.组织与管理研究的实证方法［M］.北京：北京大学出版社，2008.

陈晓燕.自我效能视野下高职学生良好学习习惯的培养［J］.当代职业教育，2011（6）：43–45.

陈仪梅，周红萍，张淑华.大学生人格特质对求职行为作用机制研究［J］.大连理工大学学报（社会科学版），2007，28（3）：90–96.

陈颖，黄美娇，吴海燕，等.基于服务业的数智化工商管理类专业群建设路径探究［J］.科技创业月刊，2024，37（4）：182–185.

陈勇.大学生就业能力及其开发路径研究［D］.杭州：浙江大学，2012.

陈雨菡，邹靖，金晟.大学生就业协议法律问题研究：基于协议文本的解读［J］.法制与社会，2017（35）：61–62.

陈振锋.大数据背景下高校毕业生就业工作路径初探［J］.中国成人教育，2017（9）：75–78.

程玮.大学生就业能力及其提升实证研究——基于全国64所高校的有效样本分析［J］.高教探索，2017（7）：98–105.

丛榕，汪斌，孙刚，等.基于学生行为视角的职业教育本科毕业生就业水平影响因素研究［J］.生产力研究，2020（10）：122–125+129.

达夫特.管理学（原书第 5 版）［M］.韩经纶，等译.北京：机械工业出版社，2003.

大前研一.思考的技术：思考力决定竞争力［M］.刘锦秀，谢育容，译.北京：中信出版社，2010.

代洪甫.大学生就业能力的构成及提高对策［J］.人才资源开发，2009（1）：30–32.

戴斌荣.大学生就业压力的减轻对策［J］.教育理论与实践，2014，34（18）：3–5.

戴晓燕.论自我效能感在提升高校家庭经济困难学生就业力中的作用［J］.现代企业教育，2014（16）：238–239.

黛维·波普诺.社会学（上）［M］.刘云德，王戈，译.沈阳：辽宁人民出版社，1987：226.

党春燕，慈勤英.硕士毕业生社会支持与求职行为分析——基于武汉市高校硕士毕业生的实证研究［J］.华中师范大学研究生学报，2009（2）：9–14.

翟国栋.大学生专业素质的培养［J］.机械职业教育，2007（6）：14–15.

翟绪阁，卢小君，张国梁.大学生网络自主学习影响因素研究［J］.大连理工大学学报（社会科学版），2008（3）：8–13.

董芳芳.供给侧改革背景下大学生创新能力提升路径［J］.北京农业职业学院学报，2018，32（1）：86–91.

董琳娜.应用型本科国际经济与贸易专业"工学结合"人才培养模式初探［J］.经济研究导刊，2011（18）：135–137.

杜丽霞.大学生弹性就业模式研究［J］.淮海工学院学报（人文社会科学版），2012，10（18）：137–139.

杜塔，曼佐尼.过程再造、组织变革与绩效改进［M］.焦叔斌，等译.北京：中国人民大学出版社，2002.

杜映梅，等.职业生涯规划［M］.北京：对外经济贸易大学出版社，2004.

E. H. 施恩.职业锚理论［J］.中国人才，2002（9）：25-27.

鄂义强.中国大学生就业中政府责任研究［D］.长春：东北师范大学，2020.

樊立三.大学生求职行为特点及就业对策研究［J］.煤炭高等教育，2014，32（3）：111-113.

樊立三.高校毕业生求职行为、自我效能、社会支持与就业关系的追踪研究［J］.长春理工大学学报（社会科学版），2014，27（6）：144-146.

樊未晨，叶雨婷，张茜.灵活就业成大学生就业新形态[N].中国青年报，2022-01-17（5）.

方长春.新经济形态下的"两栖青年""斜杠青年"——兼论新就业形态［J］.人民论坛，2021（24）：88-91.

方长春.新就业形态的类型特征与发展趋势［J］.人民论坛，2020（26）：56-59.

房栋.大学生就业价值取向变化与引领研究［D］.长春：东北师范大学，2017.

冯彩玲，王芳，王大超，等.大学生择业心理的调查研究［J］.沈阳大学学报，2007，19（4）：79-81.

冯彩玲，樊立三，时勘.高校毕业生求职自我效能、求职期望、求职意向与求职行为的关系［J］.管理评论，2009，21（8）：23-29.

冯彩玲，樊立三.高校毕业生社会支持、求职意向与求职行为的关系影响研究［J］.当代青年研究，2012（9）：31-34.

冯彩玲，时勘，张丽华．高校毕业生求职行为的影响机制研究［J］．心理科学，2011，34（1）：181-184.

冯彩玲，王大超，时勘．论大学生的择业心理倾向［J］．沈阳师范大学学报（社会科学版），2007（5）：46-48.

冯彩玲，张丽华．社会支持对求职行为和求职满意度的影响——一项基于高校毕业生的追踪研究［J］．中国青年研究，2010（1）：45-50.

冯彩玲．高校毕业生求职行为的作用机制研究［D］．沈阳：沈阳师范大学，2008.

冯彩玲．求职目标清晰度对职业发展影响机制的追踪研究——社会认知职业理论视角［J］．山东师范大学学报（人文社会科学版），2016，61（2）：121-127.

冯晓伟，王立剑，高会颖．大学生党建与就业工作两促进双提高的工作新模式研究［J］．才智，2024（4）：25-28.

冯瑛，王一帆．在职业生涯教育中坚持社会主义核心价值观导向研究［J］．思想教育研究，2015（10）：59-63.

高昂．大学生职业生涯规划能力培育问题研究［D］．郑州：郑州大学，2020.

高贺胜，李峰．多元语境下戏剧影视人才培养的再思考与新策略［J］．传媒与艺术研究，2023（2）：160-171.

高娟，翟华云．人力资本、家庭状况与毕业生"慢就业"——基于民族院校的调研数据分析［J］．中南民族大学学报（人文社会科学版），2022，42（7）：135-142+186.

高山川，孙时进．社会认知职业理论：研究进展及应用［J］．心理科学，2005，28（5）：1263-1265.

高婷婷．职业偏好视角下大学生就业结构失衡的破解路径［J］．教育与职业，2023（3）：68-75.

高艳，乔志宏.大学生就业能力结构及其内部关系：质的研究［J］.中国青年研究，2016（11）：93–97+110.

高杨文.大学生就业能力探析［J］.当代教育论坛（上半月刊），2009（8）：73–75.

高云坚.青年学生马克思主义信仰现状探析——以广州大学城10所高校为例［J］.山西师大学报（社会科学版），2013，40（5）：44–48.

葛昕明.社会支持视域下的独立学院贫困生就业扶助［J］.黑龙江高教研究，2018（1）：87–89.

龚勋，蔡太生.大学生就业能力：要素、结构与培育路径［J］.江苏高教，2018（1）：91–94.

关棋月.新就业形态对大学生就业的影响研究［J］.中国就业，2022（8）：41–43.

关长海，高曙先."90后"高校毕业生就业的群体特征与对策探析［J］.北京教育（德育），2011（11）：4–9.

桂肖敏.新就业形态下大学生就业的SWOT分析［J］.中国大学生就业，2021（15）：39–43.

郭晋晖.高层关注"新就业形态"专家建议建立对平台从业者保护[N].第一财经日报，2020–05–25.

郭蕾.自我效能感理论在大学生职业生涯规划中的应用研究[D].郑州：郑州大学，2005.

郭咸刚.西方管理学说史［M］.北京：中国经济出版社，2003.

郭晓冉.当前我国大学生择业观教育研究［D］.成都：电子科技大学，2017.

郭欣.中国当代大学生就业能力培养研究［D］.长春：吉林大学，2017.

郭秀华.基于劳动力市场分割理论谈大学生公平就业问题［J］.黑龙

江高教研究，2015（5）：79–81.

郭竹梅.论高校毕业生就业观念的重建［J］.品牌（下半月），2014
（8）：115.

国家统计局.中国统计年鉴（2010）［M］.北京：中国统计出版社，
2010.

国家信息中心.中国共享经济发展报告（2023）［EB/OL］.（2023–02–
23）［2024–09–02］.http://www.sic.gov.cn/sic/93/552/557/0223/ 11819_pc.html.

韩玲，霍菲.供给侧改革视阈下的大学生就业能力提升［J］.中国大
学生就业，2022（18）：42–47.

韩雪，童辉杰.透视影响大学生求职状态的四大因素［J］.数据，
2007（10）：35–36.

韩雪，童辉杰.应届大学毕业生求职状态［J］.中国就业，2007（12）：
16–17.

郝凤春，吴秋懿.高职学生职业生涯规划中的心理调试［J］.内蒙古
师范大学学报（教育科学版），2012，25（1）：40–43.

何妃霞，周小李，娄真真.硕士生退学意向影响因素研究——基于扎
根理论的探索性分析［J］.研究生教育研究，2023（1）：29–34+53.

何忠悦.高职应用电子技术专业教学改革探析［J］.中国科技信息，
2012，（18）：129+134.

赫尔雷格尔，斯洛克姆，伍德曼.组织行为学［M］.俞文钊，丁彪，
译.9版.上海：华东师范大学出版社，2001.

胡敏沪.大学生个性化就业指导探讨［J］.现代商贸工业，2010，22
（20）：175–176.

胡青莲.论独立学院教学秘书自我效能感及提高［J］.现代阅读（教
育版），2013（10）：16–17.

胡文燕.家庭环境对大学生职业生涯规划的影响及对策［J］.科技资

讯，2015，13（22）：224-225.

胡尊利，刘朔，程爱霞．国外大学生就业能力研究及其启示［J］．比较教育研究，2008（8）：24-28.

黄兵基．家庭亲密度和适应性与初中生人际信任关系的研究［J］．卫生职业教育，2009，27（22）：100-102.

黄敬宝．就业能力假说——人力资本理论的一种发展［J］．工业技术经济，2007（10）：124-127.

黄思，王建国．浅谈学习目标的确立对大学新生成长成才的影响［J］．教育教学论坛，2011（6）：129-130.

黄育馥．人与社会——社会化问题在美国［M］．沈阳：辽宁人民出版社，1986：5.

贾有姣．我国大学生就业市场问题研究［J］．上海经济研究，2010（11）：87-91.

姜莉．社会认知理论在高校创业创新教育中的应用［J］．学理论，2014（29）：151-152.

姜墨瞳．经济新常态下高校大学生就业观问题研究［D］．大连：大连理工大学，2018.

蒋利平，刘宇文．大学生"慢就业"现象本质解析及对策［J］．学校党建与思想教育，2020（4）：64-66.

蒋晓蝶，阚明坤，王芳．大学生就业能力的分类特征及范式变革［J］．教育发展研究，2024，44（7）：9-16.

金向鑫．促进新就业形态发展的财税政策探讨［J］．商业经济，2019（9）：143-144+162.

金叶子．"魔都"魅力炼成记：硬核人才铸就软实力 [N].第一财经日报，2021-06-29（A1）.

晋利珍．国内外学者劳动力市场分割理论研究述评——兼论对研究反福利依赖的启示［J］.生产力研究，2011（1）：206-209.

靳卫东，李淑玥，何丽."慢就业"的职业损失：工资收入和工作职位［J］.财经研究，2022，48（7）：33-47.

荆德刚.2017年高校毕业生就业的新特点与新机遇［J］.中国高教研究，2017（7）：27-30.

荆德刚.复苏与挑战中前行[N].中国教育报，2017-06-09.

景磊，钱丹.新时代大学生就业工作路径优化探赜［J］.成才之路，2024（21）：49-52.

蓝英，朱庆华.用户废旧家电处置行为意向影响因素分析及实证研究［J］.预测，2009，28（1）：65-70.

L·布鲁姆，P.塞尔兹内克，D.B.达拉赫.社会学［M］.张杰，等译.成都：四川人民出版社，1991：120.

雷明，王建波，李刚.地方性高校大学生就业困境及对策分析——以《劳动合同法》实施为视角［J］.齐齐哈尔大学学报（哲学社会科学版），2012（1）：175-177.

黎娟娟，黎文华.后物质主义价值观视角下的大学生慢就业——基于北京某高校的质性研究［J］.中国青年研究，2023，（5）：25-33.

李必鹏.论我国大学生就业模式的演变［J］.湖北科技学院学报，2013，33（8）：168-169.

李春顶，张瀚文.新冠疫情全球蔓延的就业和经济增长效应［J］.国际经贸探索，2021，37（7）：4-19.

李存岭.市场视阈下大学生就业力结构模型构建及提升策略研究［D］.武汉：华中科技大学，2017.

李恩平，牛冲槐，董国辉.大学生就业能力的结构维度探讨与对策建议［J］.生产力研究，2010（3）：168-170.

李贵成.返乡农民工企业家精神培育的环境调适与优化研究［J］.河

南社会科学，2019，27（11）：106–112.

李化树，徐远火.金融危机背景下促进高校大学生就业工作调查报告[J].西华师范大学学报（哲学社会科学版），2009（6）：9–17.

李慧.论我国劳动关系三方协调机制的法律保障[J].黑龙江教育学院学报，2013，32（11）：201–202.

李莉，李文祥.大学生就业保障转型中的文化调适研究[J].兰州学刊，2014（3）：186–190.

李玲玲，许洋.靠个人还是靠学校——我国大学生就业能力结构及其培育机制再思考[J].教育发展研究，2022，42（23）：20–27.

李楠.忧患意识比较——《雅典的泰门》、《恨世者》主人公性格特点比较分析[J].齐齐哈尔大学学报（哲学社会科学版），2009（3）：89–91.

李强.中国城市中的二元劳动力市场与底层精英问题[M]//清华大学社会学系.清华社会学评论：特辑.厦门：鹭江出版社，2000。

李姝漫.论新形势下促进大学生就业的体制机制创新[J].成都中医药大学学报（教育科学版），2011，13（4）：55–56+64.

李伟，董亮.硕士研究生就业态度与就业对策探析[J].经营管理者，2009（19）：147.

李小彤.新一线城市对毕业生的吸引力不断增强[N].中国劳动保障报，2019–06–29（3）.

李心萍，常钦，孙振，等.促进高质量充分就业[N].人民日报，2022–10–20（6）.

李洋.社会文化、自我意识对大学生心理健康的影响[J].科教导刊（中旬刊），2013（10）：221–222.

李营辉.被算法裹挟的"裸奔人"：新就业形态下网约工群体劳动权益调查[J].中国青年研究，2022（7）：12–19+39.

李颖．新时代大学生就业观研究[D]．保定：河北大学，2021．

李玉松．低碳理念在人才招聘与求职中的推广应用研究［J］．中外企业家，2011（14）：113-114．

李重阳．论高校辅导员对大学生就业心理问题的调适对策［J］．吉林省教育学院学报，2010，26（12）：8-9．

厉茜，詹迪铌，孙旸．物料运送电气控制与检修虚拟仿真实验设计——以"电工学"课程为例［J］．工业和信息化教育，2022，（10）：69-71+94．

梁敏．中小学学校治理测评模型的构建研究——以重庆市 X 区为例［J］．教育观察，2024，13（2）：123-126．

梁青春．高职学生求职行为个性化辅导的思考［J］．教育与职业，2014，（27）：119-120．

梁艳华，沈庆斌．"双一流"背景下高校大学生高质量就业的职业指导对策［J］．海峡科学，2020（5）：71-74．

廖军政．浅谈研究生就业能力培养［J］．中国证券期货，2012（7）：296-297．

林海燕．共享发展理念下残疾大学生就业保障问题研究——从劳动经济学视角出发［J］．劳动保障世界，2017，（8）：6-7．

凌四宝，舒曼．家庭因素对大学生人格影响的调查分析［J］．华东交通大学学报，2003（3）：91-94．

刘保平，赵永乐，荣丽杉．无边界职业生涯背景下女大学生职业核心竞争力培养研究［J］．生产力研究，2007（23）：61-63．

刘丹．二元劳动力市场背景下就业质量的提升机制研究——基于 CLDS 数据的实证分析［J］．中国劳动关系学院学报，2023，37（6）：104-120．

刘和忠，马东薇．当前大学生就业价值观教育问题及对策［J］．高校理论战线，2011（11）：44–47.

刘惠芳.毕业生就业指导工作的有效性探析［J］.中小企业管理与科技（下旬刊），2015（1）：263–264.

刘静，张天雪.大学生就业结构的关联模型、矛盾形态与破解路径［J］.黑龙江高教研究，2021，（5）：90–94.

刘灵凤.高职电商学生参与乡村振兴存在的问题和解决方案研究［J］.农村经济与科技，2022，33（3）：221–223.

刘强.转型期中国就业增长问题研究［D］.济南：山东大学，2015.

刘锐.当代大学生就业观问题的研究与对策［D］.太原：山西财经大学，2012.

刘少锋.大学生就业能力的现状及其培养对策［J］.现代经济信息，2016（8）：36.

刘思言.多元文化思潮下当代大学生价值取向研究［J］.知识经济，2013（18）：145.

刘文文，王东明，胡美玲.如何运用新媒体有效推进大学生就业工作［J］.黑龙江教育学院学报，2013，32（4）：24–25.

刘向东.新发展格局下加快建设全国统一大市场的现实路径［J］.中国经济报告，2022（3）：60–69.

刘晓熹.养老保险缴费率对新就业形态企业的影响研究［J］.改革与开放，2021（4）：39–44.

刘彦忠.创业带动就业的促进措施研究［J］.中国就业，2023（3）：44–45.

刘艳红.大学生就业价值取向变化特点及引导研究［J］.同行，2016（15）：375.

刘艳杰，姚莹颖.社会认知职业理论对职业发展课程的启示［J］.高教发展与评估，2015，31（1）：91–97+102.

刘泽文，宋照礼，刘华山，等.计划行为理论在求职领域的应用与评价（综述）［J］.中国心理卫生杂志，2006，20（2）：118-120.

刘泽文，宋照礼，刘华山.求职行为的心理学研究［J］.心理科学进展，2006，14（4）：631-635.

刘紫婷.大学生就业新模式研究［J］.当代青年研究，2007（5）：56-58.

龙溪虎，巢传宣.大学生求职期社会支持系统探析［J］.教育学术月刊，2009（8）：76-78.

陆华，银小兰.独立学院应届毕业生心理焦虑问题的原因分析及对策探讨［J］.湖南科技学院学报，2014，35（10）：185-186+192.

路瑞峰.校园文化对大学生创业的影响探析［J］.中国成人教育，2008（16）：43-44.

罗明忠，陶志，陈利昌.大学生就业能力：内涵、结构及其对就业的影响［J］.高等农业教育，2017（2）：73-78.

罗明忠.基于学生就业能力提升的高等教育改革思考——来自广东某高校毕业生的问卷调查［J］.高教探索，2007（6）：123-126.

罗秋兰，陈有禄，黄秉錬.高校教师教学能力提升的妨碍因素及对策研究［J］.教育与职业，2012（36）：80-82.

罗秀.高校就业教育拓展的重点及其实施路径［J］.黑龙江教育（高教研究与评估），2008（6）：36-38.

骆悠悠，盛红梅.核心素养视域下英语学习能力培养的策略探究［J］.读与写（教育教学刊），2017，14（9）：9-10.

马苓.教师的组织承诺对组织公民行为及大学绩效的影响研究[D].天津：河北工业大学，2009.

马世洪.以供给侧改革破解大学生就业市场结构性矛盾［J］.中国高等教育，2016（10）：15-18.

马斯洛.人性能达的境界［M］.林方，译.昆明：云南人民出版社，1987：303.

马廷奇.大学生就业市场的发育、实践困境与创新路径［J］.中国人民大学教育学刊，2013（3）：26-34.

麦可思研究院.2022年中国本科生就业报告［M］.北京：社会科学文献出版社，2022.

门垚，何勤英.中国大学毕业生劳动力市场中的同群效应［J］.人口学刊，2013（1）：87-96.

苗旭，贺军，田宗祥，等.现代学徒制背景下高职畜牧兽医专业群大学生就业创业质量研究与分析——以甘肃畜牧工程职业技术学院为例［J］.国外畜牧学（猪与禽），2022，42（3）：87-92.

牛天.斜杠青年的职业身份建构研究——以斜杠健身教练为例［J］.中国青年研究，2023（1）：96-104.

欧阳润.大思政格局下大学生就业教育研究［D］.南昌：南昌大学，2020.

潘文庆.就业价值观对大学生就业质量的影响研究［J］.广东社会科学，2014（4）：40-46.

彭剑锋.人力资源管理概论［M］.上海：复旦大学出版社，2003：340.

彭伟.以提升社会适应能力为导向的大学生就业创业教育研究［J］.山东农业工程学院学报，2007，34（10）：117-118+165.

浦昆华，高兴慧，李东明，等.大四学生未来取向对慢就业态度的影响：职业成熟度的中介作用［J］.中国健康心理学杂志，2023，31（7）：1072-1077.

谯龙，田金香，王龙.高校大学毕业生就业权益法律保障研究［J］.云南社会主义学院学报，2014（2）：204.

秦凤洁.顾客在产品页面购买行为的实验研究 [D].成都：西南财经大学，2013.

瞿浩，何家霖，马锦玉，等.后危机背景下大学生就业能力及其结构维度的构建研究［J］.合肥工业大学学报（社会科学版），2014，28（1）：128-133.

全力.国外大学生就业模式及对我国就业工作的启示［J］.北京教育（高教版），2007（3）：62-64.

冉浩男.新就业形态下大学生就业问题及对策研究［C］// 对接京津——社会形态基础教育论文集，2022：4.

任浩，刘石兰.基于战略的组织结构设计［J］.科学学与科学技术管理，2005（8）：123-126.

任占忠.北京高校毕业生就业改革 30 年［J］.北京教育（高教版），2008（Z1）：44-46.

"三重压力"下如何稳增长［N］.经济日报，2021-12-18（1）.

盛子桐，施俊琦.求职自我效能对求职行动的影响：情绪调节能力的调节作用［J］.北京大学学报（自然科学版），2012，48（3）：507-512.

施恩.职业锚：发现你的真正价值［M］.北京：中国财政经济出版社，2004：12.

时勘，冯彩玲.高校大学生就业市场组织设计，教育管理研究，2006.

时勘，宋照礼，张宏云.下岗职工再就业心理行为及辅导模式研究［J］.人类工效学，2001，7（4）：1-5+70.

史秋衡，孙昕妍，金凌虹.大学生高质量就业能力的形成逻辑及战略导向［J］.教育发展研究，2024，44（7）：1-8.

史秋衡，文静.中国大学生的就业能力——基于学情调查的自我评价分析［J］.北京大学教育评论，2012，10（1）：48-60+188.

史秋衡，许洋.产教融创：高等教育高质量发展的逻辑指向与模式设计〔J〕.陕西师范大学学报（哲学社会科学版），2023，52（2）：30–39.

斯蒂芬.P·罗宾斯.组织行为学〔M〕.北京：中国人民大学出版社，1997：423–434.

宋健，赵秋婷.青年职业与教育匹配、职业期望及工作满意度〔J〕.青年探索，2022（5）：51–64.

宋齐明.大学生就业能力培养现状及影响因素——基于本科毕业生调查数据的实证研究〔J〕.教育发展研究，2017，37（23）：23–29.

宋齐明.校园与工作场所：关于本科生可就业能力的研究[D].上海：华东师范大学，2018.

宋照礼.下岗（失业）求职人员再就业的预测因素研究[D]，北京：中国科学院心理研究所，1999.

苏荔萍.大学生就业市场的矛盾分析与应对〔J〕.电子科技大学学报（社科版），2010，12（4）：99–102+109.

孙改玲，裴静，张兵.在职人员求职诚意影响因素实证研究〔J〕.兰州文理学院学报（社会科学版），2017，33（4）：61–65.

孙家钰.浅析大学生就业市场机制的完善〔J〕.教育探索，2010（12）：149–150.

孙明.大学生就业市场建设研究与探索〔J〕.农村经济与科技，2018，29（2）：251+253.

孙蕊，刘滨涛.课程改革背景下市场营销专业学生评价体系构建与实证分析〔J〕.科教文汇（下旬刊），2015（24）：77–79.

孙永欣.大学生就业协议不能替代和对抗劳动合同[N].人民法院报，2010–05–27（7）.

孙昱，任爱珍.新就业形态下高校学生就业能力提升对策〔J〕.机械职业教育，2022（11）：16–20.

孙钰华.高校教师教学能力研究的回顾与反思〔J〕.中国大学教学，

2009（8）：58-60.

孙自盛.大学生求职行为分析及对策研究［J］.中国电力教育，2013（2）：161-162.

谭寒，孙思玉."三全育人"视域下的高等美术院校全面提高毕业生就业创业能力路径研究——基于八大美院2021届毕业生就业质量报告的分析［J］.艺术与设计（理论），2023，2（10）：140-144.

谭诤.大学生就业能力概念辨析［J］.江苏高教，2010（4）：81-82+129.

汤国英.新常态下提升高职大学生就业能力的思考［J］.西南交通大学学报（社会科学版），2016，17（1）：36-40.

唐宏.就业效应对高职教育发展导向作用的探讨［J］.教育与职业，2008（23）：160-162.

唐燕，郑子健，史文.不同年级大学生的社会支持、应对方式比较及其相关研究［J］.中国健康心理学杂志，2007（6）：506-508.

图雅.新形势下内蒙古地区大学生就业模式浅析［J］.学理论，2011，（34）：98-99.

涂伟，王文珍，王雪玉.谁是我国的第三类劳动者？基于从属性特征的类型学及其工作条件组间差异分析［J］.中国人力资源开发，2023，40（2）：73-86.

汪璞.广州市应届毕业大学生的求职行为结构及相关研究[D].暨南大学，2008.

汪雁，张丽华.关于我国共享经济新就业形态的研究［J］.中国劳动关系学院学报，2019，33（2）：49-59+98.

汪依桃.大学生就业能力培养浅析［J］.校园心理，2014，12（4）：268-270.

王炳林，方建.大学推进文化传承创新的原则与途径［J］.中国高等教育，2012（5）：24-26.

　　王朝明，张海浪，李亚茹.供给侧结构性改革中的失业风险研究——基于消化产能过剩与产业结构调整升级［J］.经济问题探索，2019（3）：10-18.

　　王俊卿，邓二林.管理学教程［M］.北京：清华大学出版社，2003.

　　王璐.试论当代大学生就业心理问题及对策［J］.品牌，2015（6）：159.

　　王梅，汪文雄.农地整治权属调整中农户认知与行为的一致性研究［J］.资源科学，2018，40（1）：53-63.

　　王清.论大学生社会性发展与体育参与的关系［J］.新课程研究（中旬刊），2011（4）：181-183.

　　王霆.大学生高质量就业的影响机制研究：人力资本与社会资本的视角［J］.高教探索，2020（2）：108-114.

　　王翔.三全育人视角下的高校大学生慢就业［J］.山西财经大学学报，2022，44（S2）：73-75.

　　王宵君，杜超，郑著彬.后疫情时代大学生就业情况分析与对策——以 G 大学为例［J］.中国大学生就业，2022（6）：56-64.

　　王晓岩.高等教育大众化背景下大学生就业力问题研究［D］.长春：东北师范大学，2007.

　　王晓宇.城市下岗职工社会支持网络与谋职行为的关系研究［D］.武汉：武汉大学，2005.

　　王兴宇.我国高校毕业生就业与专业相关性研究［D］.厦门：厦门大学，2019.

　　王琰，朱亮.社会认知职业理论对高校职业心理教育的启示［J］.职业时空，2011，7（11）：106-107.

　　王艳霞，由锋.高职高专大学生就业能力提升策略［J］.河北学刊，

2011, 31（6）：238-241.

王雁飞, 陈静静, 梁萍锋. 社会资本、知识分享与团队绩效关系的实证研究［J］. 人力资源管理评论, 2010, 1（1）：82-92.

王颖, 宋晓禹, 马雪, 等. 融合教育教师社会支持、融合教育自我效能感与特殊教育专业背景对融合教育态度的影响：有调节的中介［J］. 中国特殊教育, 2023（3）：11-18+38.

王重鸣. 管理心理学［M］. 北京：人民教育出版社, 2001：324.

王紫薇. 大学生求职过程的积极情绪和动机联动机制研究 [D]. 南京：南京理工大学, 2016.

温忠麟, 张雷, 侯杰泰等. 中介效应检验程序及其应用［J］. 心理学报. 2004, 36（5）：614-620.

文少保. 基于人才强国战略的我国大学生就业能力开发策略研究［J］. 现代大学教育, 2006（1）：101-108.

文雅, 于晨, 刘璟璇, 等. 大学新生社会支持与情绪智力的相关性［J］. 中国健康心理学杂志, 2016, 24（11）：1674-1678.

吴冰蓝, 周丽萍, 岳昌君. ChatGPT/生成式人工智能与就业替代：基于高校大学生能力供求的视角［J］. 教育发展研究, 2023, 43（19）：40-48.

吴丹, 杨思尧. 农科专业大学生择业观分析［J］. 高等农业教育, 2014（5）：66-69.

吴砥, 李环, 陈旭. 人工智能通用大模型教育应用影响探析［J］. 开放教育研究, 2023, 29（2）：19-25+45.

吴丽娟, 刘晓英. 就业模式的分类及我国就业模式现状分析［J］. 生产力研究, 2008（23）：95-96.

吴晓玮. 物流工程硕士心理契约和求职行为与就业绩效的关系 [D]. 天津：天津理工大学, 2015.

武雅冉.马克思人的全面发展理论视阈下大学生就业能力提升研究［D］.石家庄：河北科技大学，2021.

西奥多·W.舒尔茨.教育的经济价值［M］.曹延亭，译.长春：吉林人民出版社，1982：117，129，130.

夏徽.对建国后我国普通高等院校就业模式的综述［J］.出国与就业（就业版），2011（13）：20-21.

肖华.大学生就业能力系统化培养的思想与实践［J］.继续教育研究，2007（2）：91-93.

肖俭伟，张莉，杨珏，等.远程高等教育教学服务质量标准研究［J］.江西广播电视大学学报，2018，20（2）：16-28.

肖水源，杨德森.社会支持对身心健康的影响［J］.中国心理卫生杂志，1987（4）：183-187.

谢爱磊，覃云云，刘群群."后知后觉"与"随波逐流"——精英高校农村籍大学生就业能力管理的反身性叙事［J］.华东师范大学学报（教育科学版），2024，42（7）：15-27.

谢伏瞻.2023年中国社会形势分析与预测［M］.北京：社会科学文献出版社，2022.

谢建社，谢宇.新就业形态劳动者劳动关系认知及其权益保障——基于GH区的调查［J］.学术研究，2023（3）：62-67.

解亚宁.简易应对方式量表信度和效度的初步研究［J］.中国临床心理学杂志，1998，6（2）：114-115.

谢兰云.信息技术与学习型组织建设的研究［J］.现代管理科学，2005（9）：48-49.

谢圣松，胡斌，蔡翼，等.社会支持对运动员心理健康影响的研究［J］.浙江体育科学，2009，31（5）：109-111.

熊艳青，王乐婷，徐丹."Z世代"大学生能成为基层就业的主力军吗?——基于类型分析的视角［J］.中国青年研究，2024（8）：94-102+119.

徐佳丽.湖北省结构性失业的机理分析及其教育治理［J］.中国电力教育，2008（7）：161-163.

徐蓉，田启明.大学生就业市场的现状、问题与对策［J］.山西财经大学学报，2024，46（S1）：269-271.

徐晓丽，于春，陈跃.高校毕业生职业社会支持与求职行为的关系——生涯适应力的中介作用［J］.中国农业教育，2022，23（4）：39-47+61.

许玉林.组织设计与管理［M］.上海：复旦大学出版社，2003.

薛新田.浅议企业组织结构的选择与设计［J］.冶金经济与管理，2003（4）：34-35.

严鸿雁.大学生就业市场失灵与就业服务公共产品供给［J］.教育发展研究，2012，32（17）：49-52.

颜桂梅，刘炜.大学生情绪智力及其培育探析［J］.法制与社会，2007（11）：685+687.

颜明珠.大学生就业促进政策的分析与评估［D］.苏州：苏州大学，2010.

杨磊，周广秀.经济学视角下的大学生就业市场机制缺陷分析及其重构［J］.商场现代化，2011（35）：83-84.

杨梦迪，张天博，孙奇.产教融合视角下高职院校学生职业素养培育策略研究［J］.山西青年，2023（24）：133-135.

杨瑞玲，左停.城乡发展视阈下农村青年生涯路径分析——一项基于社交网络的问卷调查［J］.青年探索，2015（5）：99-106.

杨思斌.加强灵活就业和新就业形态劳动者权益保障［J］.行政管理改革，2022（12）：12-19.

杨天奇，任垒，李新红，等.某部新兵人格特质与新训期心理症状的网络分析［J］.空军军医大学学报，2024，45（3）：341-344.

杨艳军.中国城市劳动力市场分割中流动人口就业问题研究[D]，武汉：武汉大学，2012。

杨英.经济学视角下的大学生就业困境分析［J］.生产力研究，2013（3）：86-88.

姚冰，彭振芳.引导大学生树立科学就业价值观的路径［J］.河北大学学报（哲学社会科学版），2016，41（6）：36-40.

易果平.大学生就业能力的现状与培养探析［J］.贵州工业大学学报（社会科学版），2008，10（6）：268-270.

应金萍.改革开放以来我国高校就业的阶段特点及经验启示［J］.中国高等教育，2019（5）：57-59.

于建业.基于三方就业协议的高校毕业生就业权益保护［J］.鸡西大学学报，2013，13（12）：3-5+9.

岳昌君.疫情对高校毕业生就业的影响［J］.中国大学生就业，2020（6）：4-8.

张彪."90后"大学生个性化教育对策探索［J］.科教文汇（上旬刊），2012（19）：32+38.

张成刚，王静怡.新就业形态与大学生就业的双向赋能［J］.中国大学生就业，2023（4）：10-17.

张成刚.就业变革：数字商业与中国就业新形态［M］.北京：中国工人出版社，2019：2.

张成刚.就业发展的未来趋势，新就业形态的概念及影响分析［J］.中国人力资源开发，2016（19）：86-91.

张成刚.中国新就业形态发展：概念、趋势与政策建议［J］.中国培训，2022（1）：85-88.

张海东，袁博.中国城市劳动力市场的双重二元分割——理论模型与实证检验［J］.社会学研究，2024，39（3）：158–181+229.

张航，陈怡，姜晓辉."双一流"高校大学生提升就业核心竞争力STAC培养体系的构建［J］.东南大学学报（哲学社会科学版），2022，24（S2）：37–40.

张红霞.大学生就业能力的内生机制研究——人力资本、社会资本、心理资本的协同作用［J］.经济论坛，2016（7）：139–142+152.

张玲.开放教育学生的职业规划服务体系构建［J］.教育评论，2008（2）：93–95.

张美兰，车宏生.目标设置理论及其新进展［J］.心理学动态，1999（2）：35–40+34.

张蒙.共享经济统计问题探析［J］.调研世界，2020（6）：61–65.

张明广，茹宁.产业转型升级背景下高校毕业生就业的供需匹配研究［J］.高教探索，2020（9）：114–122.

张蓉蓉.教育在解决结构性失业中的作用——基于人力资本的思考［J］.贵州社会科学，2006（3）：101–102+104.

张莎.大学生"慢就业"群体就业质量提升探析［J］.学校党建与思想教育，2021（8）：66–68.

张绍刚，厉飞飞.大学毕业生自我效能感与社会支持的关系研究［J］.科技信息（学术研究），2008（24）：320–321.

张淑华，杨月，吕帅.营销员社会网络与隐性知识分享的因果关系实证研究［J］.管理学报，2015，12（3）：424–432.

张淑华，郑久华，时勘.失业人员求职行为的影响因素及其作用机制——基于沈阳市的一项研究［J］.心理学报，2008，40（5）：604–610.

张淑华，郑久华，孙书华，等.失业人员应对方式的研究［J］.北京邮电大学学报（社会科学版），2005（4）：72–76.

张树峰，颜玉萍．大学生就业期望偏差对学生就业率实现的影响［J］．中国农业教育，2020，21（2）：76-84．

张松．基于劳动力市场分割理论谈大学生公平就业［J］．青春岁月，2016（11）：116．

张晓燕．"互联网＋就业"模式下灵活就业人员劳动权法律保障［J］．法制博览，2021（24）：68-70．

张寅凯．浅析我国大学生就业困难问题：基于劳动经济学理论［J］．统计与管理，2017（6）：141-142．

张应强．大学教师的专业化与教学能力建设［J］．现代大学教育，2010（4）：35-39+111．

张迎春，赵建锋．大学生就业创新模式研究［J］．现代物业（中旬刊），2012，11（11）：18-19．

张志勇，匡兴华，宴湘涛．基于流程的组织设计研究进展［J］．管理科学，2004，17（5）：31-39．

张忠生．高等学校毕业生就业市场建设初探［J］．中国大学生就业，2006（12）：60-61．

章培蓓．大学生社交网络关系强度对求职满意度的影响［J］．北方经贸，2015（12）：165-167．

赵婀娜，丁雅诵，吴月．千方百计帮助高校毕业生就业[N].人民日报，2022-06-15（1）．

赵海娟，王仁伟．高职生就业意识及就业期望调查分析［J］．技术与市场，2009，16（10）：38-39．

赵炜．新就业形态给青年群体带来的机遇和挑战［J］．人民论坛，2023（1）：66-69．

赵延瘅，周静静．90后大学生人格特质与创业意向关系研究——以自我认同感为调节变量［J］．华南理工大学学报（社会科学版），2014，16

（1）：116–124.

赵延东，风笑天.社会资本、人力资本与下岗职工的再就业［J］.上海社会科学院学术季刊，2000（2）：138–146.

赵延昇，周静静.90后大学生人格特质与创业意向关系研究——以自我认同感为调节变量［J］.华南理工大学学报（社会科学版），2014，16（1）：116–124.

赵延昇，周汝.大学毕业生社会支持与求职行为的关系研究——基于职业决策自我效能、主动性人格和社会资本的作用机制［J］.北京航空航天大学学报（社会科学版），2015，28（5）：63–70.

赵祖平.我国的弹性就业与劳动关系三方机制［J］.中国劳动关系学院学报，2008（2）：39–42.

郑国娟.心本管理背景下心理资本的嵌入［J］.经济管理，2008（15）：6–10.

郑文堂，李谏，孙宗瑞.大学生就业文化探析［J］.北方工业大学学报，2004（2）：73–78.

郑晓明."就业能力"论［J］.中国青年政治学院学报，2002，21（3）：91–92.

郑信军，岑国桢.家庭处境不利儿童的社会性发展研究述评［J］.心理科学，2006，29（3）：747–751+703.

郑雪燕.地方高校大学生入伍影响因素研究[D].西安：第四军医大学，2006.

钟秋明.我国当代高校毕业生就业观研究［D］.长沙：湖南大学，2015.

周蕾珍.培养自我效能，提高学业成绩[C]// 江苏省教育学会.中国教育学会中小学心理健康教育课题中期研究报告论文集，2004：4.

周丽霞.当代我国大学专业设置存在的问题及改革策略［J］.科教文

汇（上旬刊），2010（25）：22-23.

周鹏．本科生就业选择偏好的实证分析［J］.黑龙江高教研究，2020，38（6）：132-137.

周强，郑浩冉．精心破解新"考题"民生路上再出发——肥城市落实"两会"精神出实招求实效［J］.中国就业，2023（5）：24-25.

周石，冯彩玲．"90后"大学生就业观呈现新特点［J］.中国教育报，2012（2）：27.

周文霞．职业成功：从概念到实践［M］.上海：复旦大学出版社.2006.

周艳春．现代企业新型组织设计的探讨［J］.经济师，2002（10）：132-133.

朱斌．稳定化与结构化——新制度主义视角下的中国劳动力市场变化（2006—2017），社会学研究，2022，37（2）：1-22+226。

朱海燕．三方机制视角下和谐劳动关系的构建［J］.工会理论研究（上海工会管理职业学院学报），2012（2）：23-25.

朱华，周玉霞．大学生就业市场的培育［J］.湖北职业技术学院学报，2003，6（3）：25-28.

朱鲁英．家庭教育对大学生价值观影响研究［D］.沈阳：辽宁大学，2013.

朱松岭．新就业形态：概念、模式与前景［J］.中国青年社会科学，2018，37（3）：8-14.

朱新秤．论大学生就业能力培养［J］.高教探索，2009（4）：124-127.

朱秀，宫玉花，逯云．妇科肿瘤病人社会支持和遵医行为调查分析［J］.护士进修杂志，2003（5）：414-416.

祝军，李响，柴方圆．族望留原籍，家贫走四方？——家庭背景对大学生省际回流就业意愿的影响作用研究［J］.清华大学教育研究，2024，

45（3）：139-149.

庄强. 大学生返乡就业创业实现路径研究［J］. 中国农业资源与区划，2023，44（12）：211+230.

曾湘泉，等. 劳动力市场中介与就业促进［M］. 北京：中国人民大学出版社. 2008.

宗晓武，周春平. 人力资本对大学生就业能力的影响［J］. 江苏高教，2012（1）：97-98+116.

踪程，谢爱国，李哲. 大学生就业能力影响因素实证分析［J］. 合作经济与科技，2017（2）：140-141.

佐藤嘉伦，木村敏明. 不平等的形成：日本社会的差异、分层和公正［M］. 叶茂鑫，等译. 北京：社会科学文献出版社，2022.

Aiken L S, West S G. Multiple regression: Testing and interpreting interactions[M]. Newbury Park, CA: Sage, 1991.

Ajzen I. From intentions to actions: ATPB[M]// Kuhl J, Beckmann J. Action Control: From Cognition to Behavior. Berlin: Springer, 1985: 11-39.

Ajzen I. Perceived behavioral control, self-efficacy, locus of control and the TPB[J]. J App l Soc Psychol, 2002, 32(5): 665-683.

Armitage C J, Christian J. From attitudes to behavior: Basic and upplied research on the theory of planned behavior[J]. Social, Fall, 2003, 22(3): 187-195.

Armitage C J, Conner M. Efficacy of the theory of planned behaviour: A meta-analytic review[J]. Br J Soc Psychol, 2001, 40(4): 471-499.

Arnoldo C Hax, Nicolas S Majluf. Organizational design: A survey and an approach[J]. Operations Research Society of America, 1981, 29(3): 426.

Baik K, M Hosseini, Priesmeyer H R. Correlates of psychological distress in involuntary job loss[J]. Psychological Reports, 1989(65): 1227-1233.

Bandura A, Locke E A. Negative self-efficacy and goal effects revisited[J].

Journal of Applied Psychology, 2003, 88(1): 87-99.

Bandura A. Cognitive processes mediating behavioral change[J]. Joural of Pesonality and Social Psychology, 1977.

Bandura A. Self-efficacy in changing societies[M]. Cambridge: Cambridge University Press, 1995.

Bandura A. Self-efficacy: The exercise of control[M]. New York: Freeman, 1995.

Bandura A. Self-efficacy: Toward a unifying theory of behavioral change[J]. Psychological Review, 1977(84): 191-215.

Bandura A. Social cognitive theory of self-regulation[J]. Organizational Behavior and Human Decision Processes, 1991(50): 248-287.

Bandura A. The explanatory and predictive scope of self efficacy theory[J]. Journal of Clinical and Social Psychology, 1986(4): 359-373.

Baron J M, Gilley O W. The effect of unemployment insurance on the search process[J]. Industrial and Labor Relations Review, 1979(32): 363-366.

Baron R M, Kenny DA. The moderator-mediator variable distinction in social psychological research: Conceptual, strategic, and statistical consideration[J]. Journal of Personality and Social Psychology, 1986(51): 1173-1182.

Bedeian A G, Kemery E R, Pizzolatto A B. Career commitment and expected utility of present job as predictors of turnover intentions and turnover behavior[J]. Journal of Vocational Behavior, 1991(39): 331-343.

Blau G. Testing a two-dimensional measure of job-search behavior[J]. Organizational Behavior and Human Decision Processes, 1994, 59(2): 288-312.

Bonnard C. What employability for higher education students?[J] Journal of Education and Work, 2020, 33 :425-445.

Brasher E E, Chen P Y. Evaluation of success criteria in job search: A process perspective[J]. Journal of Occupational and Organizational Psychology, 1999, 72(1): 57-70.

Bretz R D, Boudreau J W, Judge T A. Job-search behavior of employed managers[J]. Personnel Psychology, 1994, 47(2): 275-301.

Brown Chris, Reedy Deepika, Fountain Janice, et al. Battered women's career decision-making self-efficacy: Further insights and contributing factors[J]. Journal of Career Assessment, 2000, 8(3): 251-265.

Brunatain J C. Personal goals and subjective well-being: A longitudinal study[J]. Journal of Personality and Social Psychology, 1993(65): 1061-1070.

Burger J M, Caldwell D F. Personality, social activities, job-search behavior and interview success: Distinguishing between PANAS trait positive affect and NEO extraversion[J]. Motivation and Emotion, 2000, 24(1).

Burt Ronald. Network items and the general social survey[M]. Social Networks, 1984: 293-340.

Cammann C, Fichman M, Jenkins D, et al. Assessing the attitudes and perceptions of organizational member. In S. Seashore EL, P. Mirvis, and C. Cammann(ed): Assessing organizational change: A guide to methods, measure and practices [J]. New York: John Wiley, 1983: 71-138.

Cantor N, Zirkel S. Personality, cognition and purposive behavior[M]//L Pervin. Handbook of personality theory and research. Guilford Press, 1990.

Cantor N. From thought to behavior: "Having" and "doing" in the study of personality and cognition[J]. American Psychologist,1990, 45(6), 735-750.

Centeno M A, Cohen J N. The arc of neoliberalism[J]. Annual Review of Sociology, 2012(38).

Côté S, Saks A M, Zikic J. Trait affect and job search outcomes[J]. Journal of Vocational Behavior, 2006(68): 233-252.

Cummings L. Research in organizational behavior[M]. Greenwich, CT: JAI Press, 1990.

David P Ausubel. Educational psychology: A cognitive view[J]. A Sociological Study, 1968: 24-28.

Doeringer P B, Michael J P. Internal labor markets and manpower analysis[M]. Washington D. C. : Manpower Administration, 1970.

Doty D H, Glick W H. Common methods bias: Does common methods variance really bias results ？ [J]. Organizational Research Methods, 1998(1): 374-406.

Dov Eden, Arie Aviram. Self-efficacy training to speed reemployment: helping people to help themselves[J]. Journal of Applied Psychology, 1993(78): 352-353.

Emmons R A. Personal strivings, daily life events, and psychological and physical well-being[J]. Journal of Personality, 1991(59): 453-472.

Eunjoo Yang, Norman C Gysbers. Career transitions of college seniors[J]. The Career Development Quarterly, 2007(56): 157-170.

Feather N T, O'Brien G E. Looking for employment: An expectancy-valence analysis of job-seeking behavior among young people[J]. British Journal of Psychology, 1987(78): 251-272.

Feather N T, P R Davenport. Unemployment and depressive affect: A motivational and attributional analysis[J]. Journal of Personality and Social Psychology, 1981(41): 422-436.

Feather N T. Expectancy-value theory and unemployment effect[J]. Journal of Occupational and Organizational Psychology, 1992(65): 315-320.

Feather N T. The psychological impact of unemployment[M]. New York:

Pringer-Verlag, 1990.

Flude R. Viewpoint: The journey into work-an innovative approach to tackling long-term youth unemployment[J]. Education and Training, 2000: 6-15.

Folkman S, Lazarus R S. If it changes it must be a process: Study of emotion and coping during three stages of a college examination[J]. Journal of Personal and Social Psychology, 1985, 48(1): 150-170.

Fugate M, Kinicki A J, Ashforth B E. Employability: A psycho-social construct, its dimensions, and applications[J]. Journal of Vocational Behavior, 2004, 65(1), 14-38.

Ginzberg E. Toward a theory of occupational choice[J]. Career Development Quarterly, 2014, 30(7): 491-494.

Grant H, Dweck C S. Clarifying achievement goals and their impact[J]. Journal of Personality and Social Psychology, 2003,85(3),541-553.

Harris A R, Evans W N, Schwab R M. Education spending in an aging America[J]. Journal of Public Economics,2001,81(3):449-472.

Harvey Lee. Defining and measuring employability[J]. Quality in Higher Education. 2001, 2(7): 97-109.

Heppner M J, Multon K D, Johnston J A. Assessing psychological resources during career change: Development of the career transition inventory[J]. Journal of Vocational Behavior, 1994(44): 55-74.

Hillage J, Pollard E. Employability: Developing a frame-work for policyanalysis[EB/OL]. (2008-02-22) [2024-09-02]. http: //www. employment-studies. co. uk/summary/summary. php?id=emplblty.

Holland J L, Holland J E. Vocational indecision: More evidence and speculation[J]. Journal of Counseling Psychology, 1977, 24(24): 404-414.

Huffman M L, Torres L. Job search methods: Consequences for gender-based earning inequality[J]. Journal of Vocational Behavior, 2001(58): 127-141.

Huggins M C, Kram K E. Reconceptualizing mentoring at work: a developmental network perspective[J]. The Academy of Management Review, 2001: 264-283.

Jahoda M. Reflections on Marienthal and after[J]. Journal of Occupational and Organizational Psychology,1992, https://doi.org/10.1111/j.2044-8325.1992.tb00511.x.

Jerry M B , Caldwell D F. Personality , social activities , job2-search behavior and interview success: Distinguishing between panas t rait positive affect and NEO extraversion[J]. Motivation and Emotion , 2000(24): 125.

Kanfer R, Heggestad E D. Motional traits and skills: A person-centered approach to work motivation[J]. Research in Organizational Behavior, 1997(19): 1-56.

Kanfer R, Hulin C L. Individual differences in successful job searches following lay-off [J]. Personnel Psychology, 1985(38): 835-847.

Kanfer R, Wanberg C R, Kantrowitz T M. Job-search and employment: A personality-motivational analysis and meta-analytic review[J]. Journal of Applied Psychology, 2001(86): 837-855.

Karl K K, Oei P S Tian, Creed, et al. Predicting job search and psychological well-being in the unemployed[J]. Journal of Employment Counseling, 1999, 36(2): 67.

Karoly P. Mechanisms of self-regulation: a system view[J]. Annual Review of Psychology, 1993(44): 23-52.

Kelvin P, Jarrett J E. Unemployment[M]. Cambridge University Press, 1985.

Kessler B G. Bereavement and personal growth[J]. Journal of Humanistic

Psychology, 1987,27(2), 228-247.

Kessler R C, Price P H, Wootman C B. Social factors in psychopathology: Stress support and coping process[J]. Ann Rev Psychology, 1985(36): 531-572.

Kessler R C, Turner J B, House J S. Unemployment, reemployment and emotional functioning in a community sample[J]. American Sociological Review, 1989(54): 648-657.

Kinicki A, Latack J. Explication of the construct of coping with involuntary job loss[J]. Journal of Vocational Behavior, 1990(36): 339-360.

Klinger E. Meaning and void: Inner experience and the incentives in people's lives[M]. Minneapolis, MN: University of Minnesota Press, 1977.

Kram K E, Isabella L A. Mentoring alternatives: The role of peer relationships in career development[J]. Academy of Management Journal, 198528(1), 110-132.

Laporte R, Nath R. Role of performance goals in prose learning[J]. Journal of Education Psychology, 1976(68): 260-264.

Latack J C, Kinicki A J, Prussia G E. An integrative process model of coping with job-loss[J]. Academy of Management Review, 1995, 20(2): 311-342.

Latham G P. The importance of understanding and changing employee outcome expectancies for gaining commitment to an organizational goal[J]. Personnel Psychology, 2001(54): 707-716.

Lazarus R, Folkman S. Stress, appraisal, and coping[M]. New York: Springer, 1984: 163-175.

Leana C R, Feldeman D C. Finding new jobs after a plant closing: Antecedents and outcomes of the occurrence and quality of reemployment[J]. Human Relations, 1995(48): 1381-1401.

Leana C R, Feldman D C. Coping with job loss[M]. New York: LexingtonBooks, 1992.

Leana C R. Feldman D C. Individual responses to job loss: Empirical findings from two field studies[J]. Human Relations. 1990(43): 1155-1181.

Lent R W, Brown S D, Hackett G. Toward a unifying social cognitive theory of career and academic interest, choice and Performance[J]. Journal of Vocational Behavior, 1994(45): 79-122.

Levinson D J, Darrow C N, Klein E B, et al. The seasons of a man's life[J]. New York: Ballentine, 1978.

Lewen L J, Maurer T J. A comparison of single-item and traditional measures of self-efficacy[C]. Toronto: Paperpresented at the Annual Meeting of the Society for Industrial and Organizational Psychology, 2002.

Linneha F, Blau G. Exploring the emotional side of job search behavior for younger workforce entrants[J]. Journal of Employment Counseling, 1998, 35(3): 98-113.

Locke E A, Bryan J. Goal setting as a determinant of the effects of knowledge of score in performance[J]. American Journal of Psychology, 1968(81): 398-406.

Locke E A, Latham G P. Building a practically useful theory of goal setting and task motivation: A 35-year odyssey[J]. American Psychologist,2002, 57(9), 705-717.

Luthans F, Luthans K W, Luthans B C. Positive psychological capital: beyond human and social capital[J]. Business Horizons, 2004, 47(1): 45.

Maarten V, Willy L, Hans D W, et al. Understanding unemployed people's job search behavior, unemployment experience and well-being: A comparison of expectancy-value theory and self-determination theory[J]. British Journal of

Social Psychology, 2005(44): 269-287.

Maarten Vansteenkiste, Willy Lens Hans De Witte , et al. Understanding unemployed people's job search behavior, unemployment experience and well-being: A comparison of expectancy-value theory and self-determination theory[J]. British Journal of Social Psychology, 2005(44): 269-287.

MacKinnon, D P, Lockwood C M, Hoffman J M, et al. A comparison of methods to test mediation and other intervening variable effects[J]. Psychological Methods, 2002(7): 83-104.

Mallinckrodt B, Fretz B R. Social support and the impact of job loss on older professionals[J]. Journal of Counseling Psychology, 1988(35): 281-286.

Manuel Garcia-Ramirez, Manuel F Martinez, Fabricio E Balcazar, et al. Psychosocial empowerment and social support factors associated with the employment status of immigrant welfare recipients[J]. Journal of Community Psychology, 2005, 33(6): 673-690.

Mento A J, Locke E A, Klein H J. Relationship of goal level to valence and instrumentality[J]. Journal of Applied Psychology, 1992,77(4), 395-405.

Michael B, MeCaskey. An introduction organizational design[J]. California Management Review, 1974, XVII(2): 14-15.

Michael Goold, Andrew Campbell. Do you have a well-designed organization？ [J]. Harvard Business Review, 2002: 117.

Milton Harris, Artur Raviv. Organization design[J]. Management Science, 2002, 48(7): 852.

Ming S Singer, Barrie G. Stacey and garth ritchie. causal attributions for unemployment, perceived consequences of unemployment, and perceptions of employment prospects for youth among university students in New Zealand[J]. The Journal of Genetic Psychology, 2001, 148(4): 507-517.

Nunnally J C. Psychometric theory[M]. 2nd ed. New York: McGraw-Hill, 1978.

Parsons F. Choosing a vocation[J]. Books on Demand, 1909(7): 636-640.

Perven L A. Handbook of personality: Theory and research[M]. New York: Guiford Press, 1990: 135-164.

Petrullo L. The psychology of careers: An introduction to vocational development by donald E[M]. Super, Harper, 1957.

Plant R. New-labor-a third way[M]. London: European Policy Forum, 1998.

Preacher K J, Hayes A F. SPSS and SAS procedures for estimating indirect effects in simple mediation models[J]. Behavior Research Methods, Instruments, and Computers, 2004, 36(4): 717-731.

Quint E D, Kopelman R E. The effects of job search behavior and vocational self-concept crystallization on job acquisition: is there an interaction[J]. Journal of Employment Counseling, 1995, 32(2): 88-94.

Rife J C, Belcher J R. Social support and job search intensity among older unemployed workers: Implications for employment counselors[J]. Journal of Employment Counseling, 1993,30(3), 98-107.

Robert C Ford, W Alan Randolph. Cross-Functional Structures: A review and integration of matrix organization and project management[J]. Journal of Management, 2002, 18(2): 267-294.

Rothkopf E, Billington M. Goal-guided learning from text: Inferring a descriptive processing model from inspection times and eye movements[J]. Journal of Educational Psychology, 1979(71): 310-327.

Rothwell A , Arnold J. Self-perceived employability: Development and validation of a scale [J]. Personal Review, 2007, 36(1): 23-41.

Rowley K M, Feather N T. The impact of unemployment in relation to age and length of unemployment[J]. Journal of Occupational Psychology, 1987(60): 323-332.

Saks A M, Ashforth B E. Effects of individual differences and job-search behaviors on the employment status of recent university graduates[J]. Journal of Vocational Behavior, 1999, 54(2): 335-349.

Saks A M. Multiple predictors and criteria of job search success[J]. Journal of Vocational Behavior, 2005.

Schwab D P, Rynes S L, Aldag R J. Theories and research on job-search and choice[J]. Research in Personnel and Human Resources Management, 1987, 5(1): 129-166.

Seligman M E P. Authentic happiness: Using the new positive psychology to realize your potential forlasting fulfillment[M]. New York: Free Press, 2002.

Shamir B. Self-esteem and the psychological impact of unemployment[J]. Social Psychology Quarterly, 1986,49(1), 61–72.

Soelberg P O. Unprogrammed Decision Making[J]. Industrial Management Review, 1967, 8(2): 19-29.

Song Zhaoli. Action state orientation and the theory of planned behavior: A study of job search in china1 university of minnesota, twin cities[M]. Unpublished Doctoral Dissertation, 2004.

Staw B, Cantor N. From thought to behavior: "having" and "doing" in the study of personality and cognition[J]. American psychologist, 1990(45): 735-750.

Steffy B D, Shaw K N, Noe A W. Antecedents and consequences of job-search behaviors[J]. Journal of Vocational Behavior, 1989, 35(3): 254-269.

Stewart T A. The Search for the Organization of Tomorrow[J]. Business

Horizons, 1992(5).

Terry D J, O'Leary J E. The theory of planned behaviour: The effects of perceived behavioural control and self-efficacy[J]. Br J Soc Psychol / Br Psychol Soc, 1995, 34(2): 199-220.

Thoits P A. Dimensions of life events that influence psychological distress: An evaluation and synthesis of the literature[J]. In: Kaplan H. et(eds): Psychological Stress, 1st ed. New York, Academic Press, 1983: 33-103.

Tsui A S, Egan T D, O'Reilly C A. Being different: Relational demography and organizational attachment[J]. Administrative Science Quarterly, 1992(37): 549-579.

Vander Heijden, Beatrice I J M. Prerequisites to guar-antee life-long employability[J]. Personal Review, 2002(I): 44-61.

VanRyn M, Vinokur A D. How did it work？ An examination of the mechanisms through which an intervention for the unemployed promoted job search behavior[J]. Journal of Communication Psychology, 1992, 20(5): 577-597.

Vinokur A D, VanRyn M. Social support and undermining in close relationships: Their independent effects on the mental health of unemployed persons[J]. Journal of Personality and Social Psychology, 1993(65): 350-359.

Vinokur A, Caplan R D. Attitudes and social support: Determinants of job-seeking behavior and well-being among the unemployed[J]. Journal of Applied Social Psychology, 1987(17): 1007-1024.

Vohs K D, Baumeister R F. Understanding self-regulation[M] // Baumeister R F, Vohs K D. Handbook of self-regulation. New York: Guildford Press, 2004: 1-9.

Vroom. Work and Motivation[M]. Jossey-Bass, 1964.

Wanberg C R, Glom B T, Song Z, et al. Job-search persistence during unemployment: A 10-wave longitudinal study[J]. Journal of Applied Psychology, 2005, 90(3): 411-430.

Wanberg C R, Kanfer R, Banas J T. Predictors and outcomes of networking intensity among unemployed job seekers[J]. Journal of Applied Psychology, 2000, 85(4): 491-503.

Wanberg C R, Kanfer R, Rotundo. Unemployed Individuals: Motives, job-search competencies, and job-search constraints as predictors of job seeking and reemployment[J]. Journal of Applied Psychology, 1999, 84(6): 897-910.

Wanberg C R, Leaetta M H, Song Z. Predictive validity of a multidiciplinary model of reemployment success[J]. Journal of Applied Psychology, 2002, 87(6): 1100-1120.

Wanberg C R, Watt J D, Rumsey D J. Individuals without jobs: An empirical study of job-seeking behavior and reemployment[J]. Journal of Applied Psychology, 1996(81): 76-87.

Wanberg C R. Antecedents and outcomes of coping behaviors among unemployed and reemployed individuals[J]. Journal of Applied Psychology, 1997(82): 731-744.

Warr P B, Jackson P R. Factors influencing the psychological impact of prolonged unemployment and of re-employment[J]. Psychological Medicine, 1985(15): 795-807.

Wei-Cheng Mau , Amie Kopischke. Job search methods, job search outcomes, and job satisfaction of college graduates: a comparison of race and sex[J]. Journal of Employment Counseling, 2001, 38(3): 141-149.

Wiener K K K, Tian P S O, Creed P A. Predicting job seeking frequency and psychological well-being in the unemployed[J]. Journal of Employment

Counseling, 1999, 36(2): 67-81.

Winegardner D, Simonetti J, Nykodym N. Unemployment: The living death[J]. Journal of Employment Counselling, 1984(21): 149-155.

Wood R, Locke E A. Goal setting and strategy effects on complex tasks[M]// Staw B, Cummings L. Research in organizational behavior. Greenwich, CT: JAI Press, 1990: 73-109.